LA FRANCE

ふらんす

80年の回想

▌1925-2005▌

HAKUSUISHA

目　次

『ふらんす』の80年　松原秀一　5
表紙80年　9
『ふらんす』と私　木下光一　15
　　　　　　　　　佐々木康之　49
　　　　　　　　　鹿島茂　95
　　　　　　　　　堀江敏幸　155

I ［1925〜1944］ ──────── 13

讀者諸君へ（1925年1月号）　16
クローデル大使から（1925年1月号）　17
編輯室から（1925年1月号）　18
ふらんす詠草　與謝野晶子（1925年5月号）　19
畫家マティスの印象　吉江喬松（1925年3月号）　20
自吟自譯　堀口大學（1925年7月号）　22
皆様へ御相談　岸田國士（1925年8月号）　26
ふらんす語夜話　内藤濯（1925年12月号）　27
藤田嗣治君のこと　思老庵（1925年12月号）　30
カルチエ・ラタンの氣分　辰野隆（1928年4月号）　31
「クノック」飜譯に就て　岩田豊雄（1927年5月号）　34
飜譯について　岸田國士（1936年1月号）　36
巴里－東京物賣りの呼び方　市原豊太（1936年1月号）　38
PONCTUATIONに就いて　河盛好藏（1936年1月号）　42
映画シナリオ　45
さえら集（1944年9月号）　46

II [1945〜1955] ──────────────── 47

佛蘭西には何が起つたか？　加藤周一（1946年5月号）　50
さえら集（1946年5月号）　51
フランス演劇について　鈴木力衛（1949年1月号）　52
フランス語と英語の比較　鷲尾猛（1949年4月号）　56
人類の危機を救うものは何か
　　　アンドレ・ジィド（中村光夫譯）（1951年3月号）　62
未知の若き友へ　ロジェ・マルタン・デュ・ガール（1951年9月号）　65
地名の話　中平解（1951年5月号）　66
モラリスト・思想家引用句集
　　　平岡昇・瀧田文彦・二宮敬（1953年10月号〜12月号の抄録）　69
Joséphine Baker の不可解　蘆原英了（1954年6月号）　72
Lettre de Lyon　野村二郎（1954年7月号）　73
フランス映画鑑賞の手引き　飯島正（1954年7月号）　74
カトリック文学管見　遠藤周作（1954年8月号）　78
歴代編集者による回想の30年
　　　内藤濯・寺村五一・草野貞之・中野英夫・青柳政吉・木内利三郎・
　　　中原俊夫・三宅徳嘉・加藤惇四郎・Es（1955年1月号）　82
美しい音の流れ　川本茂雄（1955年4月号）　87
映画シナリオ　90
さえら（1955年6月号）　92

III [1956〜1965] ──────────────── 93

フランス通信「学生食堂」　二宮敬・横田フサ（1956年5月号）　96
エディット・ピアフ　岡田真子（1958年5月号）　100
作家と作品「ジャン・コクトー」　澁澤龍彦（1958年8月号）　104
先生と生徒　小堀杏奴（1958年4月号）　108
お国なまり　石井好子（1959年3月号）　109
作家と作品「アンドレ・マルロー」　菅野昭正（1959年2月号）　110
枯れ葉の橋　花柳章太郎（1959年4月号）　114
松方コレクション　高階秀爾（1959年8月号）　115

作家と作品「モーリス・ブランショ」　清水徹（1960年3月号）　118
追悼 A.カミュ「作家と読者」　佐藤朔（1960年4月号）　122
わが失敗録　なだ いなだ（1961年1月号）　125
シャンソン「愛の讃歌」　小松清（1960年11月号）　126
口絵の詩「ロンサール」　窪田般彌（1961年6月号）　132
東京のフランス語　今野一雄（1961年7月号）　134
"世界の恋人"イヴ・モンタンの来日　岩瀬孝（1962年5月号）　135
ベレー横町閑談集　伊吹武彦（1962年7月号）　136
僕の履歴書　吉田秀和（1963年2月号）　138
シャモニの休日　近藤等（1963年5月号）　139
ヴィル・ダヴレーの日曜日　井上究一郎（1963年6月号）　140
フランス博物記「蟷螂 la mante」　串田孫一（1964年11月号）　142
随想　入沢康夫・新村猛・小松清・大木健（1964年12月号）　144
アンドレ・ピエール・ド・マンディアルグ　生田耕作（1965年1月号）　146
ルオーの遺作　福永武彦（1965年11月号）　148
映画シナリオ　150
さえら（1965年12月号）　152

IV ［1966〜1979］ 153

鷲尾君の思い出　山内義雄（1967年6月号）　156
Avez-vous lu Le Clézio ?　豊崎光一（1967年6月号）　158
『悲しみよこんにちは』とフランソワーズ・サガン
　　　朝吹登水子（1970年10月号）　162
モーリアックの追悼　杉捷夫（1970年10月号）　166
脂饅頭　田辺貞之助（1971年8月号）　167
臓物料理妄談　渡辺一夫（1971年4月号）　168
スタンダール氏の食欲　冨永明夫（1971年5月号）　169
コローの風景画　杉本秀太郎（1971年9月号）　170
Vinの味 Parisの味　駒井哲郎（1971年9月号）　173
ことばの背景「チェス」　松原秀一（1972年11月号）　174
私の詩　大槻鉄男（1971年12月号）　176

ブルゴーニュの白い冬　佐々木涼子（1973年2月号）　177
魔法の地理学「ネルヴァルとヴァロワ地方」　稲生永（1973年5月号）　180
対談「岡本太郎さんとの１時間」　安堂信也（1973年9月号）　183
フランス語は明晰な言語か？　大橋保夫（1974年4月号・5月号）　188
ぼくとフランス語　高橋邦太郎（1975年1月号）　196
仏訳日本現代詩の試み　中原中也「春宵感懐」（1977年7月号）
　　　　　イヴ=マリ・アリュー（大槻鉄男訳）　198
雑誌『ふらんす』と私　朝倉季雄（1975年1月号）　203
地名に意味を求めて　工藤進（1977年1月号）　204
メトロ・ブーロ・ドド　林田遼右（1977年4月号）　206
コレージュ・ド・フランスのミシェル・フーコー　小池健男（1977年12月号）　208
ギ・ド・モーパッサン『ベラミ』　津島佑子（1979年2月号）　212
啓示としてのProust　辻邦生（1979年4月号）　214
サン=テグジュペリ『人間の土地』　加賀乙彦（1979年9月号）　216
映画シナリオ　218

後記　220

ブックデザイン　森デザイン室
編集・DTP　菅家千珠　大内直美
協力　慶應義塾図書館
　　　讀賣新聞社
写真協力　（財）川喜多記念映画文化財団

ふらんすの80年

松原秀一

『ふらんす』と私

雑誌『ふらんす』の前身 *La Semeuse*『ラ・スムーズ』の創刊は，1925年（大正14年）1月号であった．当時すでに，フランス語学習雑誌としては，郁文堂から池田立基を主幹とする *Le Français*『仏蘭西語』が1922年から出ていた．戦後は，大学書林の『月刊フランス語』*Le français* が1967年5月号から出始めたが，一年で休刊に追い込まれている．敗戦の年に戦災で社屋を失って数ヵ月休刊をやむなくさせられたにしても，『ふらんす』が80年間，営々と刊行を続けたことは感嘆のほかはない．

敗戦後にフランス語を学び始めた私は，参考書を手に入れ難い時代だったので，よく古本屋漁りをした．渋谷の道玄坂の登り口の右側にあった古本屋で，戦時中に出た『ふらんす』の合本を手に入れた．フランシス・ジャムの *La Pipe* の訳注と「面白い科学」*La science amusante* が連載されていたのを覚えているので，第18巻（1942年）だったのだろう．「ペタン元帥の言葉」の連載があり，フランスの新聞記事を抜粋した COSMORAMA（コスモラマ）には，不沈と言われながら，日本に撃沈されてしまったイギリスのプリンス・オヴ・ウエールズ号とレパルス号の生存イギリス兵の談話がハヴァス通信から転載されたりしている．最近，パリ15区のブランシオン（ブラッサンス公園）の週末古書市で「面白い科学」*La science amusante* の原書を見かけたが，Titt のこの本は思いがけない高値で手が出なかった．

『ふらんす』の合本はぼちぼち集めているうちに『ラ・スムーズ』の第1巻も手に入れることができ，合計で三十数冊になった．それらを慶應義塾図書館に寄贈したが，図書館が従来所蔵しているものと合わせると，ところどころ欠けている年があるものの，ほぼ全容を眺めることができる．古い合本のあちこちを開いて眺めると，この80年間の日本とフランスの関係やフランス研究の時々の息吹を感じることができ，いろいろと考えさせられる．

1920年代のフランス語教育

1918年に第一次世界大戦が終ると，ドイツとオーストリアでは未曾有のインフレが始まった．日本には有利でもあったので，多くの日本人がドイツ，オーストリアに留学し，ドイツから多量の書籍が日本に流入してきた．メンガーの蔵書が一橋大学に入ったのが有名である．日本の旧制高校がドイツ語教育を軸とし，ドイツ文化の影響が強まっていくのを見て，幕末以来のフランス嗜好が衰えるのを憂えたフランスは，まず第一次大戦の勇将ジョッフル元帥を訪日させ，1919年にはリヨン大学総長ジュウバン教授，東洋学者モリス・クーラン教授など優れた学者，文化人を送ってきた．クーランは韓国語にもよく通じた東洋学者であった．

これらの使節の報告に基づいて，詩人大使ポール・クローデルは幕末にフランスに滞在

した経験のある親仏家・澁澤栄一子爵の援助を得て1924年に財団法人日仏会館を東京に開き，フランス人研究者を常駐させた．フランス側は初代のフランス学長にはインド学の泰斗シルヴァン・レヴィを任命した．

クローデルはまた，貴族院議員・稲畑勝太郎と協力して1927年には京都日仏学館も開いている．日仏会館も京都日仏学館も，1913年に東京・神田にジョセフ・コットが開いたアテネ・フランセと並んで，フランス語のみならずギリシャ語，ラテン語も教え，多くの日本人をフランスの文化に開眼させている．当時フランス語を履修することができた旧制高校は，第一高校（東京），第三高校（京都），静岡高校，福岡高校，浦和高校などわずかで，あとは陸軍幼年学校，士官学校，司法省司法学校と法政大学，外語大学，早稲田大学，慶応義塾大学など少なかったから，多くの学生がアテネ・フランセでフランス語を学んだのであった．ただし旧制高校，大学予科などは外国語教育に多くの時間を注ぎ，しかも3年間であったから，学習した人の読解能力は高かった．また国立の高校にはフランス人講師がいたので，専門過程に進む頃には読解能力も会話能力も低いものではなかった．

1918年の原内閣の「大学令」で高等教育の再編が行なわれた．それまでは専門学校扱いだった私大が大学と認められ，1920年には16大学となった．1925年には34大学となり，高等教育卒業生数も1920年の10,777人から18,246人と，ほとんど倍増している（天野郁夫『旧制専門学校』日経新書）．

第一次世界大戦，1923年の関東大震災を経て，定価1冊1円の「円本」ブーム，1923年の岩波文庫創刊などで読書人口も増え，読者の質も変わってきた．かつて多くの日本人をフランスに誘った荷風の『ふらんす物語』のように，フランス文学のおもしろさに多くの若者を目覚めさせた辰野隆の『信天翁（あほうどり）の眼玉』が1922年に出版されているのも象徴的である．これも白水社の出版であった．

『ふらんす』が創刊された1925年は，奇しくも鈴木信太郎と佐藤輝夫がフランスに留

1942年2月号に掲載されたCOSMORAMA．日本に撃沈されたプリンス・オブ・ウエールズ号とレパルス号の生存イギリス兵の談話が転載されている．

COSMORAMA

Un rescapé raconte comment furent coulés le "Prince of Wales" et le "Repulse"

Les deux cuirassés, atteints par des torpilles, sombrèrent en quelques instants

Singapour, 11 décembre—Un des survivants de l'équipage du "Repulse" a relaté les circonstances dans lesquelles le "Prince of Wales" et le "Repulse" ont été coulés.

tout autour du "Repulse" et du "Prince of Wales" et les deux navires furent atteints. Une bombe perça le hangar d'avions du "Repulse" et tomba sur le pont inférieur. Les deux navires de guerre ouvrirent un violent tir de barrage antiaérien, mais les bombardiers japonais commencèrent alors à lancer des torpilles. Le "Repulse" réussi à les éviter, mais le "Prince of Wales" fut atteint à l'arrière et mis hors de combat.

学に出た年であった．二人とも二十歳代の青年で，パリでヴィヨン研究を始めた．

『ふらんす』創世期

『ふらんす』創刊号（"La Semeuse"『ラ・スムーズ』）には，当時駐日フランス大使だったポール・クローデルによる1924年9月4日付けの手紙が掲載されている．70頁から成る雑誌の後記には「『ラ・スムーズ』が産聲をあげました．フランスの巴里で結ばれた日本人同志の間の友情が，此の兒を成したと申して差支ありません．異邦の土地で結ばれる友情といふものは，思ひの外に濃厚なものであります」と同誌が意気投合した盟友の共同作業だったことを示している．

創刊当時はフランス人に日本のことを知らせることも目指していて，大阪毎日新聞の社説の仏訳があったり，町田梓楼がフランス語で記事を書き，巻末にその訳を載せたりもしている．主幹は杉田義雄で，月々のニュースをフランス語で執筆して時事文の入門としたり，いろいろな人にアンケート『佛蘭西人と佛蘭西を如何に見たか』を出し3，4月号に載せ，5月号にはそのレジュメがフランス語で載るというように工夫が凝らされている．

パリの新聞 Le Journal の主筆 Raoul Barthe から毎月寄稿があってそれを渡辺紳一郎が訳したり，Tristan Klingsor の詩，堀口大學のフランス語の詩「自吟自譯」，與謝野晶子の「ふらんす詠草」，内藤濯による與謝野晶子の歌の仏訳，荒野健吉による島崎藤村の仏訳など，当時の佛蘭西紹介の意欲の清新さが印象的である．なお，荒野健吉の夫人 Georgette Kohya は女子学習院で教鞭をとっていて，『ふらんす』には会話の入門を寄稿している．仏文和訳問題は，フランスの滞在が長く，夫人がフランス人でもある小林大佐の担当だった．

日本におけるフランス語は軍事と法律の分野から始まり，ついで郵便関係であった．陸軍幼年学校の外国語の授業は，ドイツ語，ロシア語，フランス語で，英語を教えなかった．陸軍にはフランス語の達人も多く，岸田國士もその一人である．ドイツ語で有名な関口存男も幼年学校卒であるが，アテネ・フランセではフランス語の教師もしていた．モンテーニュ研究の関根秀雄をはじめ，多くのフランス文学者が軍学校の教官をしていた．

『ラ・スムーズ』が，当時日本に知られることの少なかったフランス音楽に頁を割いていることも注目に値する．第1巻第1号では，小松耕輔が Vincent d'Indy を論じ，第2号では内藤濯が前年の Gabriel Fauré の死を悼んでいる．1925年には新進のピアニスト Gil-Marchex が来朝しフランスのピアノ音楽を紹介したが，『ラ・スムーズ』誌上ではイナ・メタクサ夫人が Debussy の前奏曲の解釈を2号にわたって連載している．

『ラ・スムーズ』から『ふらんす』へ

1928年の10月号から，雑誌名が『ふらんす』と変わり，現在に至っている．1928年，主幹の杉田義雄が病没し，創刊以来の協力者・田島清に交替した．田島は1944年，郷里の高知に疎開するまで主幹を務めた．

『ふらんす』に連載された田島の『片言まじりの佛蘭西行き』や，ガヴァルダ師と共著の『和文仏訳の研究』は単行本となって長く行なわれ，井上源次郎と共編の『新仏和中辞典』や『田島佛蘭西語講座』などはフランス語の普及に非常に貢献した．雑誌『ふらんす』の基礎は，この時に定まったと言ってよい．

田島の後を継ぎ，敗戦から戦後の難しい時期を支えたのが，創刊以来，訳注その他に健筆を揮っていた草野貞之であった．

主幹が草野に移った1944年4月号は従来通り36頁あるが、続く5月号は32頁となり、表紙は一色刷りで、目次は表紙、情報欄の「さえら集」は裏表紙にそれぞれ刷られている。

その「さえら集」によれば、用紙不足でなかなか出ないでいた『マルタン佛和大辭典』の第二巻が、「このたび當局の英斷により」用紙が得られて印刷を完了し、6月に発売される、とある。Petit Larousse Illustéの1940年版が白水社から復刻されたのもこの年で、輸入の途絶えていた辞書は多くの人の知への渇望を潤したに違いない。Littré-Beaujeanも日本で復刻されている。

この頃の「さえら集」にはまた、戦死、疎開の記事が次々と見受けられる。同年6月号の編集後記には、16年間『ふらんす』が主催してきた夏期フランス語講習会を「非常中の非常の年」であるため、一年延期のやむなきに至ったとある。この翌年1945年の春に白水社は戦災を受け焼失、日本は夏に敗戦を迎える。

戦後、そして新しい時代の『ふらんす』

敗戦後の再建日本は文化国家になるはずだったので、1946年5月に再刊された『ふらんす』は、紙は粗悪で32頁の薄い雑誌だったが、新しい意欲に燃えていた。主幹は引き続き草野で、編集長は三宅徳嘉だった。1955年1月に発行された創刊30年記念号に、三宅はこの頃を回想して「敗戦の翌年の春五月、白地に濃紺の文字とデッサンをあしらった簡素にも美しい表紙につつまれて《La France》が再刊されたとき、それは焼野の灰からよみがえる phénix の姿さながらに僕らの目に映った」と書いている。

三宅が一年で編集から去った後を引き受けたのは加藤惇四郎だった。同じ30周年記念号に「今から十五六年前、とうとうたるドイツ語熱にいくたのドイツ語誌がその時流に棹さしていたが、戦後、時世不利と見るや一つとしてこれを守る出版社はなく、廃刊か転売に憂身をやつしていたことを思えば、研究社の英語雑誌はともかく、白水社の『ふらんす』が戦中戦前を通じわずか二三千名の読者のために二十何年もサービスしてきた努力はなみたいていのものではない。さいわい戦後は倍加する読者にめぐまれているが、今後いつまでもこの三十年の伝統と意志の下に新しい内容を盛りつつ、発展することを願ってやまない」と述懐している。

戦後の読者として、私は中村光夫の手紙に答えたアンドレ・ジィドの手紙（1951年3月号）の対訳に感激したことを思い出す。『ふらんす』は映画のシナリオの抜粋を載せたり、別冊で対訳シナリオを出したり、当時手に入れ難かったシャンソンの楽譜を提供したり、他の雑誌に見られぬひと味違ったシックさを感じさせるしゃれた雑誌であった。

戦後の学制改革によってフランス語を第二外国語とする学校が増え、学習者の数も激増したが、学習年限は短くなったため、『ふらんす』も初級者向きの色が濃くなった。フランスに旅行することも容易となり、フランスの生活に触れる機会も増え、時事的な記事も増えている。

願わくば初級から中級、上級への掛け橋となって欲しい雑誌で、今後も努力を期待したい。戦前の号に比べると最近はフランス語の部分が少なくなってきているようで、もう少し中級、上級のフランス文が載ることが望ましく思われる。

80年間の『ふらんす』は日仏関係の変遷を映す貴重な証人である。今後も清新の気を失わず、「守るもの」としてではなく、「創るもの」としての伝統を続けることを祈りたい。

表紙 80 年

1925年1月号

1927年4月号

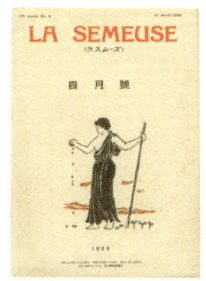
1928年4月号

1930年1月号

1931年8月号

1932年4月号

1933年5月号

1934年1月号

1935年1月号

1936年1月号

1937年1月号

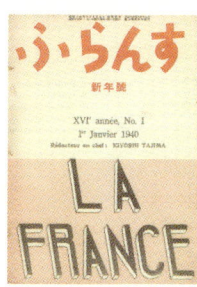
1940年1月号

1941年1月号

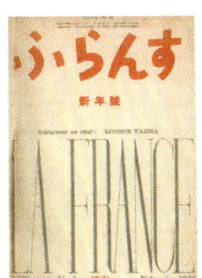
1942年1月号

1943年6月号

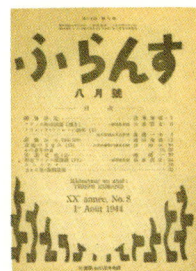
1944年8月号

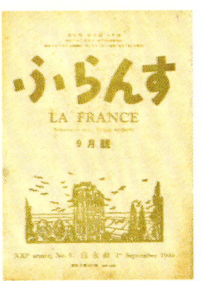
1946年9月号

1947年2月号

1948年1月号

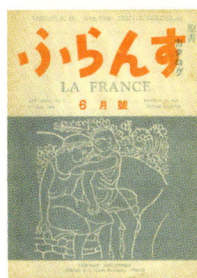
1950年6月号

1952年4月号

1954年5月号

1955年8月号

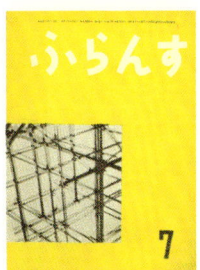
1956年7月号

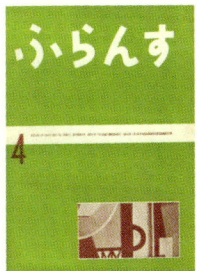
1957年4月号

1960年5月号

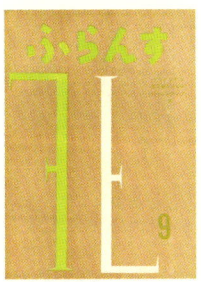
1963年9月号

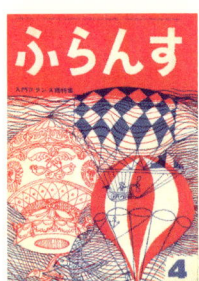
1966年4月号

1968年4月号

1969年12月号

1972年4月号

1973年5月号

1976年4月号

1978年1月号

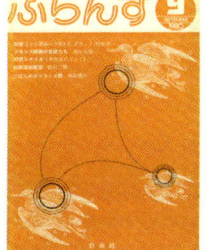
1980年9月号

1981年7月号

1982年4月号

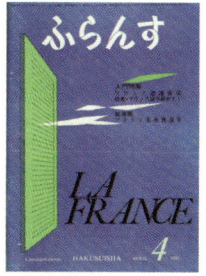
1983年4月号

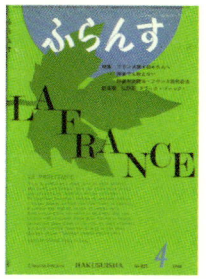
1984年4月号

1985年4月号

1986年4月号

1987年4月号

1988年4月号

1989年7月号

1990年4月号

1991年4月号

1992年4月号

1993年7月号

1994年4月号

1995年4月号

1996年4月号

1997年6月号

1998年4月号

1999年4月号

2000年4月号

2001年4月号

2002年4月号

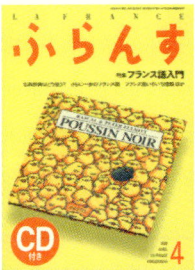
2003年4月号

2004年4月号

2005年4月号

I
1925–1944

創刊時のタイトルは『La Semeuse（ラ・スムーズ／「種をまく女」の意）』．
4年後，現在の『ふらんす』に改題する．
大戦による休刊までの19年間，ふらんすはあまりに遠き時代である．
創刊号は，仏大使ポール・クローデルの祝辞に始まり，
吉江喬松，辰野隆など伝説的な文学者の記事，
歌人・與謝野晶子の詠草，詩人・堀口大學の自吟自譯などがならぶ．
戦中の1944年，苦境を訴える編集後記は，担当者の嘆息が聞こえてくるようである．
【1925年1月号定価50銭　1944年8月号定価37銭】

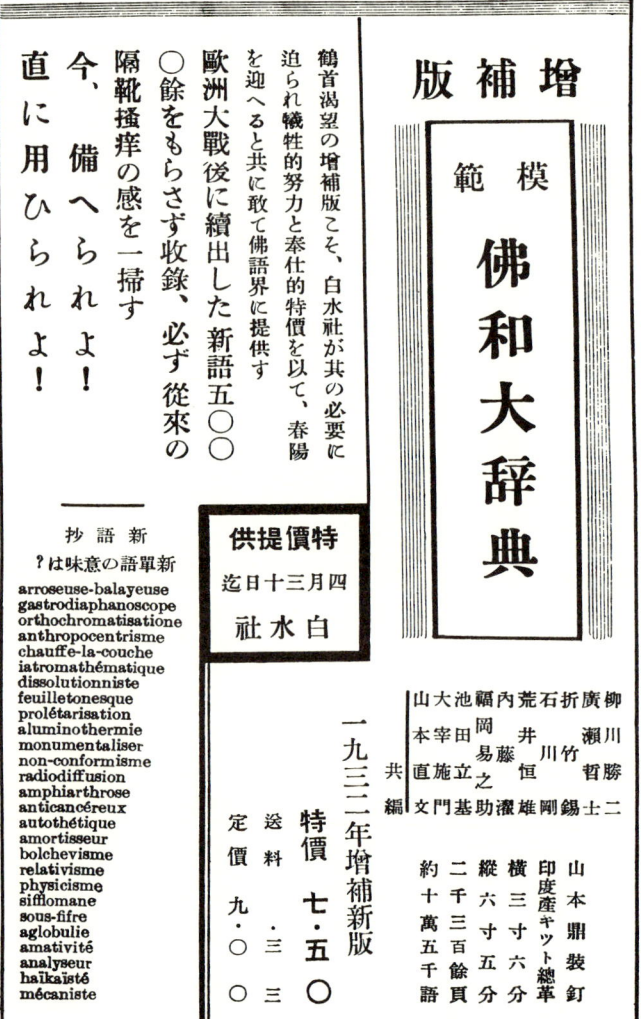

『模範佛和大辞典』の初版は1921年(定価8圓). この辞書が「白水社のフランス語」の基礎を築いた. (1932年4月号掲載)

ふらんすと私

木下光一

フランス語の青春

　毎月本屋で買って読むようになったのは，1950年の後半からだと思う．戦後『ふらんす』が復刊になって，まだ間もないころだ．米軍機の空襲で家を焼かれ，富士の麓の町に移って5年目，翌年にはようやく東京に戻れるめどがついて，自習書と辞書だけのフランス語を始めたところだった．今にして思えば偉い先生ばかりの執筆陣で，大学の講義で話してもおかしくない内容に，胸がふくらんだ．そのときからでも55年．今年は創刊80周年というから驚く．似たような雑誌に，10年ばかりで終刊になった例もある．よくぞ続いたものだ．

　東京に戻り，会社勤めのかたわらアテネに通うようになって，ますますこの雑誌が欠かせなくなった．お目当ては朝倉季雄氏の「フランス文法覚書」だったが，ほかの方々の訳注や仏文和訳・和文仏訳の課題，シナリオ，歌曲から大学入試問題，さらには巻末の原書カタログに至るまで，一字残さず食べ尽くすように読んだ．同じ白水社から，朝倉氏の『フランス文法事典』が出たのが55年．今年はちょうど初版刊行から50年にあたる．この『事典』を，"ひく" というよりむしろ高揚した気持ちで "読んだ" のも，『ふらんす』の連載に親しんでいたからだ．ぼくにとっては，まさにフランス語の青春時代だった．

　その後，古本屋街を歩いていて，49年新年号から12月号までの『ふらんす』合本を見つけた．この雑誌を読み始めた頃そのままの目次．マチスかと思う表紙もなじみ深い．奥付を見れば，白水社自身が合本を作って販売していたのですね．合本定価は350円だが，1月号は30円，12月号は50円とある．この粗末な紙の12冊の合本が，どこを開いても面白いのだから，始末が悪い．中級文法を担当しているのが朝倉，鷲尾，中原，三宅の諸氏．初級文法は内藤，田島両氏だが，これも入門教科書的記事ではなく，和文仏訳の話や単語を覚えるコツ，あるいは仏仏辞典の解説など，中級に近い内容．訳注には狐物語，ファブリオの現代フランス語訳からシャトーブリヤン，ユーゴー，バルザック，フロベール，ボードレール，ランボーが並ぶ．毎月の課題として応募者も多い仏文和訳・和文仏訳は，訳し方の解説や質問への応答が懇切を極める．1949年当時の『ふらんす』の読者には，これを楽しんで読むだけのフランス語の力と，強い文学指向とがあったのだろう．

　『ふらんす』は今，しゃれた美しい雑誌になった．ある時期，教師仲間では，「この頃の『ふらんす』はなんとなく女性週刊誌みたいになっちゃったな」というつぶやきも聞こえた．しかし多くの人に読んでもらうためには，読者層の変化にも敏感に呼応しなければなるまい．この雑誌を読みながら教師への途を辿った時代は，遠く過ぎた．ぼくも教師になってからは，学生に知ったかぶりをして話せる材料はないかなんて思いつつ，この雑誌を読むようになった．ただ，これだけは言っておこう．リアルタイムで伝わるこの大量のフランス情報に立ちまじって，フランス語教師でもはっとするような，キラリと光る何ページかの記事が，21世紀の『ふらんす』にも載っていることを．

讀者諸君へ

　日本に西洋文明を紹介して其先驅をなした人々は佛蘭西以外の歐羅巴人でありますが，次で我國の軍事や司法制度の基礎を立てるに當つて佛蘭西の學問に負ふ所多いのは爭はれないこゝであります。

　然しそれにも優り我國の近代美術文藝の發達上特殊の地步を占めて居るものは之れ又佛蘭西の藝術であります。

　佛蘭西は實際我々に最もよく知られた國であります，フランスと云ひパリと呼ぶ時私共の耳に響く感じはロンドンとかニユーヨークとは大いに異り私共の心に云ひ知れぬ幻想を呼び起します。

　それでありながら佛蘭西人は吾々日本人に其の眞價が正しく知られて居ない國民であります。我國の識者で佛蘭西通とか佛蘭西贔負とか云はれる人々が多くは本當に佛蘭西人を理解して居ないこゝは，最近廿有餘年の間世界に起つた色々の政治上の出來事を通じて此の國民の實力に對し，如何ばかり誤つた獨斷を有つて居たかと云ふことで知られます。これは大方巴里半面の輕薄な風俗に親しむ數多い人達の責任であります。

　私共が佛蘭西及佛蘭西人を一層よく理解しようとするのは決して他の國民の長所を沒却しようとではありません。それ等の國は近世文明には尚新參である日本の進步發達にそれぞれ多くの貢獻をしたもので，將來もやはりさうであります。又左樣な排他的な考を懷くこゝは佛蘭西民族が幾世紀以來誇とする自由思想や叡智の聲價を傷るものであります。

　政治や經濟上の同盟のこゝは外交官の用意に委せておきませう。よく歐羅巴民族の豐な思想を同化して我國文化の開發に心を用ふるこゝは文筆や學問の途に志す者の正に力むべき所であります。

　私共のラ・スムーズは其の產聲は小さくとも，志す光は高きにあります。願くは世の同情に浴して健全なる成長を祈る次第であります。

1925年1月号

クロ―デル大使から

Tokio, le 4 Septembre 1924.

Cher Monsieur,

Vous venez de me faire part de votre intention de fonder un périodique de langue française et vous me demandez quelques lignes pour accompagner le premier numéro de votre Revue. Je vous les envoie bien volontiers et je souhaite de tout cœur à votre entreprise le succès qu'elle mérite.

Vos lecteurs, en feuilletant vos articles, s'habitueront peu à peu à recevoir en français des nouvelles du monde, le monde des faits, des affaires et de la politique, et surtout celui de la pensée. Et je ne doute pas que notre langage, éminemment propice à l'analyse et à la reflexion, ne les aide dans ce continuel travail d'assimilation quotidienne, auquel se voit de plus en plus astreint tout citoyen conscient de notre plainte, tout homme qui s'intéresse au spectacle de chaque journée et qui s'efforce non seulement de le regarder mais de le comprendre. Votre nouvel organe répond à un besoin que j'ai entendu souvent exprimer et je ne mets pas un doubte que, sous votre direction éclairée, il ne le satisfasse.

Croyez, je vous prie, cher Monsieur, à mes sentiments les plus sincèrement dévoués.

[signature]

1925年1月号

── 【編　輯　室　か　ら】──

◇『ラ・スムーズ』が産聲をあげました。フランスの巴里で結ばれた日本人同志の間の友情が，此の兒を成したさ申して差支ありません。異邦の土地で結ばれる友情さいふものは，思ひの外に濃厚なものであります。しかも我々の友情は，あの藝術氣分の豐かな巴里で結ばれたものでありますから，其の美しさは一とほりでありません。此の一さほりでない友情を，種々の形の下に表現して行くのが，本誌の目ざす所であります。仕事であります。

◇本誌は御覽のとほり日佛兩文の雜誌であります。それなら佛蘭西語の雜誌かといふ反問が起りませうが，さういふ習俗的な名稱で本誌の中味をしめ括られては，胸の痛い氣持がします。庶務掛の方では，「佛蘭西語をとほしての日佛文化の交歡……」と新聞紙へ廣告したやうです。この文句には聊か chinoiserie の臭ひがあっていやですが，本誌の目指すさころを短い文句で約めれば，先づこんなものでせう。本誌はどこまでも，しほらしい氣持で，佛蘭西の美しさを日本へ持つて來ようとしてゐます。また日本の美しさを佛蘭西へ持ち込まうとしてゐます。本誌を語學的に讀んで下さらうと，或はさうでなく讀んで下さらうと，それは讀者讀兄姉の御自由ですが，本誌の目指すさころは豫じめ呑み込んで置いて頂きたいと思ひます。

◇佛蘭西大使ポール・クローデル氏は，本誌の發刊に際して厚い同情を寄せられ，本號掲出の祝詞を下さつたのですが，今後も獨特の詩作をもつて時々應援して下さることになつてゐます。なほ巴里『ジュルナル』紙主筆ラウル・バルト氏，『ミューズ・フランセエズ』誌のノエル・ヌーエー氏などが，本誌と直接の連絡を保つてゐて下さるこさは，本誌の誇りとする所であります。謂はゆる「つぎはぎ物」でなしに，佛蘭西文の choses inédites で，本誌は固い地盤を見出すことになるでありませう。

◇日本の佛蘭西文學界で名ある方々を本誌にあつめる手筈も十分にできてゐますので，本誌の前途は實に洋々たりであります。

◇どこから見ても紛れもないアメリカ刺繡が，いつのまにか「佛蘭西刺繡」と呼ばれて，昨今の日本，殊に東京で幅を利かしてゐるのは，噴飯の極みです。日本のつまらない俳優が，巴里で天下の名優となるのは，有りがちなことですが，これはそれより甚だしい滑稽です。本誌の次號には，此の奇怪事の裁判役に當る權威ある記事があらはれます。日本で殆んど全く誤まられてゐる「佛蘭西趣味」のためには，本誌は今後可なり辛辣に吟味をする覺悟です。

◇佛蘭西の音樂なども，日本では可なりに酷い繼子扱ひを受けてゐます。これは全然不當の事でありますので，本誌は此の方面にも，確信をもつて裁判の鋒先を向ける手筈をしてゐます。あらかじめ日本音樂界の繼母連の覺醒を促しておく次第です。

1925年1月号

ふらんす詠草
―〈其の一〉―

與謝野晶子

またも身にサンクルウより船にして巴里へ歸る夕ぐれもがな

あぢきなし今はうつつにわが見たるヱルサイユとも思はれずして

この人よシャンゼリゼェの並木路またも踏まずばあはれならまし

歌の本繪本をたづねいつ立たんマロニエの下セェヌの岸に

白鳥の歩みにならひブロオニュの森渡り行く月もしのばる

假の宿つゆも變らであることを聞けどマリイは丈のびぬらん

しめやかにリュクサンブルの夕風が旅の心を吹きし思ひ出

巴里なる人は何とも云はば云へクリシイの辻なつかしきかな

1925年5月号

畫家マティスの印象

吉 江 喬 松

　畫家マティスのアトリエを、日本の畫家 N 君と訪問したのは、夕靄のこめて來る十一月ごろであつたと思ふ。　カルティエ・ラタンの、セエヌ河岸に近いその畫室には、もはや電燈が點ぜられてゐた。
　瘦身長軀のマティスはその頃、ロシヤ舞踊のカルゝサヴィナー座のために、背景を描くことになつてゐた。彼の引受けたのは「ロスィニョル」と題した、舞踊劇で、支那の或る皇帝が、鶯の聲を非常に愛してゐて、それを耳にすれば氣分が晴々するくらゐであつた。その時、日本からの使節が、非常に大きな人巧の鶯を贈つたので、皇帝はそれを非常に愛好した。けれど、次第にその人巧の鶯の聲に壓倒せられて、やがては氣分が惡くなるほどであつた。その支那の皇帝はまた次第に、一度退けた自然の鶯の音を求めてやまなかつた。つひに、或朝その自然の鶯の聲を不圖耳にして、爽快な氣分の快復するのを經驗すると、俄にいまゝで身近かにおいて愛好した、その人巧の巨大な日本製の鶯を追ひやらずにはゐられなかつた。といふ筋のものである。
　マティスはその時、支那人の古代の鎧の袖の一片を手にしながら、しきりにそれに見入つてゐるやうな樣子で、「自分は最初、日本の美術を非常に愛好してゐたが、支那のものを少しづゝ研究しはじめて見ると、支那の方が、その美術の源泉のやうに思はれてならない。今では自分には、日本美術は trop spirituel et trop léger に思はれてならない」といつた。その時のマティスの寂しげな、悲しげな表情と、その語調のひゞきとはいまも私に思ひ出される。
　日本美術に對しての彼の批評の當否はしばらく別として、常に移動してやまない マティス その人の心持が、彼がその時手にしてゐた舊い支那の鎧の袖の一片にすら漂つてゐるやうに、それこそ私には思はれてならなかつた。
　"Maître sans école" これはマティスに接するとすぐ思はるゝ評語である。自己に忠實で、いつも自分を凝視してゐて、常に動いてやまない自分の心の衝動に從つて動き、惜げなく解脫して、愛着なく轉換して、極めて恬淡で、名人ではあれど巨匠ではなく、いつも孤獨で、自分の途をたゞ一人で通つてゆく、何となく寂しげで、瘦せて、默想がちで、多くの岐路がいつも彼の前に開かれる。
　敏感で懷疑がちな現代の日本人のなかに、彼と共鳴する人のあるのも、マティスのこの素質のためであらう。彼はその時、コット・ダズュルへ行つて、描きかけた繪を完成して來ると話してゐた。地中海の岸へ行かうと、彼にはルノワルに在るやうな常持の青春は得られまい。南國に住まつても、セザンヌの持つ南國人らしい統率抱括力は持ち得られまい。やはりマティスだ、 maître isolé である。
　この點でも彼は私にとつて、最も懷しい人の一人である。

1925年3月号

自吟自譯

堀口大學

氣候

巴里の氣候
東京の氣候
行衞も知れぬ女たちよ
君等の住所を誰にきかう？

消え行く虹よ　遠い小鳥よ
君等は私の心に住むが
私は君等の行衞を知らぬ
どこの郵便函に手紙を託さう

虹ならば消えやう
小鳥ならば歸つて來やう
消えぬ戀人よ　歸へらぬ女よ
どこへ行つたら君等に逢へや

巴里の氣候
東京の氣候
行衞も知れぬ女たちよ
君等の住所を誰にきかう？

LE CLIMAT

Le climat de Paris,
Le climat de Tokio.
Ô vous, femmes disparues,
A qui vais-je demander vos adresses?

Arcs-en-ciel qui pâlissez,
Oiseaux lointains,
Vous habitez dans mon cœur,
Mais j'ignore où vous êtes!
A quelle boîte confierai-je mes lettres?

Les arcs-en-ciel disparaîtront,
Les petits oiseaux reviendront.
Ô vous, maîtresses qui demeurez,
Ô vous, femmes qui ne revenez pas,
Où donc faut-il que j'aille pour vous retrouver?

Le climat de Paris,
Le climat de Tokio.
Ô vous, femmes disparues,
A qui vais-je demander vos adresses?

人　　魚

人魚よ
海は碧い
海風は涼しい
カプレの島が見える

ユウリスのやうに
私はおそれないぞ
お前たちの歌を

銀と青との菱格子の
猿股をはいた
魚の女たちよ

歌つて呉れ

もつと近くい來て
卷貝のメガフオォンをとつて

そして私を誘つてくれ
暗礁の方へ
ああ　暗礁の方へ

SIRÈNES

La mer est bleue,
L'air est frais ;
On voit l'île de Capri.

Je n'ai pas,
Comme Ulysse,
Grand'peur de vos chants.

Femmes-poissons,
A la gaine d'écailles vert argenté,

Venez plus près de moi,
Chantez dans vos coquilles mégaphones,

Et conduisez-moi vers les écueils,
Vers les écueils.

鴉

光榮あるあかつきの
不吉な豫言者よ。

誰がお前の言葉に青ざめたか？

白日のみそらをかける
呪咀の黑十字架よ。

誰が誰を呪つたか？

燦たる夕ぐれの空にとぶ

おびただしい翼ある墓石よ。

誰がそんなに死んだのか？

CORBEAU

Prophète de malheur
Au matin glorieux.

Qui donc a pâli à tes paroles ?

Croix maléficieuse
Volant bien haut dans le ciel de midi.

Qui a voulu maudire ?
Qui voulut-on maudire ?

Pierres tombales ailées
Errant dans la splendeur du ciel d'un beau soir.

Quels sont donc tous ces morts ?

1925年7月号

皆様へ御相談

岸田國士

Cela ne dépend pas de moi.

翻譯は一つの創作でなければなりません。といふ私共の考を益々實行するために、皆様へ一つ御相談を持ち出します。

問題は上に掲げました佛蘭西語の一句です。いろいろの場合を想像して、此句になるだけ多くの譯語を當てはめて頂きたいのです。試みに「若い女が同性の友に對する言葉」と限定して置きませう。

相談に乗つて下さる方は、八月十五日までに、白水社宛はがきで御申越し下さい。

編輯者からも岸田さんの相談に乗つて下さるやう、皆様へお願ひ致します。岸田さんは皆様からの御はがきを蒐めて、品のよい遊戯をやつて見たいと言つて居られます。『ラ・スムーズ』は此の有意義な遊戯のために、喜んでグラウンドの一部を開放します。

アンヌシイの城とカナル

1925年8月号

ふらんす語夜話

(二)

内 藤 濯

　本誌の八月號で、『皆樣へ御相談』を持ちだした岸田國士君への葉書が幾枚か舞込んでゐる。其の後始末を同君に願ひたいのだが、病後のからだを費める事になつては、全く相濟まない。何とか片をつけて吳れまいかといふ編輯の方からの賴みである。快く引きうけて、早速それを前號以來の『ふらんす語夜話』の材料にする。岸田君とは、よくよく氣心を識り合つてゐる間柄である。少しぐらゐの手落ちはあつても、そこは大目に見て貰へやう。

　Cela ne dépend pas de moi.——此の一句に、いろいろな場合を想像して、成るだけ多くの譯語を當てはめて欲しいといふのが、岸田君の提案であつた。そしてそれには、「若い女が同性の友に對する言葉」といふ條件がついてあつた。Tu as raison といふ短い一句から、凡そ三十幾通りかの譯語を見出すほど、翻譯といふ仕事に細かく心を働かしてゐる岸田君にして、はじめて此の提案ありである。フランス語のあり餘る味はひを味はふ氣前のある人は、誰しも手を拍つて喜んだことであらう。

　言ふまでもなく、この提案の中心點は、dépendre de といふ語法の意味の取り方に在る。此の語法 dépendre de の第一の意味は、「に從屬する」である。「によりすがる」である。名詞の dépendance の有つ意味と對應する。「獨立」indépendance の反對である「從屬」と對應する。しかし問題の一句に表はれてゐる意味は、それとちがつて「に因る」「の如何に因る」「次第になる」「に左右される」等の解釋を基にしなければならぬ。

　『そいつは都合次第だ』『場合に因るね、そいつあ』といふ意味で、フランス人は Cela dépend. といふ。頗る簡單な言ひまはしてあるが、全く都合のいゝ言ひまはしてある。Cela dépend des circonstances の意味であるが、必ずしも circonstance といふ語を持出さないところに、妙味があるのである。この用法はまさに問題の一句に於ける意味と同じ意味の上に成立つてゐる。

　妙に思ひ出す事だが、例の對馬海戰序開きの名句、「皇國の興廢此の一擧に在り」は、フランスあたりの新聞にも直ぐに譯されて、Le salut de l'Empire dépend du présent combat となつた。此の一擧に在りは、勿論この一擧の如何に因るである。dépendre de の意味と立派に符節を合してゐる。

　そこで問題の Cela ne dépend pas de moi は、直譯すれば「それは私の如何に因る事でない」である。「それは私次第にならない」である。そこから岸田君の附した條件に據つて、いろいろと氣の利いた譯語が飛び出さうといふものである。

答案の葉書に認めてある譯語の中から、面白いのを拔き出して見る。
——そんなこと、私の知つた事ぢやないわ。
この譯語は、「そんなこと」が「それは」とか「それあ」とかに代り、「事では」が「事ぢや」となり、語尾が「‥‥ありませんわ」或は「‥‥ないことよ」になつてゐる點は剔にして、大抵どの葉書にも讀まれる譯語である。それから見本が凡そ次のやうに並ぶ——
私の思ひ通りには行かないわ。
あたしの自由にはならないわ。
私の都合次第といふわけには行かないわ。
あたしの一存といふわけにはれ。
それはれ、あたしの自由にはならないことよ。
大體こんなものである。私の見る所では、この五つの譯語は同じ一つの場合を想像したので、それ以外に出てはゐないやうだ。可なり靜かな心持を浮べてゐる屈托のない場合だけを想像したものと見て誤りないやうに思はれる。さういふ場合でなしに、Cela ne dépend pas de moi といふ一句を多少とも急き込んで、Cela といふ指示代名詞のごときは、碎けた形の ça に近く發音される場合でも想像して見たら、いきほひ趣を異にした譯語が飛び出して來なければならない筈である。さういふ積りで葉書の方を見ると、先づ斯ういふのが讀まれる。
——そりや、あなた次第だわよ。
この譯語は、すこし行き過ぎてはゐないだらうか。自分次第にならない事である。だから「あなた次第である」と考へる必然關係が果して在るか何うか。翻譯を行ふ際には、調子の上から、或る肯定語の反對語を否定形にして、それを肯定語の譯にする必要に迫られる事はある。しかしそれは、よくよくの場合でない限り避くべきである。嬉しいと言ふ所を、悲しくないと言つたところで何うにもならない。況んや以上の譯語のやうに、一つの事實と對立してゐるやうに思はれる事實を假りに捉へることは、愼しむべき事であると私には思はれてならない。かういふ疑ひを有たせられるかと思ふと、また他の一方では、譯語を思ひきり切り詰めて、きびきびと物を言つてる葉書がある。
——しつこいぢやないの、そんな事いつて。
隨分思ひきつた譯語である。Cela ne dépend pas de moi が、Oh! tu es trop têtue! ほどの意味にならうなどと誰が思はう。敢へて誤譯とは言はない。しかし此のきびきびした譯は、Cela ne dépend pas de moi の直ぐあとに、je te dis! の一句を附け足した場合ぐらゐの所を基にしたいものである。『あたしの知つた事ぢやないつていふのにねえ』と、『しつこいぢやないの、そんな事いつて』との間に、語氣の繋がりがあるといふ意味に於いてである。
——お門違ひよ、それあ。
これはうまい。全く素晴らしくうまい。この譯と、『知らないわ、そんなこと、あたし』とを較べて見る。言葉は互に異つてゐても、その異つた二つの言葉を生む心持には變りがない。『あたし、そんなこと知らないわ』といふ若い女性の語調は、さほど荒くない。場合によつては、可なり靜かな語調をもつてしても、繰り出されうる言葉である。しかし、『知らないわ、そんなこと、あたし』には、大分荒い語調が附け加はつてゐる。しばらく

の間でも、さう言ふ胸が波うつ。それと『お門違ひよ、それあ』といふ語調との間に、どれほど語調の緩急があるものか、一寸想像し難いが、提案の一句を生かす鮮やかな一つの場合に適中したものであることは確かである。

Cela ne dépend pas de moi.——この一句にいろいろ緩急を與へて、何度も何度も繰り返してゐるうちには、勢ひいろいろな場合が想像されてくる筈である。岸田君は、これを「若い女が同性の友に對する言葉」として提供したが、此の關係をまた一つにしないで、いろいろに條件を變へて見たら、この一句の研究乃至飜譯は、殆んど無數の variation を生むことになるであらう。フランス語の此の一句は、いかなる場合に於いても其の形を變へない。それに反して其の日本語譯は、場合に應じて形を變へない限り生きたものにならない。それにつけても、飜譯殊に脚本の飜譯の並ひと通りな仕事でないことが、泌々感じられる。困難なうへにも困難な仕事だが、一句一句の繰り出され交はされる場合を探るところには、やはり美しい味ひの天地がある。しきりに佛蘭西近代劇の良い飜譯をやつてゐる岸田君は、苦しくとも愉快であるに違ひない。

Devinette

判 じ 物

Ton père est un des enfants de mon père.

（これは誰が誰に向つてふい言葉であるか）

1925年12月号

◆藤田嗣治君のこと◆

　山に上らうと云へば、直ぐ Montmartre に遊ぶことと吞込む巴里の通人の仲間入りをして、Pigalle の廣場に面した或る酒亭に行く。酒亭などいふと妙味もない。やはり cabaret artistique と云ひたい。

　年の暮の師走二十四日の徹夜といつては艶消しだが、Noël の réveillon と來ては、今この文を書きながらも、胸の躍るやうな素晴らしい巴里情緒に引込まれる氣がする。

　あまり廣くない室が、所せまきまで並べられた卓子に、いやが上に窮屈を覺える。玄人でも、人にぶつからずには踊るすべもないほど、込み合ひ犇し合ひ舞ひ狂ふ群を眺めて、隅の方で三鞭を飲みつつ、やに下つてゐると、Foujita! c'est bien lui! と隣で囁く聲がする。豐滿の肉體美のフランス女を擁して、向ふの方に踊る淺黑い男は、正しく藤田嗣治君である。

　かつらを冠つたやうに、奇麗に額の中頭を一直線に切りなでた髮の毛、はつきりした眼なざし、引きしまつた小さな口元、若し眼鏡がなく、色が白く、そして唇が紅であつたら、此の踊手こそ人形芝居そのまゝと思はれるやうな優しい男である。

　盛り場でも、C'est lui, Foujita! tiens! とフランス人に囃される程人氣男なんだ。巴里で日本の大使の名を知らぬフランス人はあつても、日本のアルチスト藤田畫伯の名を知らぬ人は少ない。

　首だけを拜んで居れば、あつぱれな色男、實は可なり亂暴な身なりをして平氣である。

　或る有名な美しい日本婦人が、一夕藤田君を家庭に招じて、おしろ粉の御馳走をした。外套を着て入つて來た畫伯、挨拶もそこそこ『奧さん手傳ひませう』と外套を脫ぎすてた姿に、奧さんと呼ばれた主婦の吃驚仰天したも道理、藤田君は一張羅の仕事服のまゝまかり越したのであつた。

　巴里で宮樣の御臨席になるやうな晴れの宴、一人殘らず燕尾服か smoking に白い胸を突出して居る場合でも、veston ですまして居る藤田君を見ることが多い。つまり藤田君は頭と腕があればよいのだ。

　此の首はしかく大切な貴重な頭を、藤田畫伯の腕で寫した自畫像なんだ。首だけは奇麗だ。藝術の都に極東の美術國の誇りを示す藤田君に遙に敬意を寄せる。

（思老庵）

カルチエ・ラタンの氣分

辰　野　　隆

　ラ・ボエーム、あの活動を見ましたか。勿論、あれはセットで、且つ衣裳風俗は一八三〇年代のものではあるが、でも、あれを見てゐると、セーヌ河右岸といふ氣はしない。どうしても左岸、カルチエ・ラタンのサンチマンタルな匂が出てゐます。

　カルチエ・ラタンの氣分を最もよく出してゐる作品といつたら、やはり、今いつた「ラ・ボエーム」でせう。悉しく云へば、Henri Murger の Scènes de la vie de Bohême. 後にプチニ (Puccini) がオペラに作曲した、あれです。尤も巴里ッ子は、外國人が澤山入り混んで來たため、カルチエ・ラタンの昔ながらの情緒は全く壞されてしまつた、と、いつてはゐるが、しかし外國人の眼には、まだ何處かに古い巴里の面影が偲ばれる。馬車も通れぬ狹い露路小路の石の凸凹、それにも古い巴里が見える氣がします。

　カルチエ・ラタンといふのは、定まつた行政區劃の名稱ではない。ソルボーヌを中心にした一帶の地域を漠然といふので、サン・ミツシェルとかサン・ヂェルメンとかいふ大通りもあれば、パンテオン、リユクサンブールの公園なぞも、この中に含まれてゐます。所謂ラテン區、教育の街、學生街です。が、日本やドイツの學生街とは、大分、趣を異にしてゐます。日本やドイツのには、地方青年といふ色が強く漂つてゐるが、カルチエ・ラタンにはそれがない。皆、巴里の空氣に同化されてゐます。灰汁ぬけてゐる。一見、學生でも學生らしく見えない。そこに、あのラ・ボエームのミミのような女性も出て來るわけなのです。Grisette——ミミはその代表的な女性ですが、職業婦人と令嬢とを半々にした、小粋な、それで、スリッパを一寸ひつかけてパンを小わきに驅けても行かう、といつた、東京で云へば、まあ下町の「きいちやん」「みいちやん」といつたところ。しかしそれよりはもつと理智的な女性、これは、カルチエ・ラタンの特色だつたのです。巴里ッ子が、昔ながらのカルチエ・ラタンを見るよしもない、と嘆ずるのも無理はないかも知れない。何故なら、この Grisette といふ言葉も、今はただ歴史的の名としての外殘つてゐないのですから。今は、一般的な Midinette になつてゐるのですから。

でも、まだカルチェ・ラタンの特色として殘つてゐるものがあります。それは、天才も實力もなく、何一つ發表したものもない癖に、永遠に藝術界での成功を夢見ながら、大家を罵倒しては大言壯語する老文士、老詩人、老畫家の群です。文學青年ならまだいゝが、老人だけに悲しくさせられる。またかういふのに、煽て上げる五六人の崇拜者が定つてあるのです。その連中に取りまかれ、カフェーの酒に醉ひ痴れて氣焔萬丈のその老人達の醉ひざめを考へると寂しい氣がします。然しそれも、文學的巴里の背景と思へば、つまり、抒情的枯木で、パルナッスの賑ひですね。

　私も一二度、そうした集りへ顔を出して見たことがあります。アン・リイネル (Han Ryner)、詩人でしたが、小さな部屋の、煙草の煙の濛々とした裡で、大きなことを云つてゐました。こゝへは、ある伯爵、とても貧乏な伯爵が連れて行つてくれたのですが、歸つて來てから、「あれは偉いのかい？」と、その伯爵に聞いたら、「餘り才はないね」と、濟ましたものでした。またルネ・ギル (René Ghil) といふ詩人にも會ひました。この人は、他の老人連とは少し異つて、マラルメやヱルレーヌやランボーの親友で、三十年前には、Poésie scientifique といふことを唱へて、歐洲詩壇に風雲を捲き起したこともあつたのですが、それが何時か失墜落魄して、そういつた老人の群に入つてしまつたのです。二三年前死にましたが、とにかく Anthologie にも名が出てゐるのですから、この人なんかはいゝ方です。

　若い學生の渦卷の底に、そういつた群が淀んでゐるところは、面白い。若い學生ときたらまた呑氣なものです。これは、學校を出たらすぐ就職口があるといつたわけでなく、職業と學問とに判然とした區別があるせいでせう。それに、大學が、日本のやうに最高學府になつてゐる、のでもないのですから。l'Ecole Normale Supérieure の方が上に位してゐる。こゝを出れば、大學敎授になれるが、これとて、どこの大學も人が多いので、口を得ることは仲々難かしい。それで、口のことなんか頭に入れてゐないから、一般に呑氣です。美術學校の生徒は殊にそうだが。大學の講義も普通。ノートを一生懸命とつてゐるものもあれば、ぼんやり聽いてゐる者もある。寒い時なぞ、敎室の後(うしろ)の方に陣どつて、ノートをもあいでとつてゐる男女の學生が幾組かありましたが、これなんか、講義を聽くといふより、外より敎室の方が温かだからとでも考へてゐる連中でしたらう。

　敎授の訪問といふことは、よくやります。私も、ストロウスキー (Strowsky) 敎授を訪問したことがある。年の頃は六十がらみの人で、その時は、左傾思想にかぶれた貴族出の青年學生と話してゐられた。青年は、盛にブルジョワだと敎授をひやかして、やがて立ち去つて行つたが、その後で敎授は、かう

私に云はれた「あゝいふ人を注意なさい。あれで、二三年もして國へ歸ると、小作人をいぢめ出すんだから」。

　學生は、一般には右傾してゐる。種々理由もあらうが、右の方には有力な人達が多いせいもありませう。L'Action Française の Charles Maurras や Léon Daudet はその代表者だが、Léon Daudet なんか、風采といひ辯といひ筆といひ、實に雄健な立派なものです。私は議會でその辯を聞いたが、父 Alphonse Daudet の溺情的のところなんか微塵もない、いゝ男でした。左のの言論機關としては、l'Humanité, l'Ere nouvelle, la Revue ouvrière, l'Ouvrier といつたものがあるが、大した人物はゐない。

　一般に、フランス人は右傾的です。これは、フランスが住民の密集する工業國でなくて住民の分散してゐる農業國のせいであらうし、大革命の際に農民に土地を分配してしまつたからでもありませう。且つ國民が理智的で、宣傳があつても、すぐ、腦裡に "Pourquoi" といふ言葉が浮び、"C'est absurde" といふ結論が出て來るからでもあらうと思ふ。

　現在のカルチェ・ラタンの氣分、約言すればまづざつと、かうしたものでせう。（K. O. 生筆記）

1928年4月号

「クノック」飜譯に就て

岩田豐雄

「クノック」のやうな戯曲を飜譯するのは、決して不幸な運命じやないと思ふ。

第一おかしくつて、おかしくつて仕樣がない——そりや、勿論、元來の無學があゝした戯曲と取組むのだから、困つたり、へこたれたり、二進も三進も行かなくて、何邊ベソを搔ひたか知れなくても、それでも、原文の大陽氣、大騷ぎのミュジックが、くよくよしなさんなと、元氣をつけてくれる。

「太陽を吳れ……太陽を……」

なんていふ言葉で苦勞するのと、ちよいとちがふと思ふ。その上、持つて生れた巫山戲た根性が、實に、堪能の機會を見出したものと思ふ。この人氣作家を最初に日本に紹介する喜びを別にして、僕は、「クノック」の飜譯中、かなり幸福だつたと思ふ。

* * *

その上幸福なことに、天祐——少し大袈裟だとしても——もあつた。これ即ち、江戸より明治初頭へかけての、日本平民文學の豐富なるヴオカビュレエルのお蔭である。

第一幕の臺詞に

Knock—Je n'ai pas pu les commencer dès ce moment-là. Pour vivre, j'ai dû m'occuper quelque temps du commerce des arachides.

Mme Parpalaid—Qu'est-ce que c'est ?

Knock—L'arachide s'appelle aussi cacahuète.

といふところがあるが、有難いことに、落花生と南京豆といふ同義語があるがために、クノック「落花生、一名南京豆とも申しますがね」

といふ、臺詞を無事に通過した。

さらに、第二幕目にいたつて、クノックが廣目屋 (le tambour de ville) を、すつかりまるめ込んでしまふ件に、やはり適當な同義語で救はれた。廣目屋がクノックに診察を求め、飯を喰ふと、腹が搔ゆくなるといふ、馬鹿々々しい臺詞のあとで、

Le tambour—Ça me chatouille, ou plutôt, ça me gratouille.

と云つてる。

「搔ぐつてえんで、搔ぐつてえよりも、こそぼつてえんで」
と僕は譯したが、元來、gratouiller なんて語は存在しない。無論、gratter から訛つたものだが、しかし、その譯語に用ひた、こそぼつたいといふ日本語だつて、廣字典にもありはしない。

ありはしないが、直ちに意味はとれる。落語家は、頻繁にこれを驅使して、概念的田舍漢を描出する。いゝ鹽梅にさういふ表現があつたもので、さういふ言葉——南京豆の件も同じことだが——がなかつた日には、「クノック」のやうな戲曲は、飜譯が不可能である。

由來、佛蘭西と日本との間には、語法上ばかりでなく、幾多の、「他人の空似」が存在すると思ふ。

＊　＊　＊

飜譯しながら、僕の眼の前に、絕へず往來するのは、「クノック」の最も早い演出者、シヤンゼリゼエ座の、ルイジユウヱの俤である。

彼が、ジユウル・ロマンの書いた醫師クノックと、どれだけ關係があつたかは、こゝで問題にする必要はない。

たゞ、僕にはジユウヱの顏なり、ゼストなり、聲なりを離して、醫師クノックを想像することが困難である。それは僕が、原文から有機的なクノックの印象を受取るだけの、語學力を持つてゐないセイもあるだろうが、ひとつには、戲曲と云ふものが舞臺化された場合、ある別な強烈な存在をとるといふ、機微を敎へてゐるものと思ふ。

十分に、理想的に、外國戲曲を讀む能力ある人は、寧ろ如何なる舞臺をも見ない方がいゝと思ふ。僕は、自分の見た戲曲をのみ飜譯することを、主義としてゐるが、これはかなり危險な主義に相違ない。

＊　＊　＊

これは飜譯と關係のないことだが、僕が新劇協會の俳優と稽こをしてゐる間に氣付くことは、彼等は、「クノック」の面白味も、かんどころもよくわかる——非常によくわかるのであるが、たゞそれを如何に表現していゝか、想像以上に困難するらしい。目的地がすぐ手近かに見へてゐながら、それで手が屆かない。

これは佛蘭西喜劇の文學的飜譯にも、まんざら、緣のない話とは云へない、といふ感じを抱いた。今日の我々自身の知る以上に、獨逸的存在であるらしい。そして、ジユウルロマンは、最も佛蘭西的な作家の一人であることは、云ふまでもない。

「クノック」のなかの醫學、心理學術語の譯語に就て、京都大學の吉田博士、戶田博士、及び慶大の井汲淸治に厄介をかけた。この機會に感謝したく思ふ。

1927年5月号

Le Jardin du Luxembourg

飜譯について

岸田國士

　飜譯といふ仕事は、いろいろ理屈のつけ方もあるだらうが、大體に於て、飜譯者自身のためにする仕事なのである。飜譯を讀んで原作を云々するのは非常に危險だといふやうなことも云へるし、また飜譯は一つの文化事業であるといふやうな口實もあるが、飜譯そのものは金になるならないに拘はらず、誰でもやつてみるといゝのである。

　飜譯するといふことは、原書を少くとも十遍繰り返して讀むことである。

　飜譯をやつてみると、自分の語學力の底が知れるのである。

　飜譯をしながら、おれはこんなに日本語を知らないのかと思ふだけでも、たいへんな藥になる。

　最初一度讀んで面白かつた本が、飜譯をしながら、或はしてしまふと、つまらなくなる場合がある。大した代物ではなかつた證據である。

　出來上つた飜譯を讀んでみて、原文の面影が傳へられてゐるかどうか、そんなことはわかるもんぢやない。わかるのは、飜譯の文章がうまいかまづいかである。

　いろいろの作家のものを飜譯するのに、その飜譯者が、彼自身の文體をもつてゐることは却つて邪魔であるやうに考へられ易いが、決してそんなことはないと思ふ。

翻譯の理想は、意味を正確に捉へる以上に、日本文で原文の味ひを出すことにあるとされてゐるやうだが、それも、たゞ、さう思はせるだけのことで、日本文で、例へば佛蘭西文の味ひなど出せるものではない。
　モンテエニュならモンテエニュの文體(スタイル)といふものは、佛蘭西文でなければならないものなのである。偶々、モンテエニュを熱愛し、深く理解し、その精神と風貌とを眞近に感じ得た翻譯者關根秀雄氏の見事な「文體(スタイル)」が、多少の扮装を施したにせよ、原著者の精神と風貌とを「日本流に」髣髴と描き出す力をもつてゐたのである。
　文章のリズムと、その正確なイマアジュなるのものは、斷じて翻譯には適せぬものである。たゞ、甲の美を乙の美に置き換へる技(わざ)が、翻譯の純文學的營みなのではないかと思ふ。これは、それ故、翻譯に於ける一種の飜案的部分とも云へるのである。
　翻譯といふ仕事に、この部分がなければ、これは文學の作業とは云へない、非常に機械的なものになる。さういふ翻譯もあつていゝが、譯すものも讀むものもつまらないだらう。危險なコースを擇ぶ登山者の氣持がなくもない。心配する親がゐるわけである。
　ミュツセとアナトオル・フランスとを、日本語で讀めるやうに譯すのはむづかしい。
　モオパッサンは、なんでもないやうで、やつてみると、どうにもならない。日本語にすると、味のつけやうがないのである。物にもよるが、下手をすると、俗つぽくなつて讀めないものになりさうだ。あゝいふことを書いてあれだけの文學になるのは、佛蘭西語の力ではないかと思ふ。しかし、それよりもほんたうは佛蘭西の文化の力である。
　ルナアルは、比較的誰にでも譯しいゝ作家だらうと思ふ。と云ふのは、文章に固い心(しん)のやうなものがあり、それが氣體的なものを發散してはゐるが、その心(しん)をつかまへれば、それだけでもう一種獨特の面白いイマアジュが浮んで來る。彼の文體は、モオパッサンのそれと反對に、伸び縮みがきかない。無理をするとポキリと折れるから、すぐにこいつはいかんと氣がつくのである。そこへ行くと、モオパッサンといふ奴は、引つ張るとどつちへでも伸びて來て、うつかり元の感じからずれてしまふ。眞面目に取り組むと焦れつたくなる。
　戲曲の翻譯は、實際、佛蘭西の芝居を觀ないと、肝腎の對話の呼吸が呑み込めないのではないかと思ふ。トオキイは、その意味でいゝ勉強になるが、所詮、日本語は「語られる言葉」としては貧弱この上なしだ。對話の表情まで言葉として譯し出すことは、先づ不可能と諦めなければなるまい。

1936年1月号

街の花屋と果物屋

巴里——東京物賣りの呼び方

市原豐太

　吉村多彦氏の「螢光板」に「物賣りの聲」といふ一章がある。東京に就ていへば、「ナットナットー」「ナスービノナヘヤーキウリノナヘ」「えゝ朝顏や朝顏」「えゝ鯉や鯉」「えゝ竿竹や竿竹」などの類である。さうしてこれ等の趣深い呼び聲は次第に少くなると書いて居られる。その傾向はあるらしいが、今でも所によつてはまだまだいろいろの呼び賣を聞くことが出來る。試みに同書に擧げてないもの三つ四つを拾ふと、「あさりからあさりしゞみよー」「うなぎにどぜう」「傘や蝙蝠の直し」「鋏・庖丁・剃刀とぎ」夏場には「金魚やー金魚」「とんがーしとがーし（葉唐辛子）」祝祭の前日などには「旗や旗竿，國旗に旗竿」などがある。

　所で斯ういふ物賣りは西洋にもなかなかあるものと見えて，プルーストの「囚はれの女」の中には 1900 年頃の巴里の街を通つた賣り聲がさまざまに寫されてゐる。1900 年頃の話であるから、今頃はやはり餘程少くなつてゐるかも知れないが、併し三四年前パリにゐた I 氏の話ではいろいろ聞いたといふことであり、同氏は八百屋の賣り聲を憶えてゐて「アルティーショー」といふ節廻しをやつて見せてくれたりした。ところが恰度同じ頃ベルリンに行つてゐた別の友の話を聞くと、伯林では一向耳にしなかつたといふ。これは單にその友が氣づかずにゐた爲かも知れないが、假りにそれが本當だとすればこれは伯林にはなくて巴里・東京にあるものの一つになつて面白い。所謂「生活の合理化」と是の如き物賣りとはあまり合はないやうに思はれる。それは兎に角、こゝでは巴里の商人がどんな言葉で觸れて歩くかを語法的にも考へて、東京の場合とどういふ異

同があるかを見ることにした。

　さて上にあげた東京の呼び賣から、かゝる呼び方に如何なる條件があるかを思ふと、第一に品物又は職業を表すことが必要であり、第二に呼び歩く以上は多少とも口調を整へ節廻しを美しくすることが大切であり、第三には簡單に品質や値段の吹聽も出來ればやる、といふことなどがある。「納豆納豆」は品物の名ばかりだが「えゝ朝顔や朝顔」「えゝ鯉や鯉」などになれば先づ「えゝ」といふ注意喚起か又は整調の詞があり、更に中央に「や」といふ多分やはり口調をとゝのへる爲の言葉がはさまれてゐる。次に節まはしは何れも幾らかづゝ工夫されてゐる。その尤なるものはやはり苗賣であらう。第三の品質値段等は「按摩上下二百文」とか「粕や酒の粕、本場酒の粕」とか「切りたての花菖蒲が三本で五錢」とか入つてゐる。

　さて巴里のもの賣りも大體同樣な要素を有つてゐるやうである。

La Flèche de Notre-Dame

1. Habits, marchand d'habits, ha....bits! （服、服屋、ふ....く！）

　この商賣は我々には珍らしい。なほ驢馬に車を輓かせてゐるのである。

2. Couteaux, ciseaux, rasoirs! （庖丁、鋏、剃刀！）

　東京の「とぎや」と殆ど同じであるが鈴を鳴らして歩くといふことである。

3. Chiffons, ferrailles à vendre! （屑、鐵屑のお拂）

4. Merlans à frire, à frire! （フライにする鱈、フライの！）

　以上の四例は殆ど皆名詞ばかりで且つ冠詞がない最も單純なものである。

5. La Valence, la bella Valence, la fraîche orange! （ヴァランス蜜柑、上等のヴァランス、蜜柑のとりたて！）

6. Ah! le bigorneau, deux sous le bigorneau! （えゝ螺（に）、螺が二錢）

　この二つは定冠詞が入つて居り 5. の方には形容詞が、6. の方には値段が加はつてゐる deux sous le bigorneau と le が使つてあるが次例は所有形容詞 mon となつてゐる。

7. Huit sous mon oignon! （玉葱が八錢）

　これ等の七つの例を見ると皆簡略な名詞の呼び上げだけで主語・動詞・補語といふやうな組立ての文ではない。東京の賣り聲も大部分はさうなつてゐる。併し「とぎやでござい」とか「かまーぼこやでござい、はんぺんにちくわでござい」などは「ござい」とい

ふ一種の動詞を具へてゐる。これにあたるフランス語は Voilà であらう。

8. Voilà d'beaux poireaux! (上等の唐辛でございい)
9. Haricots verts et tendres, haricots, v'là l'haricot vert! (やはらかな青隱元、隱元、青隱元でございい)
10. Voilà des carottes à deux ronds la botte! (人參でございい、一把が二錢、rond=sou)

小説の女主人公はオレンデとか人蔘とかの賣聲を聞くと忽ち食慾をそゝられ婆やに買はせて吳れと言つたり、青隱元の賣り聲はもう二月經たないと聞かれないなどゝ言つてゐるが、どこか東京人の好尙に通ずる處が感じられる。

11. Voilà le réparateur de faïence et de porcelaine! (やきつぎやでございい)

Voilà が純粹の動詞になつて

12. J'ai du bon chasselas! (上等の白葡萄はいかゞ)

といふのもある。フォンテーヌブロー產の季節ものである。次も同樣。

13. J'ai de la belle asperge d'Argenteuil, j'ai de la belle asperge! (アルジャントウーイユの上等アスペルジュ（アスパラガス）はいかゞ、上等のアスペルジュはいかゞ。)

この 12, 13 の du bon; de la belle は普通の文法では le, la を省いて de bon; de belle にせよ、と言ふところである。

14. Il arrive le maquereau, maquereau frais, maquereau nouveau. Voilà le maquereau, mesdames, il est beau le maquereau! (鯖が來ました、活きのいゝ鯖、新さば。鯖でございい、奥さん、鯖の上等)

始めの Il は非人稱、終の il は鯖の代名詞、終の處を直譯すれば「それは美しい、この鯖は」であらう。この文などはもうよほど整つた形の方である。なほ maquereau は魚の名の他に「娼家の主」といふ意義があることを附記する。

15. Les escargots, ils sont frais, ils sont beaux, on les vend six sous la douzaine! (蝸牛、とり立てでございい、上等でございい、十二が六錢)

この中「上等でございい」までの前牛は普通に語る如く言つたが、「十二が六錢」といふ最後の句はドビュッシイの「ペレアス・エ・メリザンド」に出て來るメロディーの憂愁を想はせる、といふことであるから西洋にも苗賣式の節に似た場合があるらしい。さうして殊に同じ言葉をくりかへす場合、その間に間（ま）を置いてのばす呼び方は古い敎會の儀式の唱言に似てゐるさうである。

16. Avez-vous des scies à repasser? v'là le repasseur! (鋸の目立てはようございい。目立てやでございい)
17. Tam, tam, tam, c'est moi qui rétame même le macadam, c'est moi qui mets des fonds partout, qui bouche tous les trous, trou, trou, trou! (タンタンタン、マカダムのこんくり道でも鑄掛けをするのは此方でございい、どこまでも底を張りまする、何んでも穴はふさぎます、トルウ、トルウ、トルウ)

これなどは半分冗談であるから恐らく呼び方として類型的なものではない。

18. Tond les chiens, coupe les cha's, les queues et les oreilles!（犬の刈り込み、猫の切り込み、尻尾でもござれ耳でもござれ）

　西鶴の中にでも引かれさうな富貴繁昌の都の珍職業である。tond; coupe は多分 On tond; on coupe の省略であらう。最後にやはり省略の形の一つであるらしい "à" を用ひたものを見よう。

19. A la moule fraîche et bonne, à la moule!（とり立てでうまいいがひやいがひ）
20. A la crevette, à la bonne crevette!（蝦はいかゞ、上等の蝦）
21. A la barque, les huîtres, à la barque!（いけの魚はいかゞ、（いけの）牡蠣、いけの魚）
22. A la romaine, à la romaine!（ちしややちしや）
23. A la tendresse, à la verduresse, Artichauts tendres et beaux Arti-chauts!（やはらかい、青い！やはらかい上等のアルティショー、アルティショー！）

　最後の 23. A la tendresse, à la verduresse! は巴里の八百屋 (marchand de quatre saisons) の傳統的な呼び聲であるらしい。それと同様に à la barque もこゝでは牡蠣であるが、牡蠣に限らず「活け」に活かしてある魚類の呼び聲ではないだらうか。ところで 19-23 の "à" は辭書で見ると au feu! (Venez au feu!) au secours! (Venez au secours!) 火事だ！助けてくれ！等の à と同類である。來て見て買つて呉れといふ意であらうか。

　以上を通觀すると、巴里と東京ではかういふ商賣に思つたよりも共通のものが多いこと、表現は日本語の方が常に主語を省くだけにより簡素であること、純粋に整調の爲らしい日本の「や」にあたるものは向うにはないことなどに氣がつく。

Pas très flatteur

　—Swift prêchant un jour devant une nombreuse et brillante assemblée, s'exprima ainsi :
　—Il y a trois sortes d'orgueil :
　—L'orgueil de la fortune, l'orgueil de la naissance et l'orgueil de l'esprit. Pour abréger, je ne vous parlerai pas du dernier ; du reste, personne parmi vous n'est exposé à un vice semblable !

1936年1月号

1930 年頃の白水社．神田區小川町 30 番地，現在の駿河台下交差点付近
（1933 年 1 月号掲載）

PONCTUATION に就いて

（一）

河 盛 好 藏

　今月から暫くフランス語の ponctuation に就いて書きたいと思ひます。Larousse 小辭典を披いて ponctuation の所を見ると Art, manière de ponctuer 及び Signes par lesquels on ponctue といふ説明があつて、その次にこんな例が出てゐます。Les signes de ponctuation sont les points, la virgule, les guillemets, les tirets, les parenthèses, etc. 卽ち我々はどんな場合に point を、どんな場合に、virgule を使用するのかと云ふやうな事をこれから勉強したいのであります。まづ小生の種本を擧げて置きます。Henri Sensine, *La ponctuation en français*, Paris, Payot, 1930. 著者の名は旣に名著、*L'emploi des temps en français ou le mécanisme du verbe.* で皆さんが御存じの事と思ひます。

　ところで本論に入る前に、この本には大變面白い序文が附いてゐますから、それを紹介する事にしませう。

　"Ponctuation が初めて作られたのは旣に古いことで、我々の紀元の第二世紀にまで遡ることが出來る。然しそれが確定され、且つ一般化されたのは印刷術の發明以後のことである。

　Ponctuation といふものが、文法家の氣まぐれな思ひ附ではないこと、卽ち誰が

見ても馬鹿氣た、或る種の不必要で煩しい文法的飾物ではないことは、何人も否定される惧れなしに確言し得るであらう。それ所か、ponctuation の必要なことは否定できないのである。嚴密に云へば、我々は ponctuation 無しでもすますことが出來るであらう。なぜなら其は永い間存在しなかつたからである。だが或る點から云へば其は必要缺くべからざるものであつて、不完全に句讀點を施された texte は明晰ではなく、また屢々完全に異つた解釋を與へられることが出來るのである。世のなかには、その意義を完全に變更するためには、使はれた句讀點を變へるだけで充分な文章が在るものである。

例へば、或る lycée で先生が ponctuation を示さずに、生徒に次のやうな文句を書き取らせた。

Le professeur m'a dit: *Cet élève est un paresseux.* (この生徒は怠け者です、と先生は僕に云つた。)

それを或る惡戯好きな少年が次のやうに書いた。

Le professeur, m'a dit cet élève, *est un paresseux.* (先生は怠け者だと、その生徒は僕に云つた。)

御覽の如く、第一の場合では、怠惰なのは生徒であるが、第二の場合では反對に先生が怠け者にされてゐるのである。

また次の例のやうに一つの virgule の使用の如何によつて、意義を變更し得るやうな句もある。

1) Ce ne sont pas *ses amis soldats* qui l'ont sauvé. (彼を救つたのは彼の友人の兵士達ではない。)

2) Ce ne sont pas ses amis, *soldats*, qui l'ont sauvé. (兵士諸君よ、彼を救つたのは彼の友人達ではないのだ。)

また次のやうな例がある。一人の少女が次のやうな手紙を彼女の友人に書いたとする。

Je viens de perdre ma *sœur chérie.* (私は私の愛する妹を失ひました。)

或はまた、

Je viens de perdre ma sœur, *chérie.* (愛する友よ、私は私の妹を亡くしました。)

即ち第一の場合では chérie と云ふ形容詞が ma sœur に係るのだが、第二の場合では、virgule を一つ使つただけで、chérie は彼女が手紙を書いた對手の友人になるのである。

同じやうな例をもう一つ擧げれば、

1) *Ma chère amie*, la pluie n'a cessé de tomber depuis hier. (愛する友よ、雨は昨日から降り止みません。)

2) *Ma chère amie la pluie* n'a cessé de tomber depuis hier. (私の親愛な友である雨は、昨日から降り止まない。)

時として、virgule の位置が違つたために重大な結果を生じる場合がある。昔し昔し或る處に一人の百姓があつて、或る日、些細な罪を犯した。その時分は何でもない事に

でも ひどい刑罰が課せられた時代だつたから、件の百姓は裁判所で縛り首の判決を受けた。そこで彼は王樣に赦冤を願つたところ、王樣はそれを尤もに思はれて彼をお赦しになることになつた。ところで王樣はその日は非常に急いでゐられたので、秘書に命じて典獄に送附さるべき次のやうな簡單な命令を書かせ給ふた。

Grâce, *pas pendre*. （特赦を與ふべし、絞罪にすべからず。）

然るに秘書は慌てゝ次のやうに書いた。

Grâce pas, *pendre*. （赦すべからず。絞罪にすべし。）

かくして其の哀れな男は縛り首に處せられたのであつた。

今度は、不完全な ponctuation のために、或は ponctuation を缺いたために、噴き出すやうな滑稽な結果を生じた話を書いて見よう。フランス瑞西の或る町で一人の市民が亡くなつた。瑞西といふ國はさまざまの社交團體の多數にある、恐ろしく社交的な國だが、彼氏もそんな或る團體の會員だつた。そこで會長は早速花屋に向けて次のやうな手紙を書いた。"×氏の未亡人に花輪を届けられたし。尚、花輪には次の言葉をリボンに書いて添附されたし。

A notre cher et regretté collègue, hommage de la société de Z. （我等の親愛なる、哀惜する同僚に捧ぐ。Z 協會。）

ところで思ひ返してみると、これだけの文句ではどうも充分に懇篤ではないやうに思はれた。そこで彼は更に適切な言葉を加へたいと思つて、次のやうな電報を花屋に宛てゝ打つことにした。

Vous ajouterez, s'il y a de la place: "Il est au ciel et dans nos cœurs." （若し場所あらば、次の句を加へられたし "氏は天國と我等の心のなかに在り"）

ところがどうした不注意からか、花屋は ponctuation のない電報の文句を讀み損つて了つたのである。葬式には、協會から捧げられた花輪には次のやうに書かれてあつた。

A notre cher et regretté collègue, hommage de la société de Z. *S'il y a de la place, il est au ciel et dans nos cœurs.* （我等が親愛なる、哀惜する同僚に捧ぐ。Z 協會。若し場所あらば、氏は天國と我等の心のなかに在り。）"

Henri Sensine 氏の序文はまだまだ續いて、こんな用例が盛んに飛び出すのですが、餘白がないので、氏の次の言葉だけを引いてこのはしがきを終ることにします。

La ponctuation est au langage écrit ce que la logique est à l'expression de la pensée.

（Ponctuation の書かれたる言葉に於けるは、尚、論理學の思想の表現に於けるが如し。）

（以下次號）

1936年1月号

映画シナリオ

日本で公開されるフランス映画を仏日の対訳シナリオで紹介する記事は，1931年から始まった．
初回作品はルネ・クレール監督の『巴里の屋根の下』．サイレントからトーキーになったばかりという時代を象徴してか，「全發聲映畫臺本對譯」と題されている．執筆は大村雄治．
以後，岡田眞吉，小林正，鈴木力衛，中島昭和，朝倉剛，窪川英水他が執筆を担当し，各配給会社の協力を得ながら，これまでに500本以上のフランス映画を紹介してきた．1980年からはタイトルを「対訳シナリオ」と改め，現在でも継続している最も息の長い連載である．
本書では，各時代の主だった作品のみを掲載した．

『巴里の屋根の下』 1930年

原題：Sous les toits de Paris
監督：ルネ・クレール
出演：アルベール・プレジャン，ポーラ・イレリ

Fred : Vous ne pouvez pas me dire bonsoir plus gentiment ?
フレッド：もう一寸愛想好く今晩はを言つて貰へないもんかな？

(1931年8月号)

『搔払ひの一夜』 1930年

原題：Une nuit de rafle
監督：カルミネ・ガローネ
出演：アルベール・プレジャン，アンナベラ

Georget : Ah, pardon, je peux tout de même t'accompagner ?
ジョルジェ：やあ勘弁しな，お前について行つてもいいかい？

(1932年1月号)

『巴里っ子』 1930年

原題：Le roi des resquilleurs
監督：ピエール・コロンビエ
出演：ジョルジュ・ミルトン，エレーヌ・ペルドリエール

Bouboule : Jamais ! Qu'est-ce que PARIS deviendrait sans moi !
ブゥブゥル：いんや！俺が居なかったら巴里は闇だ．

(1932年2月号)

さえら集

◉岡田　弘氏（前靜岡高等學校敎授）　今般フランス語廢止のため退官し、東京都麴町區霞ケ關二丁目外務省電信課に囑託として勤務されることになつた。假寓は茨城縣結城郡水海道町山中彥兵衞氏方。

◉有永弘人氏（前靜岡高等學校敎授）　同じ事情により東北帝國大學講師に轉任された。新居は仙臺市宮城野住宅一〇七〇號。

◉渡邊一夫氏　十月下旬轉居、東京都澁谷區幡ケ谷笹塚 1141（電話四谷 0521 番）

◉關根秀雄氏（陸軍大學校敎授）　ア・グラッセ佛國陸軍少佐編「**フォッシュ元帥の敎訓と判斷**」(Préceptes et Jugements du Maréchal Foch) を翻譯中のところ近く脱稿、手續の上白水社より近く刊行の豫定である。

◉大塚幸男氏（前福岡高等學校敎授）　フランス語科目廢止に伴ひ退官し、西日本新聞社に論說委員として入社された。

◉新　規矩男氏　東京陸軍幼年學校敎授を拜命された。

◉辰野　隆氏著「佛蘭西文學」の索引は上下兩卷分とも完成、依つて下卷の刊行も間近かとなつた。

◉村岡敬造氏（バンドン大學敎授）と三輪啓三氏の共譯「**新物理學と量子**」（ルイ・ド・ブローイ著）は近く白水社より刊行の豫定にて手續中である。

◉細田　懋氏、眞木昌夫氏共譯、レオン・ブリルアン著「**量子統計學**」はいよいよ校了となり來春早々公刊の筈。

編輯後記

◆この春頃から印刷界の企業整備やら手不足、資材不足の一方、需要膨脹は增大の一途を辿つて來た爲、本誌の刊行も漸次後れ後れとなり、遂に九月號が十一月に出るやうな仕末となり、讀者に對しては全くお詫びの申しやうもありません。編輯部としては原稿の準備、編輯、校正などいづれも萬遺漏無くやつてゐるのでありますが、出版社のみ如何に努力してもこれが挽囘は不可能にて、心ならずも遲延のまゝ今日に至つたのであります。然しいつまでもこのまゝにては、月刊雜誌としての意味も無くなり、その使命達成の上にも誠に遺憾に存じますので、目下その對策を研究ほゞ成案を後ましたので、こゝ二三號のうちには非常の措置により、每號必ずその月に刊行する事に致すつもりであります。皆樣に御迷惑をおかけすることも、もうあまり永くないことと存じますから暫く御猶豫をお願ひします。

ふらんす

昭和十九年八月二十五日　印刷納本
昭和十九年九月一日發行（每月一回一日發行）
大正十四年二月十六日　第三種郵便物認可

賣價（稅込）三十七錢（郵稅三錢）

ふらんす規定

定價　特別行爲稅相當額　合計
三十五錢　二錢　三十七錢

昭和十九年八月二十五日印刷
昭和十九年九月一日發行

編輯者　草野貞之
發行者　寺村五一

發行所　株式會社　白水社
東京都神田區小川町三丁目八番地
振替口座東京三五〇七番
電話神田（25）三三二二番・四六九八番

印刷者　嶋　冨士雄
東京都神田區美土代町十六番地

印刷所　株式會社　三秀舍
東京都神田區美土代町十六番地

定價（稅込）
一部三十七錢（送料二錢）
六部二圓二十二錢（送料二錢）
十二部四圓四十四錢（送料四錢）
御送金はなるべく振替を御利用下さい。郵券代用は一割增の事。

廣告料金は御照會次第囘答致します。

配給元　日本出版配給株式會社
東京都神田區渋路町二丁目九番地

1944年9月号

II
1945–1955

終戦から 9 ヶ月.「『ふらんす』もここに春を迎えて」(編集後記), 1946 年 5 月号が復刊第一号となる.
資材の乏しさを証すかのように, バックナンバーの紙質は見るからに粗悪である.
しかし, 復興も徐々に進み, 渡仏した留学生からの便りが掲載されるようになる.
1951 年 3 月号に収められたジィドの手紙は, 作家の最後の筆に近い.
【1946 年 5 月号 3 円 50 銭　　1955 年 12 月号 80 円】

佛語動詞時法考

關根秀雄著
Ａ５上製凾入
價三五〇
送二四

著者は多年パリに生活してかの地の生活，文化，人情，風俗の機微に徹し佛語教授に三十餘年の經驗を重ねられた．この豐富な經驗から生れた本書は懇切極まる敎授法，實用的でしかも趣味豐かな敎材，各部分の有機的連絡等において絶對追從を許さぬ入門書．(全卷カナ音標附)

全三卷　田島佛蘭西語講座
Ａ５判各120頁價各100送各18全24

ふらんす合本

一九四八年版　價二八〇〇
一九四九年版　價三五〇〇
送各三〇

フランス語第一步	河盛好藏著	¥120
ドイツ語第一步	加藤一郎著	¥120
スペイン語第一步	佐藤久平著	¥150
ラテン語第一步	大村雄治著	¥150
エスペラント第一步	城戸崎益敏著	¥150

送各 18

特色　逐語譯と文法詳解を倂用せる新機軸の註釋法
讀書格子の利用による發音，歐文和譯書取の練習

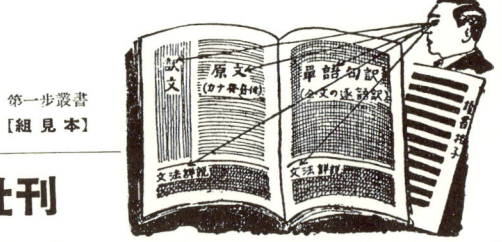

第一步叢書
［組見本］

白水社刊

『田島佛蘭西語講座』は『ふらんす』編集長も務めた田島清の著作．同じ著者による『標準フランス語動詞変化表』は現在も多くの学習者に愛用されている．(1950年7月号掲載)

ふらんすと私

佐々木康之

安吾と中也と『ふらんす』

「アリューさんとの友情のなかから一冊の本が生まれたことを嬉しく思います．アリューさんは，日本の詩のなかからいろいろ隠されたものを見つけてくれました．1978年12月　大槻鉄男」と訳者あとがきにあるY.-M.アリュー著『日本詩を読む』（白水社）が翌3月に出たとき，私たちの共通の友人大槻さんはすでに亡くなっていた．この鮮烈な書の大半は「仏訳日本現代詩の試み」と題して『ふらんす』に77年1月から15回連載されたものだ．

長年辞典の仕事を手伝ってもらったアリューさんが帰国するので，記念に山田稔さんと三人で安吾の『堕落論』を翻訳することにした．84年の暮れごろだった．ほぼ訳し終えたころ『ふらんす』編集部にお願いして，85年の6月号から10回にわけて連載してもらった．三人の名前になってはいるが，山田・佐々木は介助役といったところだった．

その秋アリューさんは帰国，ボルドー近郊の高校に就職した．同じ頃，私もフランス滞在の機会を得，二度彼の一家を訪ねた．フランスの田舎住まいはわびしい．本屋はおろかカフェもなく，よろず屋が週に一日しか開かない．そんな片田舎にパリっ子が住み，冬枯れのブドウ畑を見ては「不吉ですね，墓標に見えるでしょう」などと言う．少しは元気になろうかと「中也のことを何か書きなさいよ，『ふらんす』に頼んでみる」と約束して帰国した．

その願いを聞き届けてもらって88年4月号から12回，「中原中也の詩──仏訳と評釈」を連載することができた．──ごく最近，今はToulouse第2大学助教授になっているアリューさんからすばらしい本が送られてきた．ピキエ社から出たばかりの『中原中也詩集』である（NAKAHARA Chûya: Poèmes, traduits du japonais par Yves-Marie Allioux. Editions Philippe Picquier）．『ふらんす』が初出の訳詩19篇は数カ所修正を加えられてはいるものの，ほぼ元のままの形ですべて収められている（白水社への謝辞も見える）．

同じ滞仏中，20年ぶりに日本館の仲間だった平義久君と旧交を温めた．彼はわれわれが帰国した後もパリに留まり，作曲だけで食べてきたのである．いつだったか「帰ったら好きな詩集をなにか送ってくれよ」と言った．帰国後，約束を果たす折に中也の連載のコピーもついでに入れておいたら，「帰郷（Retour）」の原詩とフランス語訳の二つを同時に作曲したいから，アリューさんの連絡先を教えてくれ，と電話がかかった．「prosodie（言葉のイントネーションと曲想の一致）が難しい」と言っていたが，曲は03年3月，リヨンでソプラノの奈良ゆみさんとDaniel Kawka指揮のEnsemble orchestral contemporainによって初演された．その前年の6月，委嘱作品「彩雲」が小澤征爾指揮の水戸室内管弦楽団50回定期演奏会で初演されるからというので水戸まで出かけたときは，口腔癌の放射線治療のため，ただれた喉に包帯を巻き痛々しかった．今年の3月13日平君はパリのHôpital Bichatで亡くなった．平義久の仕事を知る人が日本でもふえてほしい．

佛蘭西には何が起つたか？

加藤周一

　佛蘭西には何が起つたか？と云ふ本を，André Maurois は 1940 年に書いた。巴里陷落の五年後の今日，佛蘭西には何が起つたか？1945 年に，亞米利加の雜誌 "Harpers' Magazine" の批評家 Albert Guérard は，"French and American Pessimism" と題する一文の中で，それは亞米利加小說と實存主義 Existentialism との二大流行であると答へる。

　亞米利加の小說は，佛蘭西小說と異なる亞米利加的特色のために歡ばれ，又逆に佛蘭西小說と共通の技術，題材，哲學のためにも親しまれる。前者を代表する者は，Hemingway，後者を代表する者は William Faulkner であると彼は云ふ。Hemingway は『武器よさらば』『誰がために鐘は鳴る』等の作品に依て我國にも知られてゐるが，Faulkner は未だ全く知られてゐない。しかし佛蘭西では戰前から "Sanctuary"（聖壇）その他の作品が飜譯され，その Dostoyevsky 的な "Pessimism" と特有の文體とを高く買はれてゐた。戰後には，それが，實存主義の流行と共に，新たな注目を惹いてゐるらしい。Faulkner に於て亞米利加小說と實存主義との戰後の巴里の二大流行は，相交るのである。

　そして批評家の所謂 "French Pessimism" 實存主義は，1902 年生れの若き作家 Jean-Paul Sartre に依て代表される。"La Nausée"『嘔氣』(1938) の小說家は，"L'Etre et le Néant"『存在と虛無』(1943) の實存哲學者として，又嬰兒殺しと Lesbien と脫走兵とが地獄で演ずる劇，"Huis clos"『秘密會』(1943) の作者として，榮光の絶頂にあると云はれる。1946 年 2 月の雜誌 "Time" は，戰後 Sartre の existenzialism の流行は，第一次大戰當時の Dada 以上であると報じてゐる。混んだ地下鐵道の中で，或る勞働者が自分を押した相手に，"Species of existentialist!"「てめえは實存主義者だな」と叫ぶや否や，實存と云ふ言葉を聞いた 2000 人の群集は，一齊にその方へ向きになり 婦人たちが氣絶したと云ふ。事程左樣に，實存と Sartre とは巴里を風靡してゐるさうである。

　實證主義の世紀にながく埋れてゐたデンマルクの一神學者に，世界戰爭の世紀が負ふ所は既に大きい。辯證法神學が先づ彼を發見し，その「危機」と「絶望」と「死に至る病」とは次で「存在と時間」の存在論的現象學の裡に甦つた。かくして既に夙く二十世紀の思想的「水平線」にその黑い影を投げかけてゐた「實存」は，今や，Sartre と共に，スイスの湖畔を去り，ナチスの野蠻の森蔭を出て，歐羅巴の首都，巴里の精神世界へ，Malherbe の如く，一切を決定するために，「遂に來た」のであらうか？

　これが一時の流行であるか否かは俄かに判じ難いと，"Harper's" の批評家も，"Time" の記者も，頗る懷疑的な面持ちである。實證主義の世紀は，今日，亞米利加に力强く生きてゐるのであるから，もとより當然の言葉であらう。海彼岸，文明の國の流行に敏感な我國には，如何なる批評があるであらうか？佛蘭西には何が起つたか？1940 年にせよ，45 年にせよ，一時の流行にせよ，新時代の到來にせよ，何れは消閑に適する讀物の種にすぎないと云ふであらうか？

1946年5月号

さえら集

★白水社は神田區駿河臺3ノ1ノ4に店を構へました。まだ店の態を成してゐるとは申せませんが、追々に整ふと共に、事業も活潑にやつて參ります

★出版だより　[重版] 鈴木信太郎・辰野隆共譯『シラノ・ド・ベルジュラック』（既刊）、關根秀雄譯『モンテーニュ隨想錄』(1)（5月中旬）、山内義雄譯 ルイ・エモン『白き處女地』（5月中旬）、江上不二夫譯『ラヴォアジエ傳』（5月中旬）。[新刊] 辰野隆著『佛蘭西文學』（下）（6月初旬）、渡邊一夫譯『第二之書パンタグリュエル物語』（6月初旬）、山内義雄譯『チボー家の人々』第八卷『1914年夏』(1)。

★戰災その他により御住所のお變りになつた方はお報らせ下さい。
★中島健藏氏　中野區野方町2ノ1165（中野2909）。
★山本直文氏　淀橋區諏訪町183　葉室家氣付。

編輯後記

★昭和19年11月12月合併號を出したままその後ずつと杜絶えてゐたこの"ふらんす"もここに春を迎へて漸く再刊の運びになりました。面目を一新してと申したいのですが、戰爭の痛手は白水社そのものの燒失を別としても、資材の面からくる制約も急には除かれず、寄稿者の方々との連絡も容易につき難く、この號も半ば前から持越しの原稿を利用した次第です。

いま簇出してゐる英語または米語の雜誌のやうに必ずしも刻々のトピックを追ふ要は認めませんが、ヨーロッパ若しくは世界史において占めるフランスの地位が啻に文化の領野で古典的であるに留まらず、現在および將來の政治・經濟・社會の動きと直接に結びついた知性の運命に關はる生きた問題である點、私どもにしても actuel な情勢に強い關心を抱かざるをえません。その意味で、フランスの現狀に關しアメリカを通して入つて來る斷片的な情報のほかに、フランス語による直接の資料をも來月號からは載せられる筈です。

一つの雜誌がどのやうに育つてゆくかは編輯者の意志ばかりでなくそれ以上に讀者の協力に俟たなければなりませんので、讀者の方々もこのささやかながら唯一のフランス語雜誌"ふらんす"を御自分のものとして御希望なり御意見なりをお寄せ下さるやう、新しい門出にあたつてお願ひいたします。

「ふらんす」

昭和二十一年四月二十五日印刷
昭和二十一年五月一日發行

編輯者　草野貞之
發行者　寺村五一

東京都神田區駿河臺三ノ一ノ四

發行所　株式會社　白水社

電話神田(25)一九七二
出版會員　A一〇八〇〇一
振替口座東京三三三二八番

定價（税共）
一部　三圓五十錢（郵税十錢）
半年　二十一圓（郵税六十錢）
一ヶ年　四十二圓（郵税一圓二十錢）
送金は必ず郵税を加算して下さい

印刷者　岩本米次郎
東京都神田區小川町一丁目十一番地

印刷所　愛光堂印刷製本株式會社
東京都神田區小川町一丁目十一番地

1946年5月号

序論

フランス演劇について（上）

鈴木力衛

今月から三回にわたつて、中世から現代までのフランス演劇を文學史的に眺めながら、その特質は何であるかを考えて行きたいと思います。十世紀以上にも及ぶ期間に、フランスの演劇は極めて多面的な動きを示し、さまざまな genre をつくり出しているので、その特質を小論の中で究めようとするのは或いは無謀な企てであるかもしれません。しかし、結論をさきに出せば、大ざつぱに眺めて、フランス演劇の主流をなすものはレアリスムであり、そこからの逸脱とそこへの復歸がフランス演劇の歴史を作つて來たと云えるのではないでしようか。

一例をあげれば、われわれがふつう近代劇と呼んでいるところのものは、十九世紀末の『自由劇場』(Le Théâtre Libre)から起つていますが、自由劇場のとりあげた芝居は極端に寫實的な作品であり、これを極端に寫實的な装置によつて舞臺にかけました。この傾向は二十世紀の初頭までつゞき、あまりにも行きすぎたレアリスムはフランスの芝居を動脈硬化の狀態に陥らせ、觀客は夜毎に見せつけられる『人生の斷片』(tranche de vie) に飽き飽きしてしまつたのです。

第一次世界大戰とほゞ時を同じくして始められたジャック・コポー (Jacques Copeau) の『ヴィユー・コロンビエ』(Le Vieux-Colombier) の運動を明らかに『自由劇場』への反抗であり、舞臺により多くの poésie を，style を，imagination を與えることによつて、危うく窒息しようとしつゝあるフランスの芝居に新しい息吹きを與えんとしたのであります。この運動はジャック・コポーの引退後も、その弟子ルイ・ジュヴェ (Louis Jouvet)、シャルル・デュラン (Charles Dullin) 等によつて繼承され、さらにまた彼等と志を同じうするガストン・バティ (Gaston Baty) や、ピトエフ (Pitoëff) 夫妻等により強力に推進され、第二次大戰までつゞきました。

この期間に上演され脚本は、何等かの意味で現實からの逃避 (évasion) を企圖しているところにその特色があると申せましよう。ジャン・ジャック・ベルナール (Jean-Jacques Bernard) やジャン・サルマン (Jean Sarment) のように、自己の內部への逃避 (évasion vers l'intérieur) を試みる作者もあれば、ポール・クローデル (Paul Claudel) やジュール・ロマン (Jules Romain) のように歴史への逃避 (évasion vers l'histoire) をめざす劇詩人もあるわけです。

二つの大戰にはさまれたこの時代のフランス演劇を代表するもつとも重要な作家はジャン・ジロードゥー (Jean Giraudoux) ですが、彼はこんどの大戰の末期に『シャイヨの狂女』(La Folle de Chaillot) という芝居を書いて死去しました。この作品はフランスが解放されて間もなく、ルィ・ジュヴェの主宰する『アテネ座』(L'Athénée)

で上演され，大きな反響を呼びましたが，これはジロードゥーには珍しく，現實味の濃い戯曲であります。

戰間ジェネレーション（願わくばかゝるnéologisme. を許されよ）を代表するジロードゥーの死は極めて象徴的であるかに見受けられます。この死を契機として，戰後のフランスには新しく現實を直視しようとする演劇が生まれつゝあるのではないでしょうか。サルドル（Sartre）やカミュ（Camus）等いわゆる existentialistes と呼ばれる人々の作品はもはや前時代の逃避の文學ではありませんし，戰前から演劇に筆をそめ，戰後とくに注目されるようになつたジャン・アヌイ（Jean Anouilh）なども，その『ばらいろの戯曲集』（Les Pièces roses）の中ではジロードゥーの影響がかなり色濃く出ていますが，『黒い戯曲集』（Les Pièces noires）や，ドイツ軍占領下のフランスで上演された問題作『アンチゴーヌ』（Antigone）に於いては，不合理な現實の世界をひたむきに眺めようとするはげしい意欲が看取されます。

フランスの演劇は，後世に殆んど影響を與えることなく消滅した中世の宗教劇を除きレアリスムという一つの軸を中心に廻轉し，發展して來たと見ることができると思います。中世のファルスからモリエールを經てボーマルシェに傳わる喜劇の精神は，現實の生活と密接なつながりを持つていますし，古曲悲劇も心理の發展に基礎をおいて眞實らしさを追求した點で，やはりレアリスムの演劇と云えましよう。十七世紀初頭の牧歌劇（pastorale）や悲喜劇（tragicomédie），十八世紀末のメロドラーム（mélodrame）やローマン派の芝居はレアリスムからの逸脱であることはもちろんですが，ユーゴーの作品のあとにはデュマ・フィス（Dumas Fils）の社會劇が生まれこれがやがてアンリ・ベック（Henri Becque）の自然主義の色濃い戯曲にまで發展するといつた風に，フランス演劇の歴史はさきに述べたような観點から見てゆくのが分りやすくもあり，また正しい見方でもあると考えられます。

I 中世の演劇

フランスでもつとも古い芝居は宗教劇ですが，その發生の時期はおよそ十世紀ころと信じられています。信者たちが神をたたえるために對話の形で芝居をはじめたのがこの時代に當るからです。最初はラテン語で，ごく簡單なものだつたらしいのですが，そのあいだにコーラスが入るようになり，筋もだんだん複雜になつて行きました。ラテン語に代つて，次第に古い形のフランス語が用いられるようになつたのは云うまでもありません。十二世紀にアングロ・ノルマンの方言で書かれた『アダム劇』（Le Drame d'Adam）は，今日テキストの保存されている一番古い宗教劇の一つですが，このあたりになると單に禮拝のための添えものではなく，ちゃんとした筋をもつた芝居らしい芝居になつています。この作品には，装置や，衣裳や，俳優の出入りなどについて，ラテン語で細かい注意がついているところを見ると，こうした芝居を上演するのは一般の信者たちではなく，相當に教養のある僧職関係者だつたと想像されます。

十三世紀の初頭にはアラスの町のジャン・ボデル（Jean Bodel）という信者が『聖者＝コラ劇』（Le Jeu de Saint-Nicolas）を書いていますが，この時代の宗教劇はその後につゞく神秘劇や聖史劇と同じように單一の舞臺ではなく，幾つも場面を並列的

に置いた舞臺上で演じられました。例えば『聖者＝コラ劇』に於いては、回教徒の國王の宮殿と、戰爭の行われる平原と、居酒屋が並ぶといつた鹽梅です。この式の舞臺裝置は同時裝置（décor simultané）と呼ばれ、十七世紀に古典劇が勝利を收めるまで、フランスの芝居は大部分このような形で上演されて來ました。場面と場面とのあいだには簡單な仕切りがある場合もありますが、俳優たちの出入りには差支えなく、一つの場面で演技を終えた俳優は次の場面に移り、そのまま芝居をつづけます。舞臺上のこの場面の一つ一つは mansion と呼ばれ、初期の宗教劇から神秘劇を經て、聖史劇に至るにつれて mansion の數は次第に多くなり、中には五十に達するものがあると云われています。中世末期に上梓された或る受難劇の卷頭には一枚の細密畫が附いて居り、それによるとこの芝居が十一の mansions をもつていたことが分ります。つまり、舞臺の下手から上手へかけて、天國、一つの部屋、ナザレ、聖堂、エルサレム、宮殿、司教の家、金色の門、海、冥府、地獄という風に並んでいたわけです。

大してひろくもない舞臺によくもこれだけ裝置ができたものだと驚きますが、mansion といつても獨立した家を意味するのではなく、壁にちよつとした仕切りをして町をあらわし、小さなたらいに玩具のような舟を浮べて海を表現するという具合に、極めて簡單な、conventionnel なものだつたのです。今日のわれわれの感覺からすれば、不自然でもあり、滑稽にも思われるかもしれませんが、芝居に conventions はつきもので、それを自然らしく感ずるのも、不自然と受け取るのも、ひとえに觀客の心理的慣習によるのだと申せましょう。例えば、近代劇に於いて、一つの幕合が十年の時の經過をあらわすことなど、古典劇時代の觀客にはこの上もなく不合理なことに思われたに違いありません。

中世の同時裝置による幼稚な演劇形式にも、それ相應な取柄がありました。舞臺の轉換が必要でない關係から、演技はスピーディになり、さらに大切なことは觀客の illusion が中斷されない點です。コルネイユの「ル・シッド」以後、フランスの演劇は同時裝置をすつかり見棄ててしまいましたが、近年になつて、もつとも新しい演出家といわれるガストン・バティが、中世の宗教劇にヒントを得て、『ボヴァリ夫人』その他の上演に當て、新形式の décor simultané をふんだんに用いているのには注目すべき事柄です。

さて、十三世紀の終りから十四世紀にかけて、神秘劇とか奇蹟劇とか呼ばれる Miracles が發生しました。これは信者たちが誰でも知つている聖母マリアの聖者の物語を日常生活に結びつけたものです。筋は Mystères ほど複雜ではありませんが、或る程度地方色が織り込まれ、素朴な風俗描寫が見られるのが特長と云えましょう。主な作品としては、十三世紀末に書かれたと思われるリュトブフ(Rutebeuf)の『テオフィルの神秘劇』(Le Miracle de Théophile) 及び十四世紀に『ノートル・ダムの神秘劇集』(Les Miracles de Notre-Dame) があります。

十五世紀に入ると、聖史劇 (Les Mystères) が發生しました。中世に於ける演劇の genre としての Mystères は神秘を意味するふつうの Mystères とはちがつて、その語源は、教會の祭式を意味するラテン語の misterium から來たと云われています。(Max Müller の説)

Mystères は Miracles に比べて、演劇的

なまとまりに少く，新舊約聖書や聖人傳に材をとりさまざまなエピソードをながながと連ねたもので，ところどころ觀客を笑わせるための滑稽な場面もはさまれています。長いのになると三萬行から六萬行に達するというおそろしく厖大なもので，登場人物を百人以上，ときには町の住民の大半がこれに參加するといった大變なお芝居です。一日のうちに上演を終えることはもちろん不可能で，二日，三日，場合によると一週間に亘つて演じつづけたのですから，せつかちな現代人には想像もつかないものでした。1452年に上演されたアルヌー・グレバン (Arnould Gréban) の聖史劇は一番有名な Mystères の一つですが，これは三萬四千五百七十四行の詩句から成り，登場人物は約四百人，四日間に亘つて上演されました。第一日には世界の創造からはじまり，三日目にキリストの受難，四日目に復活の場面が演ぜられてようやく芝居がすむことになつています。

宗教劇の上演は，最初のうちは聖職者たちによつて行われていましたが，Mystères のように大勢の人物が登場することになると一般の好事家ばかりでなく，町全體がこれに參加するようになりました。舞臺と觀客が一つになり，數日間ぶつつづけて演劇の祭典がくりひろげられたわけですから，考え方によつてはこれほど芝居の榮えた時代はないと云えましょう。とかくするうちに半ば職業的な俳優が發生し，それが各地で組合 (Confrérie) を結成しました。十四世紀末にパリで作られた「受難劇協會」(La Confrérie de la Passion) はその中でももつとも古く，1402年には國王 Charles VI から免許狀 (lettres patentes) を與えられて，首都に於ける Mystères 上演について獨占的な特權を授けられています。

Mystères の中には本來の意味での宗教劇のほかに，歷史に取材した幾つもの作品が書かれて居り，これが發展すれば或いはイギリスに於けるシェークスピアの如き芝居が發生したかもしれませんが，不幸にしてすぐれた作家が生れず，それに十六世紀に至つて Mystères の上演に著しい制限が加えられるようになつてこの genre は古典劇に席をゆずり，フランスの舞臺から永久に姿を消すことになりました。

宗教劇はもともと民衆の敎化に主眼をおいたもので，はじめのうちは敎會もこれに對しさまざまな便宜を與えてその發展を助成して來ました。ところが年月のたつうちにいつしか娛樂的な要素が次第に多くなり，本來の主旨に副わぬものが續出するようになりました。一部の信者や敎會關係者はこれを苦々しく思つていたところへ，十六世紀になると新敎徒たちから，かゝる芝居の上演を默認するのは怪しからんという非難が發せられたので，1548年十一月十七日，パリの最高法院 (Parlement de Paris) は Mystères の上演を禁止する命令を出しました。宗教劇はその後もしばらくは餘命を保ちますが，觀客の趣味の變遷にともない自然消滅の形となりやがてコルネイユをはじめとする華かな古典劇が登場します。

次號では中世に於ける民衆劇 Farces や Soties について一言した上，古典劇に筆を移したいと思います。(つづく)

佛蘭西古典劇
ドン・ジュアン　モリエール　鈴木力衛　￥80
タルテュフ　モリエール　小場瀨卓三　￥75
守　錢　奴　モリエール　小場瀨卓三　￥130
チュルカレ　ル・サージュ　鈴木力衛　￥120
フェードル　ラシーヌ　澤木讓次　近刊

白水社刊

フランス語と英語の比較

(終)

―― 動詞の時 ――

鷲 尾　　猛

　文法上，動詞の「法」もむずかしい問題だが，「時」の問題は更にむずかしいかも知れない。なぜならば「法」はフランス語においては，六ツであるが,「時」は更に数多く區別されるからである。

　例によつて，フランス語動詞時制をできるだけ簡單にお話し，それから，英語の時制との違いに觸れてみたい。

　フランス語動詞時制は，勿論，直說法において最も複雜にその全貌を現示し，他の「法」における時制はこれに準ずるわけであるから直說法における時制をお話すれば，フランス語動詞時制の特性だけは一まずお分りいたゞけることと思う。

　たゞ「動詞時制」をお話するに先立ち，まず明かにして置かなければならないことがある。それは「時」とは何であるか，という問題である。否，何であるかなどと大見えを切るわけではない。「動詞時制」を考える前に「時」を何と私自身が考えるかという問題である。「時」というものに對する明確な自分の考えがなくして，どうして「時制」に對するはつきりした自分の考を持ち得るか。「時制」の根本問題は「時」の問題である。「時」をどう考えるかによつて「時制」の考え方全體が變つて來るわけであると私は思う。それ故,「時」に對する明確な根本觀念を前提としない「時制論」は，それがいかに大がかりな，いかに博學な，いかに巧妙な論であつても，私は，私の觀方として，その價値を高く評價するすべを知らない。いかに幼稚なりとも，いかに偏狹なりとも，ともかくまず自分の「時論」を持ち，その「時論」に基づいて,「時制論」を進むべきだと思う。この意味において，英語學界における一大紀念塔であるに違いないと思われる細江逸記氏の「英語時制の研究」にしても，二十數ヶ國語を動員したという觸れこみには壓倒され，その中に含まれている幾多の貴重な材料やその取扱い方からは感謝すべき示唆や敎示を受けつゝも，さて時制論そのものとしては何か不滿を感じないわけにはいかない。というのは肝腎の土台たるべき「時論」が氏獨自のものではなく，極めて簡單な Schopenhauer の「時論」の借り

物でしかないからである。

　そこで私は極めて幼稚な私自身の「時論」をまず御披露する。

　フランス語にいう所の「時」卽ち temps の語源 tempus は空間における天體通過の跡を意味するそうであり，英語の time は tide 卽ち潮の干滿から得て來た觀念であり，ドイツ語の Zeit は英語の time の借用でしかないそうである。ところで漢字の「時」とは何かに就いて私の極めて勝手放題な解釋をゆるされるならば，漢字を 象形文字，卽ち 一種の 繪としてのみの觀方からすれば「時」は寺の塔のそばに 太陽を描き 添えた 一幅の繪とみる事もできる。動かざる寺の塔を 基準として 動き移り行く太陽の 位置を測る。卽ち，これは 立派な「日時計」である。それでは說明が余りにも子供らしいというならば，「寺」は今日いう所の「寺」ではなくて「役所」の意味だそうだから，日を司どる役所，卽ち，天文台と解釋してもよい。それでもまだ懷疑的冷笑しか 浮ばないというのならば，「時」という字を日と土と寸とに分解してしまおう。日は勿論天體である。土は土（ツチ）ではなくて之が本字だそうであり，之は行だそうである。寸は尺度の基準。これで道具立ては揃つたわけである。卽ち「時」は「天體の運行を計る」である。そこでラテン語の temps はいかにも形式的であり，英語の time はいかにも動的であるのに對し，漢字の時は極めて複雜な高度の觀念表現だということができる。日は單なる 天體でしかない，天體の運行は單なる事象でしかない。これを計ることも 一つの働きでしかない。これら三つの觀念を綜合する時，複雜微妙な「時」の觀念が生れる。これが私の極めて幼稚な「時」の解釋であるが時というものを過去から未來へと不斷に伸び行く一本の線であらわそうとするのはラテン的時觀であり，下向する部分を過去とし，上向する部分を未來として無限に廻轉する圓周に譬える Schopenhauer の時觀は地球を中心として廻轉する太陽の姿でしかない。

　時を直線で觀念しようと，曲線で觀念しようとそれは自由である。どちらでもないのだから。たゞ說明の便宜のためなのだから。けれども時を過去から未來に向つて進むという考え方に私は反對である。太陽は絶えず未來に向つて進む。しかし進むという動作は絶えず過去となりつゝある。卽ち過去に向つて進む。これは極めて簡單なことである。時計を取つてみるがよい。時計の針の先端を圓くすればそれが 太陽を象形する。太陽は文字板上を一時から二時，二時から 三時と進んで行く。けれども時は逆に 進んで行く。二時になつた時，一時は過去であり，三時は未來である。三時になつた時，二時は過去であり，四時が未來である。かくの如く時計の針は未來に向つて進むが時は過去に向つて進むのである。時の流れということをいう，そしてやはり時の流れが過去から未來に向つて進むようにいう。しかし私の考えでは，時の流れは未來から 過去に向

つて進む，我々は非情な時の流れに過去へ過去へと不斷に押流されてはその流れに逆つて未來に向つて進もうとするはかない努力をしているに過ぎない。一瞬の懈怠は忽ち我等を激しく過去へ押し流す。流されては進み流されては進みそして遂に力盡きた時我等は永遠の過去に葬り去られる。生とはこのはかない努力でしかない。私は時の流れを一本の線であらわして滿足していられる人の呑氣さを羨ましいと思う。私にとつてそれはナイヤガラの瀑布のように怖ろしい大きな流れである。人はその落口まで押し流されまいとして水流にさからつてもがいている。けれどももがきつゝ，もがきつゝ，遂には押し流されてしまう。

あまり話がわき道にそれたから元の一本に引き戻す。時を一本の線であらわせば，それは固定した一本の線ではなくて不斷に移り行く一本の線であることは勿論であり，そこに長さの觀念が含まれる。この長さは區切りをつけるとそこに「時刻」の觀念があらわれる。一つの「時刻」と次の「時刻」との間の長さを考えるとそこに「時間」の觀念があらわれる。「時」と「時刻」と「時間」とを私はかくはつきりと區別して考える。私は動詞時制を論ずる人々に果してこの明瞭な區別觀があるかどうかを疑う。

さてそれならば動詞の「時」とは何か。英語では普通の「時」(time) に對して文法上の「時」(tense) を區別しているからよいようなもののフランス語においてはどちらも temps 一語であらわしているのでまことに困るのである。time, tense と用語を別にしてさえも二つの觀念が混同され勝ちなのに，temps 一語で二つの違つた觀念をあらわしているフランス語において動詞時制の正體が容易に捕捉し得ないのは當然であるかも知れない。そこで私は普通の時，つまり時計ではかる時を「時」と呼び文法上の「時」を「時形」と呼ぶ。そこで問題は「フランス語動詞時形論」となるわけですが私も細江氏と同樣 tense は time をあらわすものに非ずとする。「時形」は動詞の示す動作の持續感を表現するものと思う。「現在時形」は現にその持續感のあることを，過去時形はその持續感の消滅を，「未來時形」はその豫感を示すものと思う。かくて私の「フランス語動詞時形論」は英語においては寧ろ「法」と認められない所の「不定法」infinitif と分詞法 participe にその原型を求めるのである。即ち，不定法は動作の觀念をしか表示しない。動作の姿は分詞法に至つてはじめてあらわれる。即ちその姿が現在する。現在するものはやがて消えねばならない。消え去つた時，それは過去だという。即ち，不定法には「時形」はないが，分詞法には「現在時形」と，「過去時形」とがある。これが動詞時形機構の根本である。それならば未來時形は。今，不定法には「時形」はないといゝ動作の觀念のみを表示するといつたが，この不定法がやがて未來時形を構成する。英語において

「法」の取扱いを受けず、フランス語においては非人稱法 mode impersonnel と呼ばれる不定法と分詞法こそ過去，現在，未來の三時形の原型である。そして，これを不定法と分詞法との關係においてみるならば，前に動作の姿は現在分詞においてはじめて現われるといつたが，不定法にその姿がないわけではない。たゞ不定法にはその姿が隱在するに過ぎない。フランス語ではこれを virtuel の姿といい，現在分詞に現われた姿を réalisé された姿だという。この隱在と顯在の關係，即ち virtualité と réalité の關係，これをつかむことがフランス語の文法機構を解する鍵である。

さてこの動詞時形原型は直說法においてどのように複雜な姿を取つているか。直說法には現在時形 (présent)，過去時形 (passé)，未來時形 (futur) の三つの基本的時形のあることは當然として，これに英，獨にはない所の半過去時形 (imparfait) と過去における未來時形 (futur dans le passé) とを加えてこゝに五つの基本的單純時形を數えるのであるが，現在時形は形こそ單一ではあるが，その働きにおいて瞬間的と持續的とに分れるが故に實は現在において，1. 瞬間的現在時形，2. 持續的現在時形，3. 未來時形の三時形があり，これに對應して過去において，4. 瞬間的過去時形，5. 持續的過去時形，6. 過去における未來時形の六つの單純時形を數え得るのである。これに對應して複合時形が作られて合計十二の時形ができる。これを Avoir 動詞をもつて例示すれば次のようになる。

		瞬 間	持 續	未 來
現 在	單 純	j' ai　　1	j' ai　　2	j' aurai　　5
	複 合	j' ai eu　　3	j' ai eu　　4	j' aurai eu　6
過 去	單 純	j' eus　　7	j' avais　　9	j' aurais　11
	複 合	j' eus eu　8	j' avais eu 10	j' aurais eu 12

フランス文法は 1. 2 を présent, 3. 4. を passé composé, 5 を futur simple. 6 を futur antérieur, 7 を passé simple, 8 を passé antérieur, 9 を imparfait. 10 を plus-que-parfait, 11 を conditionnel présent, 12 を conditionnel passé と，或はその働きにより，或はその形によつて不統一に命名して學習者の頭腦を混亂させている。これとその働きについて少しく說明すると，1 は「持つ」，2 は「持つている」，3 は「持つてしまう」，4 は「持つてしまつている」，5 は「持つ筈だ」，6 は「持つてしまう筈だ」，7 は「持つた」，8 は「持つてしまつた」，9 は「持つていた」，10 は「持つてしまつていた」，11 は「持つ筈だ

つた」, 12 は「持つてしまう筈だつた」となる。今，形の上の相互關係を示すために Avoir を借りたが，もう少し意味をはつきりさせるために，たとえば, marcher「歩く」という動詞でこれを示せば，

		瞬　　間	持　　續	未　　來
現　在	單　純	je marche [1]	je marche [2]	je marcherai [5]
	複　合	j'ai marché [3]	j'ai marché [4]	j'aurai marché [6]
過　去	單　純	je marchai [7]	je marchais [9]	je marcherais [11]
	複　合	j' eus marché [8]	j'avais marché [10]	j' aurais marché [12]

1.「歩く」, 2.「歩いている」, 3.「歩いてしまう」, 4.「歩いてしまつている」, 5.「歩く筈だ」, 6.「歩いてしまう筈だ」, 7.「歩いた」, 8.「歩いてしまつた」, 9.「歩いていた」, 10.「歩いてしまつていた」, 11.「歩く筈だつた」, 12.「歩いてしまう筈だつた」となる。

前に不定法は動作の姿を隱在の形において含み，未來時形を作るに役立つといつたことは上の je marcherai によつて分つていたゞけることと思う。je marcherai は j'ai の間に marcher という不定法を挿んだ形であり，したがつて je marcherai は j'ai à marcher であり avoir à は devoir, 故に je dois marcher というわけなのである。

かくの如く單純時形及びその複合形のみを動詞時形と認めるならば，英語の動詞時形は極めて簡單なものとなつてしまう。英語には現在と過去との二つの時形しかなく，現在においてはフランス語が持續の相を主としたのに對して英語の現在時形は持續の觀念を含まず，過去においても持續の相を含む imparfait がなく，フランス語の passé simple に相當する過去時形があるのみで，瞬間と持續の區別の表示がない。たとえば, with whom was he when you saw him?—when I saw him, he was with his daughter. なる英文をフランス語に移すとしたらどうなるか。Avec qui fut-il quand vous le vîtes? となるか。「あなたが彼を見た」には持續の觀念はないが，「誰と彼がいたか」という所には持續の觀念がある。そこで fut の代りに était を用いなければいけない。Avec qui était-il となる。次に vous le vîtes は理屈としては正しいのだが，今日のフランス語は會話體からこの單純過去時形を追放して，その代りに複合過去時形を用いている。そこで quand vous l'avez vu といわなければならない。したがつてその答も Quand je l'ai vu, il était avec sa fille とならなければならない。ところがこの複合過去時形なるものがまた英語の現在完了と形は

同じでもその働きが違うのだから厄介である。Yesterday I opened this box. Today I have opened this box. という具合に昨日とか先週とかいう過去をあらわす言葉が文中にあると動詞を過去時形に置き，今日とか今週とかいう現在観念を含む語が文中にあると現在完了時形を用いなければならない，というような注意はフランスでは過去の思出でしかない。Je le vis hier, je l'ai vu ce matin. なんて區別をやかましくいつたものである。しかし今日では Hier j'ai ouvert cette boîte. Aujourd'hui j'ai ouvert cette boîte. である。英語の時制に持續の表現がないというと，何をいうか，英語にだつて I am eating, You are drinking というような進行時形があるではないかといわれるかも知れないが，それは違うのである。これは一種の périphrase であつてこれに對するフランス語は Je suis en train de manger. Vous êtes en train de boire. である。フランス語の現在時形 je mange, vous buvez はそれだけの意味を持つているのである。たゞ je mange といつて「食べつゝある」意味がはつきりと現われず「食べる」と解される虞れのある時にこの取つて置きの être en train de を用いるのである。極めて明確に表現する手段を常に準備しつゝ，それほど必要のない時には簡單にあつさりと表現して置くのがフランス語のやり方であることは既に關係代名詞の所でもお話した通りである。英語の進行時形と同じ形を以て持續を表示する方法，即ち，I am eating ならば Je suis mangeant とやるのはまことに古い思い出でしかない。進行時形に就いていつた事は未來時形に就いてもいえる。shall, will を用いて未來をあらわす形はフランス語の devoir を助動詞的に用いて未來をあらわすやり方に相當する。したがつてこれは動詞時形に数えることはできないのである。

　既に最後の紙數も超過してしまつた。いうべきこと餘りにも多くまことに尻切れトンボに終つてしまつたことを深くおわびする。

1949年4月号

人類の危機を救うものは何か——

讀賣新聞社は評論家中村光夫氏をわずらわしAFP通信社を通じ、昨年十一月アンドレ・ジィド氏に書簡を送つた．この書簡に述べられていることは，中村氏によつて代表された現代日本の知識人，文化人すべてが抱く人類の危機意識であり，ジィド氏は一九五一年を迎えた日本知識人への助言として快く回答を寄せられた．日本人のために書かれたものとしてはおそらく最初のものであろうし，また，最近のジィド氏の心境を語るものとして，極めて示唆に富んだ貴重な書簡として去る一月十五日同紙に掲載されたが，今回特に同社の厚意により，「ふらんす」誌に提供された．

讀賣新聞社提供

André Gide
1 bis, rue Vaneau
Paris VII.

le 2 Janvier 1951

Cher Mitsuo Nakamura,

Votre longue et excellente lettre du 29 Novembre m'est parvenue hier. Il me faut vous avouer que la joie apportée par les renseignements que vous me donnez sur l'accueil de mes livres au Japon, sur l'attention que prête à mes écrits un peuple avec qui je ne pensais point qu'un terrain d'entente morale et intellectuelle fût espérable, fût possible (et vous m'affirmez, à présent avec preuves, qu'il est certain) cette joie profonde est accompagnée d'un sentiment très grave et proche de l'angoisse: c'est celui de la responsabilité.

Vous avez certainement raison de remarquer que notre culture est le résultat même de la lutte du non-conformisme contre les instincts grégaires de l'humanité, le résultat du triomphe plus ou moins immédiat (et qui parfois se fait péniblement attendre) de quelques in-

André Gide

アンドレ・ジィド
ヴァノオ街一番地乙
パリ第七區

1951年1月2日

中村光夫樣

十一月二十九日付のあなたのすぐれた長い手紙は昨日私のもとに届きました．まず私の著作が日本でいかに迎えられているかについての御報告が私にもたらした歡びを告白しなければなりません．

私がこれまで道德的，知的な共感の地盤が希望し得るとも，また可能であるとも思わなかつた國民の間で，私の作品がどんなに注目されているかを，あなたは今や證據をあげて確言しておられるからです．

この深い歡びには非常に重苦しい，ほとんど苦悶に似た感情が伴います．それは責任の感情です．

あなたがわれわれの文化が人類の群居本能に對するノン・コンフォルミズムの闘いの結果そのものであることを指摘されたのはまつたく正しいのです．それはあなたの言われる通り「他人に賴らず，すべてを自分の眼で見，自分の心で感じ，與えられた自我の可能性を果てまで追求した」いくらか

dividus "qui ne se fiaient à personne d'autre qu'à eux-mêmes, qui regardaient toutes choses avec leurs propres yeux, sentaient avec leur propre cœur et recherchaient jusqu'au bout les possibilités de leur *moi*"; vous ajoutez, fort judicieusement: "et d'un public intelligent qui sait les apprécier toujours, il est vrai, un peu en retard."

C'est là ce qui me fait dire, en guise de conclusion à une conférence récente (Bruxelles, répétée au Liban):

"Le monde sera sauvé par quelques-uns."

Lorsqu'il s'agit de vérités *révélées*, la ligne de conduite est simple: il n'y a qu'à écouter, à se soumettre, à suivre, quel que soit le dogme enseigné. C'était, c'est le mot d'ordre du fascisme en quelque pays que ce soit: "Credere, Obedire, Combattere."

J'ai vu les murs italiens couverts des affiches reproduisant ce mot d'ordre. Nous avons vu à quels abattoirs cela menait des peuples entiers. Nous continuons à le voir.

Mais il est si reposant, si confortable, de fournir ainsi à la masse non pensant, à l'immense majorité des hommes, des raisons, en apparence très généreuses, de se dévouer.

La moindre interrogation paraît impie, qui invite l'homme à relever le front et à (se) demander:

"Croire à *quoi*? Obéir à *qui*? Combattre *quoi*?"

Et pourtant le salut de chacun de nous (et de chaque peuple) est là: dans l'interrogation, le scepticisme.

A parler franc, je crains que, pour un long temps, toutes ces volontaires incertitudes ne soient maîtrisées par la force et que tout ce qui faisait notre culture qui, (je le vois d'après votre lettre), est la vôtre aussi (de sorte que l'on peut parler d'une manière beaucoup plus générale qu'on n'osait encore le faire hier): que *la culture humaine*, ne soit en grand

の個人と、あなたが實に正當につけ加えられておられる「それを——とかくおくればせながら——理解した聰明な公衆」とが、遲速の差こそあれ（ときにはしびれが切れるほど待たされましたが）收めてきた勝利の結果なのです。

それゆえにこそ私は最近ブリュッセルで行いリバンでくりかえした講演の結論として次のように言つたのです。

「世界は少數の個人によつて救われるであろう。」と。

神がゝりの眞理ですむ場合には、行動の規準は簡單です。どのような敎義をあたえられようと、耳を傾け、服從し、追隨すればよいのですから。「信仰せよ、服從せよ、そして闘え．」これがいかなる國においてもファシズムの標語であつたし、今もそうです。

私はイタリアの壁という壁がこの標語をくりかえしたポスターでおゝわれているのを見ました。それが諸國の人民をあげてどのような屠殺場に導いたかは、われわれが見たし、今もなお見續けているところです。

しかしこうしてものを考えぬ大衆に、人類の壓倒的な多數に、獻身の對象として表面はひどく高貴な道理をあたえるのは、非常に彼等の心を安らかにし、快適にすることなのです。

どんな些細な質疑もそこでは不敬と見なされます。それは人間に再び額をあげ（自分に）次のように問うように勸めるからです。

「何を信ずるのか？ 誰に從うのか？ 何と闘うのか？」と。

しかしそれにもかゝわらず、われわれひとりひとりの（そしてひとつひとつの國民の）救いはそこにあるのです。質疑のなかに、懷疑と探求の精神のなかにあるのです。

率直に言えば、私は、今後長い期間にわたつて、これらの意思的な躊躇はすべての力によつて征壓され、われわれの文化を形成するすべてが大きな危険に陷るのではないかと恐れています。われわれの文化は（御手紙によつて見れば）またあなたがたの文化であり（その結果、昨日はまだ思いもかけなかつたほど一般的に論ずることができるわけですが）人類の文化が重大な危機

péril.

Hélas! je suis trop vieux, trop fatigué, pour répondre aussi longuement et explicitement que je voudrais aux anxieuses questions de votre lettre.

J'écrivais, je ne sais plus trop où, mais il y a bien longtemps:

"Nous sommes semblables à qui suivrait, pour se guider, un flambeau que lui-même tiendrait en mains."

Cette image me paraît, encore aujourd'hui, excellente, car elle ne cherche pas à dissimuler ce que l'individualisme comporte nécessairement d'imprudent. C'est pourtant à lui que je me rattache; c'est en lui que je vois un espoir du salut.

Car si je reste fort embarrassé pour préciser ce vers quoi je me dirige et ce que je veux, du moins je peux déclarer avec certitude ce que je ne puis consentir à admettre et contre quoi je proteste: c'est le mensonge.

Et je crois que c'est de mensonge que nous risquons de mourir étouffés, qu'il vienne de droite ou de gauche, qu'il soit politique ou qu'il soit d'ordre religieux, et j'ajoute: qu'on s'en serve envers les autres ou envers soi-même et parfois alors quasi inconsciemment.

Je crois que la haine du mensonge nous offre un point d'appui, une sorte de contrefort, de plate-forme où nous devons pouvoir nous retrouver et nous entendre.

Ce que j'en dis n'a sans doute l'air de rien, mais me paraît d'une grande importance, ainsi qu'il paraissait à Descartes. J'y vois tout un programme et une possibilité de salut.

Dans quelque pays et sous quelque régime que ce soit, l'homme libre (et fût-il enchaîné) l'homme que je suis, l'homme que je veux être et digne de s'entendre avec vous, c'est celui qui ne s'en laisse pas accroire, l'homme qui ne tient pour certain que ce qu'il a pu contrôler.

Bien attentivement et cordialement
vôtre
André Gide

にひんしているのです。

悲しいことです！ 私はもはや齢をとりすぎ、疲れすぎて、御手紙の苦しげな質問に、十分氣のすむほど、長く明快にお答えすることができません。

私は、もうどこにであつたかよく覺えていませんが、大分以前に次のように書いたことがあります。

「われわれは、自分の進路を見定めるために、みずからの手にかかげる炬火について行く者に似ている。」と。

この比喩は、今日もなお、非常によいと私には思われます。これはそれ自身のなかにその批評を含んでいますから。これは個人主義が必然に無謀を伴うことを隠そうとしません。しかしながら私は個人主義にあくまで執着し、そのなかに救いの希望を見出すのです。

實際、私は自分が何に向つて進み、何を欲しているかを正確に決めるには、相變らずひどく當惑するのですが、しかし少くとも自分が同意できぬもの、容認できぬもの、抗議するものが何であるかは、確信をもつて斷言できます。それは虚僞です。

そして私はわれわれが虚僞に窒息して死にひんしていると信じます。それが右翼から來ようと左翼から來ようと、政治的な嘘であろうと、宗教上の嘘であろうと、です。また私は他人に嘘をつこうが、自分自身をときにはほとんど無意識に偽ろうが、と付け加えます。

虚僞を憎惡することこそ、われわれにひとつの支點を、支柱を、われわれが出會い、相互の共感に達し得るはずの展望台をあたえてくれると私は信じます。

私がこういうのは、おそらく詰らぬことに見えましよう。しかし私にはそれが非常に重大に思われるのです。ちようどデカルトにとつてそうであつたように。私はそこに救いの可能性とそれに達する具體的な段取りのすべてを見るのです。

いかなる國のいかなる制度のもとにあつても、自由な人間は（たとえ彼が鎖につながれていようと）すなわち私がそうでありそうありたいと希う人間は、あなたと共感するに價する人間は、みだりに妄信に引きずられず、彼が仔細に吟味できたもののほかは確かだとしない人間です。

懇ろに誠心をこめて
アンドレ・ジイド
（中村 光夫 譯）

1951年3月号

※ この手紙は沼津市在住の本誌愛讀者近藤哲朗氏（舊靜高文丙中退，目下東大受驗準備中，年齡19歳）が『チボー家の人々』の讀後感を作者に送つた手紙の返信で，廣く同書を讀んだ日本の若い人達へ是非讀んで頂きたいとの願いから特に本誌に提供されました。［編集部］

Le 16 mai 1951.

Jeune ami inconnu ! Votre lettre de novembre et de mars m'a causé une bien agréable surprise, et vous m'avez fait plaisir en me disant, aussi simplement, votre impression sur mes *Thibault*. Je me doute bien que la vie d'un étudiant, au Japon, doit être difficile dans les temps actuels ! Mais vous semblez plein de courage et de persévérance, ayant le goût de la culture, l'habitude de la réflexion et du travail.

Il ne faut désespérer de rien, les ressources de l'être humain sont infinies, et ce que ma génération n'a pas su accomplir, peut-être que la vôtre l'accomplira. Cette idée que la progression de l'homme dépend de vous tous, de vos efforts successifs et individuels est une source d'appaisement moral, de confiance et d'espoir.

Je fais des vœux pour le succès de vos examens, d'abord ; et ensuite pour que votre vie soit équilibrée, harmonieuse, et utile ; et je vous envoie toutes mes amitiés.

Roger Martin du Gard.

未知の若き友！　あなたの十一月と三月のお手紙は私に大變思いがけぬ悦びを與えて呉れました．そして，『チボー家の人々』に關してあなたの御印象を，かくも率直に，お述べ下さつた事を嬉しく存じました．多分，日本における學生々活は現下において苦しいに違いないと思います！　然し，あなたは文化を愛し，反省と努力の習慣を持ちながら，勇氣と忍耐に滿ち溢れておられるように思われます．

　何事にも絶望してはいけません．人間の力は限りないものです．そして私のジェネレーションが成し遂げえなかつた事を，きつとあなたのジェネレーションが成し遂げるでしよう．人類の前進はあなた方すべてとあなた方の絶えざる，一人一人の努力にかゝつていると言うこの考えは，精神的な安らかさと信頼と希望の源となります．

　まずあなたの試驗の御成功をお祈りし，次にあなたの生活が安定し，調和がとれ，有益となるよう御祈りします．

敬具

ロジェ・マルタン・デュ・ガール

地名の話

中平 解

先日周防(山口縣)の大島から出て來た學生が訪ねて來た．保證人となつた僕に挨拶をするためである．彼は今から十年餘り前に教えた學生の義弟であるが，兄からことずかつて來たと云つて，「みかん羊羹」というみやげをくれた．その包みの紙に出ている大島の地圖を見ていたら，船越（フナコシ）という部落の名が目についた．思わず占めたと思つた．この名は僕が大分前から探している地名である．大學の學生の頃であるから，もう三十年に近い昔の話であるが，僕は當時父が住んでいた内泊という部落へ歸るために船越の港で船を降りた．港に上つて物の五分も歩かない中に，また目の前に青い海が見えて來た．つまり船越の部落は二つの海の間にある地峽にあるのである．舟をかついで越すことのできるような地形の所にあるから船越と云うのであろう．當時はそんなことに興味がなかつたが，後年日本の地名に興味を持つようになつてから氣をつけて見ると，船越という地名は幾つもあることを知つた．現に先程云つた船越のある愛媛縣の南宇和郡にはもう一つ由良の鼻にも船越と呼ばれる所がある．秋田縣の八郎潟と海との間にも船越とい*

*う町があるが，大島の船越もやはり反對側の海まではそう遠くないらしい．氣がついたのは學生の歸つた後なので聞けなかつたが，ここは南宇和郡の船越ほどには狹くないらしい．

このように同じような地形の所に船越という名があるのは面白いが，國がちがつてもこのような現象は見られるのである．僕は小學生の頃やはり南宇和郡の深浦という港にいたことがあるが，祖父の生まれた所は東宇和郡の深浦という漁村であつた．地圖をひろげて見ると，青森縣にも日本海に面して深浦という町がある．深浦とは云うまでもなく水の深い浦という意味でこの名を持つた土地はきつと調べてみたら全國に幾つもあるであろう．フランスのNormandie に Dieppe という港町がある．海水浴場として有名であるが，これは古スカンジナヴィヤ語 (norois) で英語の deep（深い）に當るものから來たものだから，つまり深浦に當る．Dieppe が古スカンジナヴィヤ語であるのは云うまでもなく，十世紀の始めにノルマン人 (Normands) がこの土地にやつて來てからできた名前であるからである．pays de Caux には古スカンジナヴィヤ語の地名が最も多いが，これはこの地方にノルマン人が一番多く定住したことを物語つている．Seine 河に臨んで Caudebec-en-Caux という町があるが，caude は英語の cold（古代英語では cāld）に當り，bec はドイツ語の Bach に當るもので「小川」の意味である．だから音樂家の Bach (バッハ) はちようど我國の小川未明の「小川」である．

ところで，Normandie は 911 年にノルマン人 (Normands) に割譲された土地であるから，Normandie と呼ばれるのであるが，Normandie の名は直ぐお隣りの Picardie (ピカルジー)，遠く南の方イタリヤの Lombardie (ロンバルジヤ) を連想させる．事實，これらの名は Normandie とともに，カロロ王朝 (Carolingiens) の末期にできたもので，-ia の語尾の i にアクセントがあつたために，この形になつた．Lombardie にはゲルマン系の ロンバルド人 (Lombards) がいて帝國を作つていた．また Picardie にはピカール人 (Picards) というのがいた．

France がフランク族 (Francs「勇敢な」という意味) の國という意味であることは誰でも知つていることである．ずつと昔にはフランスにはケルト族 (Celtes) に屬する

ゴール人 (Gaulois) が住んでいた。ゴール人は本來西ドイツ地方に住んでいたが，青銅時代 (âge du bronze) の終りにフランスへ侵入して來たと云われている。この時代は恐らく古くて紀元前 1,000 年頃のことであろう。ローマ人はガリ人 (Galli, フランス語で Gaulois) の住んでいる國であるから，ガリヤ (Gallia, フランス語で Gaule) と呼んでいた。Gaule は紀元前 58 年から 50 年の間にシーザー (César) に征服され，ローマの植民地となつていたが，五世紀の終りに Clovis にひきいられたフランク族が侵入して來た。Clovis は Paris——ローマ時代には Lutèce (ラテン語で Lutetia) と呼ばれていたが，ケルト族の一派である Parisii 人の都であつたから Paris の名ができた——を都とした。ラテン語で Galli (ガリ人) の國であるから Gallia (ガリヤ)，Germani (ゲルマン人) の國であるから Germania (ゲルマニヤ) と云つたのと同じように，フランク人の國はフランキヤ (Francia) と呼ばれ，これが後に現在の France という形になつたものである。

しかし，France は始めの中は Paris の北の小さい地方を指す名前であつた。フランス歴代の王の墓のある Saint-Denis の町を古くは Saint-Denis en France と呼んだが，これはその名殘りである。France はやがてカペ王朝 (Capétiens) の最初の王たちの fief (領地) であつた土地を指すようになり，カペ王朝の領土が次第にひろがつて行くにつれて France の名もひろがつて行つた。そして始めの領地の名は Ile-de-France という地方の名の中に殘るようになつた。我國でもヤマト (大和) は本來今の奈良縣のことを指す名であつたが，日本のこともヤマトと云うようになつた。この意味では大ヤマトとも云つた。同じくツクシ (筑紫) は古くは筑前・筑後のことを云う名であつたが，九州のこともツクシと云うようになつた。筑紫探題と云えば九州探題のことであるし，筑紫富士と云えば大分縣にある由布嶽 (ユフダケ) のことである。Italie も本來はシチリヤ (Sicile) の島に面した地方だけを指すことばであつた。ローマ共和國の終り頃までは，Italia は南部イタリヤ・中部イタリヤを指す名で，北部イタリヤは Gallia cisalpina (Gaule cisalpine, アルプスの こなたのガリヤ) と呼ばれていた。Suisse も本來はその 22 の cantons (州) の一つを指す名であつた。このように地名には相對的な意味のある場合があることを知らねばならぬ。現在，一般に關東と云うと，箱根の關所から東の地方を總稱する名前と思われているが，古くは鈴鹿・不破 (「秋風や藪も畠も不破の關」と芭蕉の句にある)・愛發 (アラチ) (越前國敦賀郡愛發村の愛發山にあつた關所) の關所から東の地方を關東と云つた (この名の基準となる關所に關しては異說もある。また陸奧・出羽を含めて關東十箇國と云つたこともある)。また場合によつては意味が狹くなつて，東京地方を關東と云うこともある。同じく關西も今では京阪地方を指すが，古くは上記の鈴鹿・不破・愛發の三關から西の地方を指す名前であつた。從つて中國・四國・九州もその中に含まれていたのである。

Normandie や France はその土地に住んでいた民族の名前からつけた地名であるが，中には地形からできた名前もある。たとえばシャンペン (champagne) の産地として名高い Champagne は俗ラテン語の campania (平野) から來たもので，「平野の國」(pays de plaines) の意味である。「平野の國」は幾つもあつたが，Champagne は十世紀には既に意味が特殊化して Troyes を首邑とする地方を指すことばとなつた。Champagne は古くは Champaigne と綴つて [ʃɑ̃paɲ] と讀んでいたが，古典時代に今の綴りになつた。Essais で有名な Montaigne——「山」の意味．古くは montagne も montaigne と綴つた——も [mõtaɲ] であつたが，今では igne が [ɲ] の音を表わす綴りであつたことが忘れられて [mõtɛɲ] とも讀まれている．champagne (シャンペン) は男性であるが，Charentes 産の上等な eau-de-vie (ブランデー) のことは女性にして grande champagne とか fine champagne と云う。これは champagne de Cognac (コニャック平野) でできる eau-de-vie の意味である。すなわちこの地方では，今でも champagne は plaine (平野) の意味を持つて用いられて

いるのである．George Sand の郷里であり，彼女がその小説の中に描いているBerry でもこの意味があるという．オランダのことを Pays-Bas というが，これは「低い國」という意味である．土地が海面よりも低いからである．オランダでは Nederland, ドイツでは Niederlande と云うが，これも「低い國」という意味である．フランスの北部から ベルギー (Belgique) にわたって延びている Ardenne はもともと森の名前であるが，Ardenneはケルト語で「高い」という意味である．木が一面に生い茂った高原であったからこの名がついたのであろう．フランスとスイスの間にあるジュラ山脈の Jura も，「山の森」(forêt de montagne),「木の生えた高地」(hauteur boisé) の意味を持ったゴール語の juris から來たものである．

フランスの中部にあるセヴェンヌ山脈 (Cévennes) は「背中」(dos) の意味のゴール語 cebenna から來たもので，始めは「背中」のような恰好をした小さい山塊につけられた名前であったものが，山脈全體の名となったものである．「ふとん着て寢たる姿や東山」という句があるが，僕の郷里である伊豫の吉田町に「馬の背」と呼ばれる所がある．低い山の一部が丸で「馬の背」のようになっているのであるが，こうした名稱は調べてみるときっと澤山あるであろう．

アルプス山脈 (Alpes) の Alpe はゴール以前のことばで，恐らくリグリヤ語 (ligure) であろうと云われている．Alpe は「高い山の牧場」(pâturage de haute altitude) という意味であったし，今でもアルプス山中の一部ではこの意味に用いられている．モンブランは Mont Blanc で云うまでもなく「白山」である．日本にも加賀の白山がある．北海道には大雪山というのがある．スペイン南部のシェラ・ネバダ (Sierra Nevada) の sierra は本來「鋸」ということで(房州に鋸山がある)，それから「山脈」の意味になった．Nevadaは「雪におうわれた」(neigeux) である．よく地圖に！シェラ・ネバダ山脈」と書いてあるが，山脈は餘計である．「シェラ・ネバダ山脈」で思い出すのは，コンスタンチノープルと小アジヤの間にあるボスフォラス海峡のことである．bosphore はギリシヤ語 bous (牛)＋poros (海峡), 即ち passage du bœuf から來たもので，狭い海峡のことを指す語である．恐らく牛がおよいで渡れるほどの海峡という意味であろう (この名は日本の船越を思わせる)．したがって，ボスフォラス海峡と云えば，海峡が二重になる．しかし，シェラ・ネバダ山脈にしろ，これにしろ，どちらも原義が忘れられているから，成り立つのである．

ドイツのラインランドにコブレンツ (Koblenz, フランス語では Coblence, Coblentz) という町がある．これはラテン語の confluentem (合流點) が俗ラテン語で coflente になったものから來たと云われているが，この町はライン河 (Rhin) とモゼル河 (Moselle) の合流點にある．ケルト語では「合流點」のことは comboros と云い，Combre とか Combres などの地名はその訛ったものと云われている．Bourbon家の一門としてフランスの歴史で有名な Condé 家の Condé はゴール人が先住民族の言語から借りた condate (合流點) の訛ったものと云われているが，Condé はわが國では落合太郎先生の「落合」に當る．わが國では confluent は落合・河合(カワアイ→カワイ)・川合などと云うが，出合(デアイ) とも云う．この名は伊豫の東宇和郡で，肱川と溪筋村から流れて來ている川の合流點を指していることを疎開中に知ったが，大和の十津川にもこの名がある．水俣(ミノマタ)とか川俣とかいうのもそうであろう．

フランスの河川の名で Seine, Loire, Garonne, Rhône, Allier, Saône [soːn], Isère などはケルト語では解釋できないので，ケルト族がゴールに來る前，即ち，青銅時代の終りより前にできた名であろうと云われている．わが國の河川の名はどういうような起源を持っているのか，こうしたことも少しずつわかるところからほぐして行くより外に道があるまい．

地名の話はいくらでもあるが，又の機會に譲ることにしよう．——[編集部註] Dauzat (A.): *Les Noms de lieux* (180 fr. Delagrave); Rostaing: *Les Noms de lieux* (100 fr. Que sais-je 叢書)

1951年5月号

モラリスト・思想家引用句集 (抄録)

平岡昇・瀧田文彦・二宮敬

モンテーニュ
Michel de Montaigne (1533~1592)

「自然は温和な先達であるが，温和とのみ言わんよりも一入賢明で正しい先達である．私はその足跡をあらゆる所に索めている．それというのも我々はこの自然の足跡を偽れる人為の足跡と混同してしまっているからである」 *Les Essais* 1.III, ch.XIII "De l'expérience"

モンテーニュは主として 1586~88 年の間に第 3 巻を執筆したが，ここで彼の獲得するに至った自然観は，人事百般に対する彼の態度を規定する根本的なものである．その内容を正確に捉えることは必ずしも容易ではないが，大凡次のように云えるであろう．即ち自然は創造の源泉であり，人間の理性も本能もこれより出ずる．我等人間は只管自然の恵み深い教導によって生れるべきである．自然に即したものは全て善であり美であり，これに反することは不正に他ならない．以上のような考え方は，少くとも表面的にはカトリックの自然観と真正面から対立するものではないが，実はあえて対立を回避するような賢明な考慮を払った極めて異教的な態度であろう．この点においても彼はラブレーの後継者ということが出来る．

さてかかる自然の足跡を索めることは，必然的に当代の文明批判になるのであり，事実モンテーニュはそれを行ったのであるが，今専らこれを，彼の処世態度の面から眺めると，曾て "哲学するとは死を学ぶこと" (1.I, ch.XX) と考えた彼も今は，哲学とは生を学ぶことと考えるであろうし，死そのものも存在の一部として淡々と迎えるであろう．「一つの生命が崩壊するのは，他の多くの生へ推移してゆくことである．」 (1. III, ch.XII) と彼は述べている．更に又超人間的な徳を敢て求めるが如きことを彼はしなくなる．それは自然に反することであり，倫理とは自然的存在としての人間のものでなければならぬと彼は考えるからである．

ラ・ロシュフーコー
François, duc de La Rochefoucauld (1613~1680)

「偽善とは，悪徳が美徳に対してささげる讃辞である」 *Les Maximes* 218

ラ・ロシュフーコーは，1675 年改訂 4 版の発表に当り，「我々の持つ諸々の美徳は殆んど常に仮装した悪徳に他ならない」という一句を épigraphe としている．これは "Maximes" 全体を流れるものを簡潔に表現している．ある者はその観察の真を首肯し，ある者は不当に思う．そして前夜灯の影にラ・ロシュフーコー公爵に賛同した者も，夜があけて，前夜の自分を打消さないとは限らないのだ．アフォリズムとは常にそのようなものであろう．然し上の引用句は全ての人によってその人なりに共感されるのではなかろうか．私には少くとも哀しいものに感じられてならない．若しも人が善徳において無能力だとしたら，そしてもし人が，その無能力に拘らず徳の観念を抱き得るとしたら，彼になし得るものとて偽善以外に何が残されていようか？

何処からともなく啼泣の声さえ洩れてくるのだが，これは果してラ・ロシュフーコーの

ものであろうか．

ラ・フォンテーヌ
Jean de La Fontaine (1621～1695)

「老人よ，お前は愚痴をこぼすのか？ 死んで行くあの若者達を御覧．彼等が死に向って進み，走ってゆくのを御覧．それは成程，光栄ある美しい死には違いない．しかし，同時に確実で，時折は残酷な死なのだ．お前に向ってこんなことを叫んでも何の益もない．熱意を示すのは場違いだ．死人に一番近い者が，一番未練を持って死ぬのだから」

"Fables" 第8巻第1 "La Mort et le Mourant" (死神と瀕死の人) 第55行以下．生への執着は人間にとって自然であるが，極端になれば，ラ・フォンテーヌはそれを vice (悪徳) の一つに数える．若い元気な者は生きるのが自然であり，老いぼれた病人は，寧ろ死ぬ方が自然であろう．そして自然は，彼にとって，やはり，よきものであった．ところがこの Mourant は百歳になって衰え果てているのに，家を完成したいの，遺言を作らねばならぬのと，こぼしている．ラ・フォンテーヌの眼前には，これと対照的にルイ14世の覇業の犠牲となって，栄光の美名のもとに戦場で死んでゆく多くの若者の姿が浮ぶ．若者の死は不自然で残酷であり，瀕死の老人の執念は醜い．彼は日頃親しんでいる古代の賢人の死に臨む態度を思う．「死神は賢者を不意に襲うことはない．賢者は常に死への旅支度をととのえている」(v.1～2) 而して彼自身を亦エピクロス派の Lucretius と同じように，「この齢になったら，丁度主人に礼を述べて宴会の席から立つように，この世から立ち去りたい」(v.51～53) と思う．最後の審判の恐ろしさを未だ感じていないラ・フォンテーヌは異教の賢人と同じように，心の平和を乱されることなく，自らの gré (好み) に従って生をたのしみ，そして何の後悔もなく死ぬこと ("J'aurai vécu sans soins, et mourrai sans remords." — "Fables", Livre XI, fab.4.「蒙古人の夢」)を願っていたのである．なお，モンテーニュの死に対する態度を参照してほしい．

パスカル
Blaise Pascal (1623～1662)

「人間とは一体何たる怪獣であろうか？ 何たる珍奇，何たる異常，何たる混沌，何たる矛盾，何たる妖怪であろう．万物の裁判官にして卑小な蚯蚓，真理の受託者にして不確実と誤謬の掃溜，宇宙の光栄にして屑物！」"Pensées" (Ed.Brunschvicg. 434)

人間を無限と虚無，神と獣の中間的存在としてみることは，何もパスカル一人の態度ではないが，このような人間の根本的条件について最も強烈に不安を感じ動揺し，魂の平安を模索した第一の人は彼であろう．モンテーニュが代表する（とパスカルが考えた）pyrrhoniens は理性の力に不信を表明し，人間が真理に到達することは望み得ないものとして無限の懐疑の裡に留り，一方 Epictète 流の dogmatistes は自然の諸原理が絶対に疑い得ないものであると主張する．然し両者とも人間の実相を洞察し得たとは云えない．何故ならば人間は逆説的な存在だからである．パスカルはこのように説く．そしてこの逆説を解くには，と彼は云う，"Ecoutez Dieu." 人間の微弱な理性をもってしては Adam の罪が数千年後の我々の罪であるなどとは信じ難い不條理としか考えられない．然し人間存在はそのような mystère なくしては，この mystère が人間にとって不可解である以上に

不可解であり，信仰の真理こそがこの問いに答えてくれる．即ち Adam の罪障以前及び恩寵の状態において人は自然を超えて神に似るし，堕落と罪の状態において人は上の状態より転落し獣に相似するのである．

モンテスキュー
Charles de Secondat, baron de Montesquieu (1689~1755)

「人間は社交的動物であるといわれる．だからして，フランス人は他の国民以上に人間であるように思われる．彼らは特別に人間なのだ．なぜなら彼らは，社交のためにのみ造られているように思えるからである」

18世紀の啓蒙思想家モンテスキューの傑作「ペルシャ人の手紙」(1721) 第87書簡の一節．

彼は名高い「法の精神」によって広く知られるごとく政治・法律・歴史から自然科学にいたるまでありとあらゆる部門にわたって多彩な活躍を遂げた，典型的な啓蒙思想家であった．

「ペルシャ人の手紙」は，その文学方面における傑作で，パリに来たペルシャ人の手によって書かれた手紙という形を借りて，縦横の諷刺，社会批評を繰拡げたもので，その中には鋭いモラリスト的人間観察が含まれている．

上のフランス人こそは特別に sociable であるという考察に続いても，あまりにも sociable で「社交そのもの」であり，死ぬまで駆けずり廻っている愚かなパリ人種の姿が，ラ・ブリュイエール的な筆致で描き出されている．

なおこのように，いい意味でも悪い意味でもフランス人は sociable であるとする観察は，多くの人たちによって繰返しなされて来たところである．

ルソー
Jean-Jacques Rousseau (1712~1778)

「土地に囲いをして，"これはおれのものだ" と宣言することを思いつき，そしてそれをそのまま信ずるような単純素朴な連中をみつけた最初の者が，文明社会の真の建設者であった．杭を抜いたり，溝を埋めたりして，"こんなぺてん師のいうことを聴いてはならない，土地の産物は万人のものであり，土地は誰のものでもないことを忘れるなら，それこそ諸君の身の破滅だ！" と，その同胞に向って叫んだ者がかりにあったとすれば，人類はその人のおかげで，いかに多くの犯罪と戦争と殺人を，またにいかに多くの悲惨と恐怖を，免れたことであろう」

ルソーが「学問芸術論」に次いで初めてその根本理念をつかんで，モラリストとしての鋭い文明批評を盛った「人間不平等起源論」(1754) の第二部の冒頭の句で，所有権の起源と社会的不平等の起源との相関関係にふれた有名な句．これと類似の言葉に，パスカルの「パンセ」の le fragment 295 があり，又後世の社会思想家，とくにプルードンの「財産とは何か」の第一章の，これも有名な "La propriété c'est le vol." と呼応しているようだ．ただし，「財産とは盗品だ」の起源は，プルードン自身の言葉によると，ディドロの言葉に在るという．

*

編集部注：本稿は，1953年10月号から12月号まで，3回（合計23頁）にわたって掲載されましたが，紙面の制約からその一部収録に留めざるを得ず，かつ連載時に添えられていたフランス文を割愛したことをお断りいたします．

Joséphine Baker の不可解

ジョゼフィン・ベイカアは，旧知であり親友である沢田美喜夫人の経営するエリザベス・サンダアス・ホウムの寄附金募集のため来朝した．一文の報酬も要求せず，彼女による収益はあげて孤児たちのために寄附するというわけである．したがって同行のピアニスト夫妻や衣裳係も，それに応じて無報酬で来朝している．

その趣旨の徹底していること，驚くばかりである．日本金を一文ももらわないから，一行は買物一つできない．ただ彼女だけは，土産物が必要だから，何がしかの金をかしてくれ，それはパリから送金するという．他の者はよく趣旨を了承しているから，絶対に一文も渡さないでくれ，土産物も心配しないでくれ，どうしても心配なら一行に一鉢ずつの蘭の植木をくれというようなことであった．最後の公演が宝塚大劇場でおこなわれるので，その舞台の幅が四十メエトルに及ぶために，どうしても装置を必要とするというと，それではソデをカアテンで仕切ってくれ，装置があればいいけれど，もう内地の旅費や宿泊費でずいぶん使っているはずであるから，何にもいらない，すべては倹約，倹約という．万事がこの調子であった．

彼女は黒人とスペイン人の混血児であるから，寒さには弱い．冬の彼女の部屋はとてもあつく，たいていの人は息苦しくて入っていられないほどだ．少しでも寒いと，もう寒い寒いと元気がない．そんなわけだから，一番気候のいい四月を選んだのだったが，それでもまだ少し寒かった．

広島でのこと．原爆で死んだ人たちの慰霊塔を詣でたとき，その塔に《静かに眠って下さい，あやまちは再び繰り返しませんから》といったような意味の言葉が刻まれてあったのを，彼女は意味がアイマイでよく了解できないといった．というのは，「われわれはあやまちを繰り返さない」というように訳したのを，「どういうあやまちか」，「誰のあやまちか」とたずね，われわれというのは日本人のことかアメリカ人のことかとたずねた．アメリカ人がたてたのではないと答えたら，それでは意味がわからないといっていた．

これは重要な問題を含んでいるが，この雑誌で問題とすべきは，日本語のアイマイ性である．日本語では主語を略したり，アイマイないいかたを得意としている．そのため得をしていることもあろうが，ものを正確に考えるという点で損をしている．フランス語を学ぶことは，一つにものを正確に考え，アイマイを許さない明瞭な表現をすることである．彼女に対する質問の中にも，多くのアイマイさがあった．そのたびに彼女は「それは誰のことか」，「どこでか」など，聞き返した．そのたびごとに，いまさらのようにわれわれが日本語による思考のために，どれだけアイマイさを温存（この言葉もアイマイさの一例）しているかわからぬと痛感した．

蘆原　英了

1954年6月号

Lettre de Lyon

野村二郎

　まだ桜も芽をふくふかないうちに横浜を離れ，一息に真夏を迎え，ふたたび冬の仕度でマルセイユに辿りつきました．港に着くとさっそく出迎えの友人たちと押し問答の末，とうとうその晩の急行でリヨンに連れてこられたのですが，三十二日間の食べて寝るだけの La Marseillaise 号の生活に，やはりかなり疲れていたらしく，翌朝は十一時近くまでぐっすり眠りました．

　フランスでの最初の夜が明けてみると，ひとしお心淋しくなって参ります．「ぼくのフランス語が通じるかな…?」午後からピエール君に案内されてリヨンの街を散歩してみました．言葉はさっぱり通じない．こちらのいわんとすることはわかってくれるらしいが相手にまくしたてられるともういけません．心配を通りこして憂鬱になってくる．がっかりして Terreaux の広場でテラスに腰を下すと，ピエール君は苦笑して「大丈夫だよ，この連中はかなり早口だし，戦後はとくに略語が多くなっているのだから…」と慰めてくれました．なるほど，店に入ってよく聞いていると，帰る客にシーセダンといっている．Merci, messsieurs et mesdames のことなのです．否定形も pas だけで打消して，ne…pas を使う人などごくまれです．それにジープだの，アイスクリームといった英語も，すべてフランス語流に発音されるのですから…

　結局，とにかく大急ぎでしゃべる覚悟をきめました．これは語尾に s がつくんだっけとか，リエゾンするときには d の音が t になるなどということを考えていたのでは間に合いません．ただ，口からでまかせにしゃべるのです．ときおり Ça va? とやって参ります．これはご気嫌うかがいにも，食事のときでも始終話しかけられる言葉ですが，適当に Oui, ça va. とか，Non, ça va. とか，まけずにどなり返すことにしています．まったく目の廻るような忙しさに，思わず Oh là là！なんて口走ることもしばしばです．話したあとで，しまった！とくやしがることもしきり．いつでも monsieur とばかり話していた私には，あの Oui, madame とか Mademoiselle とかいうのがなかなか出てこなくて，隣りのピアノの上手な Parisienne に，ついうっかり Oui, mon… といいかけて，あわてふためいて語尾に selle をつけたした苦しい思いもしなくてはなりません．ソワレのときにも一人一人敬称が違うので，落ち着いて味をたのしむどころではなく，これは monsieur，つぎは madame，それから mademoiselle，そのうえに敬称をつけるとなるとまさに多事多難．少しやせたような気がします．

　リヨンは，ちょうど Foire internationale が開かれたり，Pâques の休日で各国の学生などが見物に来ていたとは申せ，やはり静かな soie naturelle のような感じの街です．一日中ローヌ河に釣糸を垂れているベレー帽，Bellecour の広場でカバンを投げ捨てて鳩とたわむれている小学生，ほとんどお化粧もせずに健康美を誇る Lyonnaise… 十六世紀の家並はローヌの流れに，歴史の面影をいまなお美しく映しています．（le 8 mai）

1954年7月号

フランス映画鑑賞の手引き
générique

飯島 正

Filmsonor
SOCIÉTÉ ANONYME
① présente

Un film de
JULIEN DUVIVIER
②

FERNANDEL
③

GINO CERVI
④ dans

Le *Petit Monde de Don Camillo*

Générique とは，映画の最初にあらわれる字幕をさすが，それは，原作者・脚本家・監督者・俳優・その他その映画の製作に関作に与したひとたちなり，会社なりの名前をしるすものである．英語では Credit Title といっている．

いま，その Générique を，『陽気なドン・カミロ』の例によって説明しよう．

（1） *Filmsonor, société anonyme* は，配給会社の名前である．配給会社の名がいつでも巻頭にでる．société anonyme は有限責任会社の意味．そしてその会社が，この映画を提供するから，**présente** という動詞がつぎにくる．会社の名前が複数形の場合は，présentent となる．どういう映画を提供するかというと，

（2） **Un film de** *Julien Duvivier* である．Duvivier は，フランス映画を見るほどのひとならば，誰でも知っている監督者である．（監督者の名の比重によっては，監督者名が題名のあとにくる場合もある．）そこで，つぎにはスターの名前が出る．

（3） *Fernandel* はフランスで一番人気のある名優，最近日本で上映された映画には，《Le Fruit défendu 禁断の木の実》があった．

（4） *Gino Cervi* は，イタリアの有名な俳優，この映画では，Fernandel と Cervi とは，ほとんど同格のスターである．イタリア人だから Cervi は，チェルヴィと発音する．Gino Cervi のつぎに **dans** とあるのは，つぎにでる題名の「中に」この二人の俳優が主演しているからである．dans をつぎにしたがえる俳優はスターだとみていい．

（5） Le *Petit Monde de Don Camillo* これは題名である．

（6） **D'après le roman de** *Giovanni Guareschi* の d'après は「…によって」この映画がつくられたという意味だから，文法を無視していえば，「原作」という意味になる．この場合は Guareschi の小説が，原作である．Guareschi はイタリア現代の一流の小説家である．イタリア語の発音で，ジョヴァンニ・グアレスキとなる．

（7） **Adaptation cinématographique** は「映画の脚色」の意味．しかし adaptation は，普通は，題材と決定的シナリオとの中間状態をさすのであるが，この作品の場合はほとんど決定的シナリオとなったものをさしているようである．**Dialogues** はせりふの意味．そしてその下に書かれた人名は，シナリオおよびせりふの作者である．監督者 *Julien Duvivier* と小説家兼シナリオ作家の *René Barjavel* がこれにあたる．

（8） このタイトルは，助演者の名を紹介する．人名のまえに **avec** という字をいれる．この映画はイタリア・フランス協同作品なので，イタリアの俳優の名は，イタリア式に読んだほうがいい．*Vera Talqui* はヴェーラ・タルクイ，*Interlenghi* は，インテルレンギ，*Gualtiero Tumiati* はグアルティエロ・トゥミアーティというふうに．

（9） **et** *Sylvie*．Sylvie は助演者であるが，まえのひとたちよりも格が上の女優であるから，一枚タイトルをつかっている．スターよりも下だが助演者の大部分よりも格が上の俳優は，だいたい助演者の名をいっしょにさきにだしたあとで，et をいれて一枚タイトルにすることがおおい．そのつもりで読めば，だいたい俳優のランキングがわかる．

（10） **La Voix de Jésus** はこの作品のなかにキリストの声だけがでるからである．そのキリストの声を，*Jean Debucourt* がやっている．Debucourt 自身のすがたは，全然画面にあらわれないが，この俳優は *Sociétaire de la Comédie Française* なので，やはり一枚タイトルになっている．sociétaire の正確な訳語は，演劇のかたにきかなければわからないが，「幹部俳優」ぐらいの意味であろう．職名である．

（11） **Directeur de la production** はプロデューサーの下にあって，ある映画の製作に関する全部の仕事を管理・監督する役目のひとをいう．よほど producteur にちかい意味にもつかわれる．*Piero Cocco* はイタリア人であるから，Piero はピエロと読む．**Assistant** はその助手で，*Romano Dandi*（Romano はロマーノ）がこれにあたっている．

（12） **Directeur de la Photographie** はそのとおり，撮影監督である．むかしとちがって，いまでは，撮影

D'après le roman de
GIOVANNI
GUARESCHI
⑥

Adaptation
cinématographique
et Dialogues
JULIEN DUVIVIER
et
RENÉ BARJAVEL
⑦

avec
VERA TALQUI
FRANCO INTERLENGHI
CHARLES VISSIÈRES
GUALTIERO TUMIATI
LEDA GLORIA
⑧ MANUEL GARY

et
SYLVIE
⑨

La Voix de Jésus
JEAN DEBUCOURT
Sociétaire de la Comédie
Française
⑩

Directeur de la Production
PIERO COCCO
Assistant
ROMANO DANDI
⑪

Directeur de la Photographie NICOLAS HAYER ⑫
Opérateur NOËL MARTIN Assistants la Mise en scène SERGE VALLIN ALBERTO CARDONE Son MANRICE LAROCHE JACQUÈS CARRÈRE Script ⑬ DENISE MORLOT
Décorateur VIRGILIO MARCHI Régisseur FERDINANDO RUFFO Monteuse MARIA ROSADA Maquilleur LEANDRO MARINI ⑭ Photographe FRANCO CIVINARI
Musique de ALESSANDRO CICOGNINI ⑮
Dans les Studios de CINECITTA-ROME Laboratoires LT. C St-Cloud *Western Electric* SYSTÈME SONORE ⑯ Truquages LAX
Producteur Délégué GIUSEPPE AMATO ⑰

技師は一人ではなく，助手をつかってそれを監督し，自分ではあまり手をくださないことがおおいので，主任撮影技師は，撮影監督ということになった．普通，新聞雑誌やプログラムなどに，撮影者と書いてあるのは，この撮影監督をさしているのである．*Nicolas Hayer* は有名なフランスの撮影者である．

(13) **Opérateur** というのは，撮影監督の下で，実際に撮影をする技術者をさすが，映写技師をもいう．*Noël Martin* の場合は前者である．**Assistants à la Mise en scène.** mise en scène はもと演劇用語で，「演出」の意味であるが，映画の「監督」の意味にこれをつかっている．「監督」という意味のフランス語でよくつかわれているのは，réalisation（人ならば réalisateur）であるが，réalisation がかなり精神的な意味をもっているとすれば，この mise en scène は手足をつかう意味が濃い．réalisation は，比較的あたらしい用語である．assistant はその助手．フランス人 *Serge Vallin* とイタリア人 *Alberto Cardone*（アルベルト・カルドーネ）の二人が助手をしているのは，この映画のロケイションが，イタリアでおこなわれたからであろう．**Son** は「音」の意味だから，*Maurice Laroche* と *Jacques Caraère* とが「録音」をやっているということである．**Script** は，「撮影台本」の意味にもなるが，ここではスクリプトガールと同意義で，台本を手にして，監督者のそばで，撮影の進行状態を詳細に書きとめておき，撮影の進行を円滑にする役目のひとをさす．普通これは女のひとがやるので，Script-girl とタイトルにでることがおおい（とくにフランス映画の場合）．この映画でも *Denise Morlot* という女のひとがやっている．script はもちろん英語をそのまま借用した用語である．

(14) **Décorateur** は装置家である．しかし実際に手をくだすわけではないから，アメリカ映画でいう Art director とおなじである．*Virgilio Marchi*（マルキ）は，イタリア映画の有名な装置家である．**Régisseur** ということばは，Directeur de la production の assistant の意味にもつかうし①，セットで俳優や大道具・小道具の世話をする（演劇の舞台監督にちかい）役目のひとにもつかうが②，ここでは②の意味であろうとおもう．*Ferdinando Ruffo* もイタリア人だから，フェルディナンド・ルッフォ

と発音していただきたい．**Monteuse** は montage（フィルムの編集）をするひとである．*Maria Rosada* は女性だから monteuse なので，男性ならば monteur であるが，これも script-girl と同様 monteuse のほうが一般である．**Maquilleur** の *Leandro Marini* はメイク・アップを俳優にしてやるひとである．つぎの **Photographe** はスティル写真をとるひとである．映画の撮影者ではない．*Franco Civinari* は，フランコ・チヴィナーリと読む．

(15) **Musique de** *Alessandro Cicognini* これは説明の必要がないであろう．アレッサンドロ・チコニーニは，イタリア映画で活躍しているもっともすぐれた作曲家である．ここの musique は，演奏の意味ではない．

(16) この映画は，イタリア・ローマのチネチッタ撮影所で撮影されたので，**dans les Studios de** *Cinecittà-Rome* となっている．現像焼付のラボラトリーは，*St-Cloud* の **Laboratoires** *LT. C* でおこなわれた．録音のシステムは，アメリカの *Western Electric* の **Système sonore**，トリック撮影（特殊撮影というべき場合のほうがおおい）は，**Truquages** *LAX* でおこなわれた．

(17) **Producteur délégué** というのはあまり聞かないが，直訳すれば「委任されたプロデューサー」であるから，これはおそらくフランス・イタリア協同作品で，製作者も一人ではないから，その代表者としてイタリアの *Giuseppe Amato* がプロデューサーの役目を委任されているのであろう．*Giuseppe* は，ジウゼッペと読む．

(18) これはまえにもいったように，協同作品であるから，ここにその製作会社（あるいは製作者）の名がつらねてある．**Une Co-Production** は「協同作品」の意味，そのつぎの *Fancinex-Paris* は，フランス（パリ）がわの製作会社の名，*Rizzoli* と *Amato* とはイタリア（ローマ）がわの製作者の名である．*Amato* については前述した．*Rizzoli*（リッツォリ）も有名なプロデューサーである．その下に，**Visa ministériel** *No. 12.409* とあるのは，どの省がつかさどっているか知らないが，検閲通過の査証で，数字はその番号である．

(19) **FIN** は，映画の「おわり」をしめす．

筆者は映画評論家，早稲田大学講師

Une Co-Production
FRANCINEX-PARIS
RIZZOLI-AMATO ROME
Visa Ministériel No 12.409
⑱

1954年7月号

☆ 今日のフランス文学 4 ☆
カトリック文学管見

遠 藤 周 作

写眞はフランソワ・モーリヤック

ポール・クローデル Paul Claudel, フランソワ・モーリヤック François Mauriac, ジョルジュ・ベルナノス Georges Bernanos, ジュリアン・グリーン Julien Green, ガブリエル・マルセル Gabriel Marcel, シャルル・ペギー Charles Péguy, エマニュエル・ムニエ Emmanuel Mounier…など、思いつくままに現代フランスの文学や精神潮流史に欠くべからざる師 maître たちの名前を思いうかべるとき、私たちはこれらカトリックの文学者や思想家が占める位置、いいかえれば、カトリシズムが現代フランス文学におよぼしてきた影響を等閑視することはできないのである。また非カトリック作家や詩人・思想家たちさえも、ながいラテン文化の一母胎となったカトリシズムの伝統を、意識的にせよ無意識的にせよなんらかの形で受けいれているから、彼らをながめる場合、それをカトリシズムとの対比で考えさせられる場合も多いのである。したがって極言を弄するならば、カトリシズムへの正当な理解は現代フランス文学の理解への必須な条件の一つと思える。そこで私たちは、この小稿でフランス・カトリック文学を展望するうえに大切な根本的問題を考えてみたいと思う。

*

A 《カトリック文学とはカトリシズムにおける文学ではない。文学におけるカトリシズムの把握である。》

ジュリアン・グリーンはその日記のなかで「私はカトリック作家ではない。私は一人の作家なのである」と力説しているが、厳密にいってカトリック作家というものは存在しない。なぜならばカトリック作家は、作家であるかぎり、他の小説家と同じように、まずなによりもほんとうの人間を描き、創造する義務をもっている。だから、彼がカトリック者としての立場のあまり、この作家的誠実さを捨てて、創物人物の内部をゆがめたり、心理をまげて描くことは絶対にゆるされない。ポール・ブルジェ Paul Bourget やアンリ・ボルドー Henri Bordeaux からピエール・レルミット Pierre L'Hermite のようなカトリック護教作家たちが、また、批評家ではアンリ・マシス Henri Massis のような人が陥った誤ちはここにあるのである。これらの作家は護教のために文学をゆがめたということができよう。

真のカトリック作家とは、宗教の高みから、信仰の安住性から人間性を見おろしたり、描

いたりするのではなく，生きた人間を生きた人間として，その悪によごれ，罪にただれた人間の内部の傷に敢然として指を入れる信仰文学者でなければならないのである．つまり彼らは，サルトル的な表現をかりるならば「手をよごす」勇気をもたなければならない．その意味で，モーリヤックがベルナノスの『田舎司祭の日記 Le journal d'un curé de campagne』を賞讃しつつ，自分はいくども聖人を主人公とする小説を書こうとして書けなかった，と告白している言葉は意味がふかい．

すなわち，もし聖人がすべての人間的な罪や悪の苦悩からすでに救われてしまった存在ならば，つまり，もはや内部のドス黒い《しこり》をもたぬ清浄・透明な存在ならば，カトリック作家はそこに，彼の苦悩・弱さ・悲劇を投影すべきドラマを見いだすことができないからである．そして，ベルナノスがその小説のなかで，みごとに聖人を生き生きと描きえたのは，決して聖人をこの透明な存在の位置におかず，神に近づけば近づくほど悪魔の試みに苦しまねばならなかった，凡庸な信仰者が予想だにしない天上と地獄とのあいだに引き裂かれて悶える姿を，なまなましく描いたからにほかならないのである．（たとえば，邦訳された彼の『悪魔の陽の下に Sous le soleil de Satan』，『田舎司祭の日記』を見よ．）

*

B 《カトリックと作家は，この作家的義務と自分の信仰者としての義務とのあいだに引き裂かれる文学者である．》

生きた人間を創造するために人間内部の最も醜悪な部分，ただれた傷痕を直視し，それに指を入れる勇気をもつことはカトリック作家の義務であるが，これは決して彼らにとって容易なことではない．なぜならば，普通の作家の場合は，いまいったような作家的誠実さと義務とを遂行すればことたりるが，カトリック作家の場合には，この作家的純粋さと自分の信仰者としての義務との矛盾に引き裂かれるからである．

フランソワ・モーリヤックの苦悩は，一言でいえばこれにあった．生きた人間を描くこと，そのために人間内部の悪と罪にまみれた深淵に身をかがめ，それを直視するうちに，彼はいつかカトリック者としての自分がよごされていく危険を感じたのである．なぜならばモーリヤックのような作家にとっては，作中人物は創造者である主体との共犯から生れるからである．また一方，人間の暗黒の面，罪の世界を描くことによって，無垢の読者を罪に誘わないかという信仰者としての不安と恐怖がつきまとう．自分や読者の宗教的純粋さを顧慮するならば，作家的誠実さを失うことになる．とはいえ，もし作家的純粋さをまもろうとすれば，信仰者としての過失につまずく危険がある．

この二律背反に引き裂かれた苦悩は，好んで肉欲の世界にメスを入れたモーリヤック，また，死と宿命におびえる人間の実存を描いたグリーンをはじめとして，ダニエル・ロップ Daniel Ropes，ジャック・マドール Jacques Madaule，リュック・エスタン Luc Estang のなどのカトリック作家たちが苦しんできた課題であった．トミスムの哲学者ジャック・マリタン Jacques Maritain はその芸術論『芸術とスコラ哲学 Art et scolastique』のなかでこのことをさらに分析し，「芸術はそれ自体，芸術によってのみ作品に達することができる」とその無償性を説き，しかし，それにからまる作家の人間的条件をあわせ考えているのはそのためである．

C《カトリック作家は，ときとしてキリスト者の社会に反省する信仰者である．》

カトリック作家たちの作品はときとしてキリスト者の内部から，神学者たちから批判されることがある．たとえばモーリヤックの作品が，恩寵を絶対視するジャンセニスムの色彩が濃いと非難され，またベルナノスの小説には，悪魔と神とを二元論的に対立させるマニ教的な異端思想があると批判されるような例は，他のカトリック作家の場合にも多いのである．しかし，こうした神学的立場からの批判は別として，カトリック作家の作品がキリスト者自身の社会から拒絶される場合がある．たとえばモーリヤックの戯曲は，彼の出身地であるボルドー市で上演されたことがない．それは，現代のカトリック作家のおおむねが，その出身階級であるブルジョワ階級を痛烈に非難し，それに反抗しているからである．

カトリック作家はそのために，ときとしてブルジョワ階級キリスト者の陥った信仰の安易性・独善性・順応主義などをきびしく攻撃し，その偽善や形式主義の仮面をはぐ．それはすでにレオン・ブロワ Léon Bloy やシャルル・ペギーの先輩たちから，こんにちの新しいカトリック作家たちまでの共通した態度である．つまりカトリック作家の使命の一つは，荒野によばわる人として，ともすれば安易な逃避と自己保全とに陥ろうとするキリスト者を目ざめさせ，人間的真実をたえず他の非カトリック作家と同じ立場に立って追求していくことにほかならない．

*

現代フランス文学でカトリック文学が最も多面的な活動をおこなった第一期は，だいたい第一次大戦後 1925 年に創刊された『金の葦 Le roseau d'or』叢書を中心とする新カトリック文学運動である．これは，哲学者であるジャック・マリタン，批評家アンリ・マシスを中心としてトマス・アクィナスの思想を現代的に展開した芸術論に則して生れたグループであるため，ネオ・スコラスティックの文学運動ともいわれている．主な寄稿者のなかにはクローデル，コクトー Jean Cocteau, ジャコブ Max Jacob, ゲオン Henri Ghéon, フュメ Stanislas Fumet, チェスタートンらがいた．ジュリアン・グリーンの『レヴィアタン Léviathan』やベルナノスの『悪魔の陽の下に』，ルネ・シュオブ René Shwob の『私はユダヤ人である』などの名作を生んだのもこの叢書である．

この文学運動は，当時大戦後の不安と，あらゆる形式の芸術や思想の追求に疲れ，また一方ではベルグソンや他のジードの影響をうけて自我以外の現実を知らず，誠実以外の規律をもたず，ついに自我の分裂に苦しんでいた世代に，新しい希望をもたせることに主力がそそがれた．つまり，これら破産した自我と滅裂した精神生活とに疲労した若い世代にネオ・トミストは形而上的な思索方法と，永遠的な欲求とを綜合した新しい秩序と再建との道をしめしたのである．当時の精神的な病症を遠くロマンティスムの悪影響にみとめたマリタンたちは，叡智と道徳律とを中心とする全体的現実の把握，古典的精神をとなえたのである．

この芸術運動は，1925 年から 1928 年ころまでのあいだ清新な空気を吹きこんだが，その後この叢書はもっと社会的・歴史的な展望に目をそそぐ『島々叢書』にひきつがれ，それとともに，ここから出発したカトリック作家たちはおのおの独自の領域で仕事をするようになった．

第二次大戦後は，前大戦後のこの『金の葦』

のグループのようにめざましいカトリック文学運動は起らなかったが，注目すべき新しい作家や詩人はやはり生れつつある．まず，ガブリエル・マルセルの戯曲が彼のキリスト教的実存主義とともに再検討されはじめた．エマニュエル・ムニエの『エスプリ Esprit』誌はサルトルの『現代 Les Temps modernes』誌とならんで大きな影響を若い世代に与えはじめたが，この雑誌への寄稿者であるピエール・エマニュエル Pierre Emmanuel やジャン・ケイロル Jean Cayrol の詩や小説にみられる特徴は，たしかに今後の新しいカトリック文学の方向をしめすものであろう．そこには，かつてのカトリック作家のように個人の人間の心理内部にメスを入れるだけでは

なく，人間の外部的な世界，人類，宇宙，歴史や社会に宗教者としての目をそそいでいるのである．革命と神祕主義のひそかな融合をめざすものがある．ラ・トゥール・デュ・パン La Tour du Pin やアラン・ボルヌ Alain Borne，リュック・エスタンらの新しいカトリック詩人にも，この傾向ははっきりうかがえるのである．

*

佐藤朔『戦後のフランス文学』のうち《新カトリック文学》および《カトリック文学の位置》，世界社刊．
遠藤周作『カトリック作家の問題』，早川書房刊．

1954 年度の主な文学賞受賞作品

* Grand prix littéraire de la Ville de Paris
    Paul Fort: Ballades françaises. (1953 年度の作品であるが，授賞は 1954 年 1 月)
* Prix littéraire du Prince de Monaco
    Jules Roy: 全作品に対して．
* Prix Sainte-Beuve
    roman Jean Claude Brisville: D'un amour.
    essai Anna Lorme: A peine sont-ils planté...
* Grand prix de la littérature de l'Académie Française
    Jean Guitton: 全作品に対して．
* Prix du roman de l'Académie Française
    Pierre Moinot: La Chasse Royale.
    Paul Mousset: Neige sur un amour nippon. (*Grasset*)
    (同点のため双方に授賞)
* Prix du Quai des Orfèvres
    Alain Serdac et Jean Maurinay: Sans effusion de sang.
* Prix Fémina
    Gabriel Veraldi: La machine humaine.
* Prix Goncourt
    Simone de Beauvoir: Les mandarins. (*Gallimard*)
* Prix Théophraste-Renaudot
    Jean Reverzy: Le passage.
* Prix de la Critique
    John Brown: Panorama de la littérature contemporaine aux Etats-Unis. (*Gallimard*)
* Prix Interallié
    Maurice Boissais: Le goût du péché. (*Julliard*)

1954年8月号

LA SEMEUSE

歴代編集者による回想の30年

★ 当時の駐日フランス大使 Paul Claudel 氏の祝福をうけて，本誌の前身『ラ・スムーズ』(La Semeuse) が誕生したのは 1925 年（大正十四年）一月でした．

★ 第三号の表紙に

Il ne faut pas laisser de semer par crainte des pigeons

というエピグラムが見られますが，ここに《種蒔く女性》の心がまえがうかがえるでしょう．

★ 1928 年（昭和三年）十月，『ふらんす』と改題．この表題を用いたフランス語学雑誌は，やはり白水社から『ラ・スムーズ』以前に三号だけ発行されて廃刊になったことがあります．

★ 第二次世界大戦とその直後の出版事情によって本誌は発行不順に追い込まれましたが，1946 年（昭和二十一年）五月号を《復刊号》と銘うち，以後ふたたび着実な足どりで刊行をつづけています．

★ 1955 年（昭和三十年）一月，この号は創刊以来三十年目の最初の号にあたりますので，各時代の編集者におねがいして，想い出を綴っていただくことにしました．ただその間に物故せられた杉田義雄，田島清，髙木直明の三氏については，それらのかたがたに親しかった人にそれぞれおもかげを描いていただきました．

★ カットは変遷した題字です．

1925・1〜

杉田義雄氏時代

すでに故人であらせられる杉田先生は，私が一高の生徒だった時分，親切にフランス語を教えて下さったおかたである．書くことをやらないと，ほんとうには読めませんよ，とおっしゃるのをウ呑みにして，一週に一度くらい，蘆花の『自然と人生』なんかをフランス語に転じて，先生に朱正を乞うたものだった．明治四十年のことである．

時移って大正の末年，白水社がフランス語の雑誌をはじめることになったとき，私は当時まだ存命中だった社主・福岡易之助君——私にとっては，一高から東大にかけての級友である——の旨をうけ，杉田先生を旗がしらにして編集の衝に当ることになった．相棒はその時分『東京朝日』の幹部の一人で，フランス語に堪能だった町田梓楼君．神保町の角近くに小さく店を構えていた白水社の二階で，何かと編集の打ち合せをしていたが，旧師と席を同じうして何がな蒙をひらいていただけたことが，何よりうれしかった．

雑誌の名づけ親は杉田先生，《La Semeuse》というのだったが，これが今日の『ふらんす』の前身である．『ふらんす』にはすでに歴史の色が深くしみ込んでいても，私にとっては，やはりあの名の方が美しい．

Articles de fond を書くのが，杉田先生の役目だった．「さて何を書きましょうかね，何かおもしろい matière をいただかして下さい」と先生がおっしゃる．そこでこちらはこんなことをお書きになったら，と申しあげる．すると先生は，私の吐きだす日本語に耳を傾けながら，すぐそれをフランス語にしてお書き上げになる．さあこれでどうでしょうとお示しになる原稿を拝見すると，りっぱにまとまったものになっている．それほど先生の腕は見あげたものだった．

それにつけても，先生がパリ滞在中 pension にしておられた家のマダムが，Il sait tout と私に向ってしみじみいったことを思い出す．能力からいっても人がらからいっても，まったくりっぱな先生だった．

内 藤 濯

*

1926・11〜

田島清氏時代

田島先生は『ラ・スムーズ』には創刊以来関係しておられたが，杉田先生から主幹のバトンを渡されると，独自の構想のもとに語学誌としての内容をより充実させるため，誌名を現在の『ふらんす』と改められた．それは昭和三年十月のことであった．先生は陸軍士官学校その他で教鞭をとっておられたが，だからといって雑誌編集を片手間の仕事とされることはなかった．実に几帳面なご性格で，原稿を印刷に廻すときも，一字の訂正もないまでに浄書されてから渡されたほどである．校正も，したがってきわめておやかましい——当時の印刷所・三秀舎の内校係（印刷所側の校正係）はおかげでフランス語の綴字法を会得した，というエピソードが残っている．

フランス語普及についての先生のご熱心さには誰もが頭が下った．『ふらんす』発行のためにフランス政府から subvention をしてもらうことになったのも，先生が誠意をこめてフランス大使を説かれた成果である．年金一万フラン，そのころ為替レートは一フラン八銭くらいであったから，総額千円ほどではあったが，雑誌経営の赤字はなんとかカバーできて，発行継続に大きな援助となった．戦争がはじまりかけて両国の交通がとだえるとともにその補助も打ち切られたままになっているが，当時よく大使館へ行かれるためにモーニングに威儀を正された先生のお姿は，今もおなつかしくしのばれることである．

寺 村 五 一

*

1929・1〜

『ふらんす』の前身『ラ・スムーズ』の時代から編集に参画しておられた田島清氏にバトンを渡されたのが昭和四年であった．その前に三四年田島氏のアシスタントとして一通りの仕事を教わっていたし，編集方針もそのまま踏襲すればよかったので苦労はなかった．ところが，しばらくやっているうちにマンネリズムに陥って，なんとかそれを脱けきらねば読者も退屈しはじめていることが感じられてきたし，編集している方でもやりきれなくなった．二三ヵ月もがいたあげく思いきって編集方針を一変することにした．さて，その構想で転換しようとすると，今度は私の意図するような原稿がなかなか集まらない．片手間仕事だったので，執筆者の訪問にそうそう時間をかけられなかったので，むりと知りつつ通信による連絡をやっていた．結果はやはりいけなかった．構想は一新したが，そのことが雑誌のうえにいっこうに現われなかった．そこで自分ひとりで，ほとんど全部の原稿を書くことにした．このやりかたは一応成功した．読者の評判もよく，売れゆきも増した．しかしそういう変則的な雑誌編集が効果の点でも編集の事情からも，そうながつづきするはずはなかった．読者もまた倦き，私ももとのモクアミになった．私は新しい料理人に厨房を明け渡すことにした．

草 野 貞 之

*

LA SEMEUSE

ふらんす

1931・4〜

　渡辺一夫先生から草野貞之先生へのご紹介で『ラ・スムーズ』の校正の手伝いをはじめさせていただいたのは，昭和三年だった．東京高校の文丙の学生だった私は，おりおり青山の草野先生のお宅にうかがったりして，非常な興味で仕事に当り，かたわら白水社から出る教科書や参考書の校正などもした．もう亡くなられた陸士の田島清先生にも，ますます御健在の寺村さんにも，ずいぶんご厄介になった．

　『ラ・スムーズ』が『ふらんす』と改題し，やがて草野先生から編集の仕事を全面的にゆずられたが，それがいつのことだったか，よく覚えていない．とにかく，東大の法学部を卒業してから，なおかつ一年間だけ『ふらんす』の編集をつづけ，昭和九年の四月に，東高同窓で仏文出身の青柳政吉君にバトンを渡すまで，ずいぶん長い年月にわたって白水社のご厄介になった．

　『ふらんす』誌をよくするため，一所懸命に頑張ったが，私にとってはまるで勉強させてもらったようなものだ．白水社への感謝の念と青春の日への甘い追憶とが，あの頃を思うと，よみがえってくる．

　お茶の水駅から駿河台の坂を下ってきて，主婦の友社からもう少しゆくと，明治大学と向いあいに，白水社の社屋があった．狭くて夏はものすごく暑い二階の編集室で，神田の街の灯を眺めながら，三秀舎からくる校正刷りを赤インクで染めたり，原稿の整理をしたりしたものだ．

　日本も，まだ日華事変を起さず，平和な日日がつづいて，物価も安かったし，多少頽廃的な気分もみなぎっていて，私の青春もまた楽しかった．

　当時の『ふらんす』の記事は，今では記憶も薄いが，内藤濯先生が詩の註釈を書かれたり，大塚幸男先生が福岡から訳註ものを寄せられたり，そのほかに仏文の諸先生の名前は誌上を通じてたいてい親しかった．ときどきは，渡辺一夫先生にもあつかましくご寄稿をおねがいして，書いていただいた．

　…あれから二十年余の歳月が流れ去った．すっかりごぶさたはしていても，私はたえず白水社と『ふらんす』誌の隆盛を祈り，喜んでいる．

中 野 英 夫

＊

1934・4〜

　まだ二・二六事件の前のことですから，相当のんびりしていました．

　四十ページの誌代五十銭に対して，組み賃（活字を組んで版を作る代金）のページ当りが二十四銭でしたから，組み代に金をかけていた方でしょう．（日仏会館の会報の組み代は当時一ページ十六銭五厘でした．）原稿料は，どんなお偉い先生にも一枚五十銭だったと記憶します．

　いま考えるとひや汗ものですが，当時僕は毎号，匿名で六七篇の原稿を書いていました．これにたいして若干の社内稿料が出ました．口の悪い僕は，これを《スズメの涙》といっていましたが，これで大好きなアユ釣りが楽しめたのですから，個人としては申し分ありません．

　土曜日の夕方，販売部にいた浦城さん（現さえら書房社長）といっしょに，ごそごそと釣竿をかついで，鳥沢や上野原辺の渓谷にもぐりこめたのも，この《スズメの涙》さんのおかげでした．

　まったくのんびりした，いい時代でした．

青 柳 政 吉

＊

1937・1〜

　初級と中級，文学と語学，文芸と科学，高踏と通俗，何もかも一冊三十三ページに盛りこみ，その上フランスの最新ニュースも入れようという元来むりなことを，何とかつじつまを合せていたというのが正直なところである．それにつけても，敗戦後，とくにここ二年ほどの編集者諸氏の手ぎわのよさには敬服している．

　私のころも諸先生はよく協力して下さった．河盛好蔵先生の「フランス歳時記」は毎月たのしみだったし，毎年新年号は辰野御大以下の大御所連が随筆を下さった．「名著名訳抄」では，対訳で出すならば，訳に筆を入れられた先生もあった．

　Duden français から毎月一ページをとったり，巻末 《Cosmorama》 にはなるべく多種多様のニューズを入れるのに苦心した．若干の時局色を帯びさせるために，教育勅語の仏訳を巻頭にのせたのは 1939 年だったろうか．

　いまは亡き高木直明氏にバトンを渡した後も，ときどき編集のお手伝いをし，いまもひとごとでなく，毎号に目を通すのである．

木 内 利 三 郎

*

1940・4〜

　高木直明氏時代

　頬がこけて目の大きい高木さんは，生徒たちからガスマスクと綽名されていたが，彼はそのガスマスクに古びた黒い中折帽をのっけ，焼かれる前の樹木の多い大久保のほとりを歩いていた．高木さんがあんなにやせていたのは，もちろん生来の体質にもよろうが，ひとつはフランス語に精魂を吸いとられたためではなかろうかと思ったりした．地味でこつこつ探究するといった型で，はなばなしいフランス文学の世界よりもフランス語そのものの方に心を惹かれ，それもあくまで教育者の立場で開拓して行こうという祈願を抱いていたふしがうかがわれた．

　三高時代のノートも大切に保存していて教材に使った．単語ひとつ教えるにしても，いきなり邦訳を示さず，やさしいフランス語でいいかえるやりかたを試みていた．また méthode directe を徹底させて，器械仕掛のおもちゃの犬などを教室にもって行ったこともあった．

　その高木さんが本務のかたわら『ふらんす』の編集に当り，その長い歴史の一環をなしているわけだが，誰かの原稿について不審な点でもあると，そのままほうっておけない気質で，辞書や参考書を引き出して調べていた姿が目に浮ぶ．「間違いを直してやったんやから，文句をいうて来てもわしゃしらんぞ」といってガスマスクをほころばせた．京都なまりのついに抜けなかった高木さんだったが，フランス語の発音についてはなかなかやかましかった．責任感が強く気骨を備えた人だった．

　今も『ふらんす』のどこかにガスマスク精神が受けつがれ生かされていはしないかと，行間からそれを読みとろうとしている自分に気づくこともある．「高木さん，今はフランスの本がいくらでも注文できますよ」と呼びかけたくなる．「金の方がね…」といって淋しく笑うだろうか．

中 原 俊 夫

*

ふらんす

ふらんす

1946・5～

　敗戦の翌年の春五月，白地に濃紺の文字とデッサンをあしらった簡素にも美しい表紙につつまれて《La France》が再刊されたとき，それは焼野の灰からよみがえる phénix の姿さながらに僕らの目に映った．

　《La France》の名で僕が象徴させたいとねがったものは，復刊第一号の「あとがき」に記した次の言葉の一節からもうかがえるかと思う．

　——ヨーロッパ若くは世界史において占めるフランスの地位が啻に文化の領野で古典的であるに留まらず，現在および将来の政治・経済・社会の動きに直ちに結びついた知性の運命に関わる生きた問題である点に鑑み，actuel な情勢にも強い関心を抱かざるを得ない——

　一年あまりで，僕は編集部を去った．僕らの雑誌は，その後，日を追うて盛りあがる franco-philie または franco-manie の潮流に支えられて，読者を倍加し，métamorphose を重ねながら，今日ますますその瀟洒な姿を示している．めでたい．

　　　　　　　　　　　三　宅　徳　嘉

*

1947・8～

　おそらく『ふらんす』の歴代の編集者が一番苦労した点は，五十有余のページと一冊一種という枠の中で，いかにして複雑多様な読者の要望を平等に満たすか，のむつかしさにあったと思うが，今その話はさておき，創刊以来三十年，終始一貫，時世におもねらず今の『ふらんす』を育てあげてきた出版社および執筆者諸先生の誠意と愛情に，まず敬意を表したい．今から十五六年前，とうとうたるドイツ語熱にいくたのドイツ語誌がその時流に棹さしていたが，戦後，時世不利とみるや一つとしてこれを守る出版社はなく，廃刊か転売に憂身をやつしていたことを思えば，研究社の英語雑誌はともかく，白水社の『ふらんす』が戦中戦前を通じわずか二三千名の読者のために二十何年もサービスしてきた努力はなみたいていのものではない．さいわい戦後は倍加する読者にめぐまれているが，今後いつまでもこの三十年の伝統と意志の下に新しい内容を盛りつつ，発展することを願ってやまない．

　　　　　　　　　　　加　藤　悖四郎

*

1954・5～

　「ドレメの生徒に読ませるつもりかい？」ぼくの編集した最初の号が出たとき，ある人がぼくをからかった．ぼくは腹を立てなかった．フランス語を研究の対象としている人は別として，言葉はやはり使用すべき道具だから，できるだけ多くの人に親しめる形でフランス語を提供するのも雑誌の一つのありかただ，と考えたのだ．だがそうすると，今までのようなフランス語学・文学の先生がた以外にも執筆者を求める必要が起ってきた．一枚千円以下の原稿を書いたことがないという有名人にも，その x 分の1の稿料で執筆を依頼しなくてはならない．たいていの人は快くひきうけて下さるが，こちらは一種の押売り的ウシロメタサを感じる．そういうとき，《温室的編集からの脱却》と自分を励ますことにした．そしてぼくは，いつかドレメのお嬢さんたちが (péjoratif な意味ではない) こぞって『ふらんす』を愛読する日が来ると，まじめに考えている．

　　　　　　　　　　　　　　　　　Es

1955年1月号

美しい
　　音の
　　　　流れ

―― 発音練習の盲点 ――

ふらんす文法
裏窓から

川本 茂雄

　フランス語といえば，誰しも美しいことばと思っている．フランス語を学んだ経験のある人でも，ない人でも，フランス語は美しいことばだと思っている．また，美しいことばといったらどこの国語だろうかという問いが発せられると，列挙されることばのなかには，フランス語がまずはじめに名ざされるもののうちに入るのが常である．

　美しいことばとひと口にいっても，少し考えてみると何が美しいのか，どこが美しいのかという疑問が起る．だが，フランス語のどこがどんなふうに美しいのかという問題を，全面的にはここにとりあげない．ただ，一般にフランス語が美しいと称されるときには，多くの人々はそれが耳に快くひびくということを意味しているようだといって，大して誤っていないだろう．そして，そのような印象が広く人々にもたれていることは，決して理由のないことではない．

　外国映画に親しむ人々は，多くのアメリカ映画を，またいくつかのイギリス映画を見て，英語の音調にはかなり親しんでおられるに相違ない．ところで，そういうかたがたがフランス映画に接しられるときには，フランス語の意味がわかろうとわかるまいと，ことばのひびきがはなはだしく違うのをくり返し経験されたに相違ない．アメリカの英語とイギリスの英語とのあいだにも，すでにひびきの印象にはかなりの差が感じられるが，英語のトーキーからフランスの発声映画に移ると，ことばの音感に関するかぎり，どんな素人にも聞きのがしえない大きな差異がある．

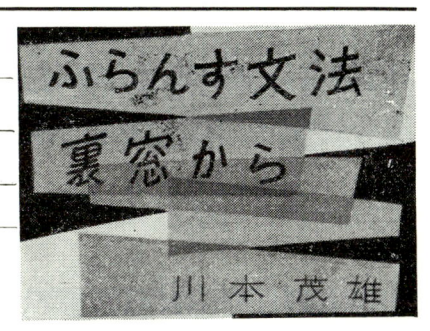

　その差異がどんなものであるか，これはちょっとことばで示しがたい．だが，わたくし自身には，かつてフランス語の音は靴でバナナの皮の上を歩いているような，いわば《すべっこい》という印象を強くもっていたことがある．それはもう二十年前のことで，ちょうどわたくしがフランス語の alphabet を学びはじめたころのことであった．私事に触れて申訳けないが，わたくしは（旧制）中学の終りごろいろいろなアメリカ人と接触する機会をもち，英語をしゃべったり，耳で聞くことが好きだった．当然，映画を見るときにも，台詞の大半は結局のところきき取れないのだが，ことばの音に無関心ではいられなかった．そして，何となく単調で不自然な日本語の台詞によりも，起伏に豊んで力強い英語の台詞に魅力を感じていた．だから，アメリカ映画はしばしば見て，楽しんでいた．中学を終って上級学校に進み，第二外国語としてフランス語をはじめたころ，その当時非常に評判になった『巴里の屋根の下 Sous les toits de Paris』という映画が上映された．学校の《フランス語部》という学生の団体がその入場券を割引で世話してくれて，わたくしもそれを見物に行った．（どうも，これがわたくしの見た最初のフランス語の発声映画

であるような気がする．それ以前にもフランス映画はいくつも見ているのだが，音の記憶がまったくないのである．）この映画一本見ているあいだにわたくしにわかったのは《Oui》と《Non》だけだった．わたくしのフランス語はてんでまだ駄目だった．だが，その「バナナの皮の上を靴で歩く」感覚は充分に味わった．あの映画の主題歌の旋律と，フランス語の滑るような音の流れが，二昔たった今でも忘れられないでいる．今日ではなまじっか意味をきき取るようになったので，フランス語の音感のよさの方がいささかおろそかにされている形で，音の流れのなめらかさを思うときには，いつもこの昔の記憶がよみがえってくる．

もっとも，当時は初歩者であったわたくしは，学校ではフランス語の音の快さなどを味わうどころではなく，むしろ発音に悩まされていたのだった．どうもフランス語という代物は，liaison と称して語と語とをむやみにつづけて読むので，むしろ厄介なことばだと思っていた．それでも読むときにはまだ文字が目の前にあるからいいようなもので，いったいこれで会話などできるものかと，心のなかではさびしい気持になっていた．楽しく話すことのできない外国語など，冬の荒野を眺めるような気もちが当時のわたくしにはしていたのだった．そこで，文法や訳読なんかやっていては駄目だとわたくしは決断してしまった．いな，文法や解釈は参考書によってもできる．教室で教わるべきものは耳と口とによることばだと思った．それで，アテネ・フランセに入学して，直接法によって訳読抜きで耳からフランス語を学びはじめた．それがたいへんよかった．今でもわたくしはあえて自分の発音を自慢にすることもできず，フランス語を聞く耳がよいと豪語することはしたくてもできたがらではないが，「バナナの皮の上を靴で歩く」印象が，しだいに熟練のスケーターが氷の上に美しい図形を描いて滑ってゆくなめらかさを思うように変って来たことだけは，正真正銘の話である．自分自身がそういうスケーターにはなりえなかったが，その運動のフォームの美しさに堪能できるぐらいにはなった．

フランス語にズブの素人が接して感ずるフランス語の音の美しさとは，このような音の流れの美しさであろう．つまり，フランス語の音の一つ一つの美しさではなくて，まずいくつもの音がつらなって描く線の美しさであろう．自分のよしない経験談をながながと書いたりしてこんなことを申しあげるのは，フランス語をはじめて学ばれるかたがたが，これはどの外国語の入門期においても同じことだが，一つ一つの音の発音に，または一語一語の発音に気をとられて，音の連続・語の連鎖が描き出す線，流れの姿をとらえそこないがちだからである．これからフランス語を学ばれるかたがた，どうもフランス語にまだ親しみきれないかたがたには，こういう意味で，先生の発音をようやく真似するというほどのところに立ち止らないで，いわば《声帯模写》というところまで進んで，声の上げ下げ，息のつぎかた，それにともなう音のつよめ，発音のスピードなど，ことごとく真似て再製するようにおすすめしたいものである．

以上にまったく大まかにフランス語の音の流れについてお話を申上げたのであるが，実はこの点について注意することは，音声学上の種々な問題の核心に触れる出発点なのである．例えば，フランス語の [ə] という音は，大げさにいえば神出鬼没なのである．実際にフランス人が話しているときには，この音は辞典の発音表記に示されているとおりには発

音されていないのである．どういう場合には現われ，どういう場合には発音されないかということは，音声学の本にもおよそ説明されているが，それらの説明や規則を覚えてそう発音しようとしても，たいていは成功しないのが実情である．むしろ，すぐれた教師の発音を《声帯模写》的にまず学ぶことによって，知らず知らずに [ə] を発音したりしなかったりする習慣をある程度までやしない，その後で [ə] についての音声学的説明を勉強し，今まで無意識的にしていたことを意識化し，さらに磨きをかけるに越したことはない．（そういう意味で，発音記号で記された **lectures phonétiques** は，学習のある段階では効果的である．）次に，アクセントに関しても，フランス語では各語の最終音節にアクセントがあるということには誤りがないけれども，実際に文のなかにおいては単語は自分のアクセントを失なってしまうことが多い．それがどういうように行われるかも，初歩のうちは理屈で覚えようとするより，まず忠実な imitation でゆく方がよい．

フランス語の音の流れが滑らかで美しいのは，フランス語の誕生当初からの特徴ではなかったようである．中世のむしろ後半ともいうべきころ（フランス語の歴史からいうと，古代フランス語の時代が終って，中代フランス語の時代）から，そうした資質が現われてきたようである．そうころから liaison が広く行われはじめ，一語一語を切り離して発音するよりも，むしろ数語を一群として発音し，その群を単位としてアクセントの強めがおかれるという傾向が現われたようである．それはフランス人の精神史からいうと，激情的な姿からむしろ理知的な状態に移り変る時期であって，その傾向は近代に入ってさらに拡大されたのであった．フランス語の音の流れにまず敏感になることは，だから単に外国語習得の技術上からすすめられて然るべきことであるばかりでなく，フランス人が長い歴史を通じて育ててきた精神にも触れることになる．

ただし，音の流れの全体的姿に読者諸氏の注意をわたくしがとくに喚起したからといって，フランス語では個々の音がないがしろに発音されているという意味ではない．事実はまさに反対である！　フランス語の音が美しく聞こえる大きな原因の一つは，フランス人の発音が実に歯切れのよいもので，個々の音が明瞭に発音されることにある．フランス人は，しばしば指摘されるように，発音にさいして音声器官の筋肉をきわめて強く緊張させる．したがって，発せられる一つ一つの音は非常に明確な輪郭をもっている．例えば，フランス語に真の意味で二重母音がないのは，音の一つ一つが発出の途中で崩れないからである．英米人はフランス語を話すときに，よく [e] と発音すべきところを [ei] のごとく二重母音化してしまう．この一事象だけからみても，英語におけるよりフランス語において音声器官の構えかた，発音のしかたがしっかりしていることがうかがえよう．

しかし，読者諸氏はそのような一つ一つの音の発音については，入門のおりによく先生から注意を受けることであろうから，ここではむしろフランス語の発音の盲点となりやすい音の流れについて注意を喚起した．個々の音の確実明確な発音，そして，それがめだたずに美しい連続，なめらかな流れに溶けこむこと——その辺にフランス語の美しさの祕密の一つが潜んでいるようである．

筆者は早稲田大学教授

1955年4月号

映画シナリオ

『ルイ・ブラス』 1947年
原題：Ruy Blas
監督：ピエール・ビヨン
出演：ダニエル・ダリュー，ジャン・マレー

Ruy Blas : Ma vie est aux pieds de la Reine.
ルイ・ブラス：私の命は女王さまの脚下にございます．

(1949年3月号)

『わが父わが子』 1940年
原題：Un tel père et fils
監督：ジュリアン・デュヴィヴィエ
出演：ルイ・ジューヴェ，レイミュ

Estelle : Tous les ans je reçois des nouvelles des blessés que j'ai soignés.
エステル：毎年，今日は昔看護した負傷兵から手紙が来るの．

(1950年5月号)

『巴里の空の下セーヌは流れる』 1951年
原題：Sous le ciel de Paris coule la Seine
監督：ジュリアン・デュヴィヴィエ
出演：ブリジット・オベール，ジャン・ブロシャール

Denise : Hé, oui, il y a de singuliers passants à Paris.
ドゥニーズ：ほんとだ，パリには變てこな通行人たちがいる．

(1952年1月号)

『嘆きのテレーズ』 1953年
原題：Thérèse Raquin
監督：マルセル・カルネ
出演：シモーヌ・シニョレ，ラフ・ヴァローネ

Laurent : Mais elle ne t'aime plus !
ローラン：だが，テレーズはもう君を愛してやせん！

(1954年3月号)

『天井桟敷の人々』 1945 年
原題：Les enfants du paradis
監督：マルセル・カルネ
出演：アルレッティ，ジャン＝ルイ・バロー

Baptiste : Et je vous aime encore... je n'ai jamais cessé.

バティスト：今でも愛しています...片時だつて愛していな
かつた時はなかつたんですよ．

(1952 年 3 月号)

『赤と黒』 1954 年
原題：Le rouge et le noir
監督：クロード・オータン＝ララ
出演：ジェラール・フィリップ，ダニエル・ダリュー

Julien : Parce que je t'ai déshonorée ?

ジュリアン：ぼくがきみを自分のものにしたからかい？

(1955 年 1 月号)

『悪魔のような女』 1954 年
原題：Les diaboliques
監督：アンリ＝ジョルジュ・クルーゾ
出演：シモーヌ・シニョレ，ヴェラ・クルーゾ

Nicole : Le corps doit être tout à fait au fond.

ニコル：死体はずっと底のほうに沈んでいるにちがいないわ．

(1955 年 9 月号)

『フレンチ・カンカン』 1954 年
原題：French Cancan
監督：ジャン・ルノワール
出演：ジャン・ギャバン，フランソワーズ・アルヌール

Danglar : Est-ce que ça vous plairait d'être danseuse ?

ダングラール：踊子になりたくありませんか？

(1955 年 10 月号)

候補者として推薦されており，政府からの正式決定を待っている．この通知は文部省をへて七月はじめにある予定である．

今期の留学生は，期間八ヵ月（本年十一月から明年六月まで），その間，授業料は別にして月額三万フランが支給される．

★ フランス文学会

《日本フランス文学会》の昭和三十年度春季総会と研究発表会は，東京大学主催でおこなわれる．その日程は

六月四日(土)　駒場の教養学部で研究発表会

同日夕方，本郷の学士会館で懇親会

六月五日（日）午前，学士会館で分科会の研究発表と討論

同日午後二時から本郷の東大二十五番教室で公開講演会

公開講演の内容は――

司会：渡辺一夫氏

1. 挨拶　辰野隆氏
2. 『フランス芝居見たまま』梅原成四氏
3. 『現代フランス文学の一課題』加藤周一氏
4. 『ヨーロッパの旅』大岡昇平氏
5. 『フランソワ・モーリヤックのこと』杉捷夫氏
6. 『クラシックの概念』ルイ・ルヌー氏(フランス語)，前田陽一氏(通訳)

---原書リスト

COLETTE （その 1）

	fr.
Œuvres complètes, *15 vol.* (Ed. Le Fleuron)	48000
Bella Vista, *256 p.* (Ferenczi)	350
Belles Saisons, *Ill. de 7 dessins de P. Bonnard* (Mermod)	800
Le Blé en Herbe, *250 p.* (Flammarion)	400
Ces Plaisirs, *252 p.* (Ferenczi)	350
Chats, *208 p.* (Michel)	374
La Chatte, *208 p.* (Grasset)	360
Chéri, *224 p.* (Fayard)	475
Claudine à l'Ecole, *320 p.* (Michel)	288
Claudine à Paris, *256 p.* (Michel)	259
Claudine en Ménage, *224 p.* (Mercure)	300
Claudine s'en va, *192 p.* (Michel)	216
Duo, *230 p.* (Ferenczi)	350
En Pays connu, *240 p.* (Ferencizi)	350
L'Envers du Music-Hall, *249 p.* (Flammarion)	400
L'Etoile Vesper, *224 p.* (Milieu du Monde)	375
Le Fanal bleu, *244 p.* (Ferenczi)	350
La Femme cachée, *250 p.* (Flammarion)	400
La Fin de Chéri, *282 p.* (Flammarion)	400
Gigi, *256 p.* (Ferenczi)	350
L'Ingénue libertine, (Grasset)	150
Julie de Carneilhan, *194 p.* (Fayard)	225
La Maison de Claudine, *220 p.* (Ferenczi)	350
Mes Apprentissages, *224 p.* (Ferenczi)	350

ご注文については 50 ページをごらんください．(白水社フランス図書係)

ふらんす

1955 年 6 月号

定価　¥80　(送料¥4)

豫約(送料共)：6ヵ年¥480；1ヵ年¥960．

昭和30年5月25日印刷　6月1日發行

編集者　草野　貞之　　發行者　寺村　五一

印刷者　東京都千代田区神田小川町1丁目11番地　岩本　明義

發行所　東京都千代田区神田駿河台3丁目1番地
電話　(29) 3252～4　振替 東京33228　白水社

愛光堂印刷製本株式會社

III
1956–1965

　50年代半ば，中上級者向け語学記事を中心としたそれまでの編集から，対象をむしろ初級者とする方針に転換し，目次・口絵にアート紙を用いるなど，現在の『ふらんす』につながる体裁が整う．不定期だった映画シナリオは毎号の掲載になり，1954年開始当初は短信だったニュース欄 actualités も，力のこもった論説へと内容を変える．連載タイトルには「逆流反転うずまき式仏作文」などがあり，家庭電化時代を反映して面白い．

【1956年2月号 80円　　1965年12月号 180円】

フランス語学文庫　日本フランス語学会編集

クセジュ判クロス装　　200～250頁・全十二巻別巻一巻

フランス語の初歩文法の大要を習得し，その研究にも一歩を進めようとする人人のために，全国のフランス語学会の先生方が協力して編集された画期的なフランス文法の研究書です．フランス語をものにしようと決心している方々には是非，常時，机辺に備えて活用してもらいたいシリーズです．

2　語と意味　岸本通夫・堀井令以知編
第一部総説，第二部意味の変化，第三部合成語と派生語，第四部熟語，第五部熟語，第六部語彙・童児語の全六部からなる．語と意味の構造を精密に分析する．　¥ 250

4　文の構造　川本茂雄編
序説，文の主要構成要素，主語と限定辞，文の種類の四部．まず文とは何かの概念を与え，文の要素を分析し，あらゆる文にわたってその構造を明かにする．　¥ 300

6　名詞・代名詞　山崎知二・有永弘人編
名詞はその定義と本質と機能を明かにし，意味と語形からの分類，性，他品詞の転用，名詞の一致を説く．代名詞は人称，所有，指示，関係，疑問，不定の各代名詞を解説．　¥ 300

1　発音と綴字　山田九朗編
3　語　　形　三宅徳嘉編
5　一致と語順　田辺貞之助編
7　冠詞・形容詞・副詞　筧部得三郎編

8　動　　詞（1）　朝倉季雄編
動詞の概念から解説，種類を語り，直接法，命令法，条件法，接続法に及び，従属節における叙法の用法，時称の照応までを語っている．　¥ 300

9　動　　詞（2）　畠中敏郎・大坪一編
動詞（1）に続いて，不定形と分詞形を解説する．前者では概説と機能から具体的分析に及び，後者では分詞形の性質と種類から各分詞形について詳説する．　¥ 250

11　作　　文　松原秀治・丸山熊雄編
単文及び複文の基本文型を豊富な文例を示して詳説し，作文の上で必須の文の構造の知識を解説し，文体論にも及び，最後に翻訳の実例を示す．　¥ 250

10　前置詞・接続詞　林和夫編
12　解　釈　法　伊吹武彦編
別巻　総　索　引

中上級者向けの画期的なコレクション「フランス語学文庫」は，熱心な学習者に迎えられたが，12巻のうち数巻は発行されなかった．（1957年5月掲載）

ふらんすと私

鹿島 茂

「仏文系物書き」としての出発点

『ふらんす』のことが意識に入ってきたのは，1970年に本郷の仏文科に進学し，研究室に顔を出すようになってからのことだろう．各種辞典が備え付けてある控室の片隅に『ふらんす』があったので，パラパラとめくっているうちに松原秀一先生のコラムに惹きつけられた．後に『ことばの背景　単語から見たフランス文化史』（白水社）としてまとめられる連載で，一読，「碩学」とはこうした学者のことをいうのかと痛く感じいった．キャベツとかクギとかの取るに足らない単語の背景にひろがる生活感情や情感まで理解しなければ，本当の文化はわからないという「思想」をこの連載から把んだように思う．

『ふらんす』の連載といえば忘れてならないのが，大学院の時代に熟読した大賀正喜先生の「テームの教室」．文法を暗記しただけでは，フランス語が書けるようになるわけではない．言語学習とはすべての意味において「規範」を覚えることであり，規範の拘束力を知らない限り，応用もままならないということがようやくにして理解できたのである．

このように，『ふらんす』とは「読むための雑誌」とばかり思っていたのだが，そのうちに，私のようなものにも書く順番が回ってきた．1986年に始まった連載「19世紀のフィジオロジー《我らが主人公》たちのパリ」がそれである．これは「パリに関する一冊まるごと注」のような本を書くという，私がかねて抱いていたコンセプトを実現したもので，後に加筆されて『馬車が買いたい！ 19世紀パリ・イマジネール』というタイトルで白水社から刊行された．翌年，サントリー学芸賞を受賞して，結局，私が物書きとしてやっていく出発点となった．商業雑誌に書いたことのなかった身にとって，いわば，初登板，初先発，初完投のようなもので，かなりのプレッシャーを感じたことを記憶している．

この連載は，パリ滞在時に集めた19世紀の風俗資料をバルザックやフロベールの小説の「主人公」の視点から読み返したものだが，同じ資料を「脇役」の職業人から見たのが，2度目の連載となった「パリジャンの自画像」．幸いなことに，『職業別パリ風俗』として出版されると，今度は読売文学賞を受賞した．『ふらんす』に連載して白水社から本にすると文学賞が貰えるというありがたいジンクスが生まれたようである．

というわけでもないが，2年ほど前から「パリ風俗事典」を連載している．これは完結が5年先になるか10年先になるかわからない前代未聞の企画で，おそらく完成時には，世界でも初めての事典になる予定である．中世から現代に至るまでのパリに存在したカフェ，キャバレー，ダンスホール，劇場などの目ぼしいものを網羅し，これに当たればたちどころに疑問が氷解するような便利な事典にしたいと考えている．文字通りの「パリに関する一冊まるごと注の本」である．

『ふらんす』は私のような仏文系の物書きに，書きたいものを思いどおりに書かせてくれる，まことにありがたいメディアである．もし『ふらんす』がなかったら，たぶん，私は物書きになっていなかっただろう．『ふらんす』の永遠の発展を願いたい．

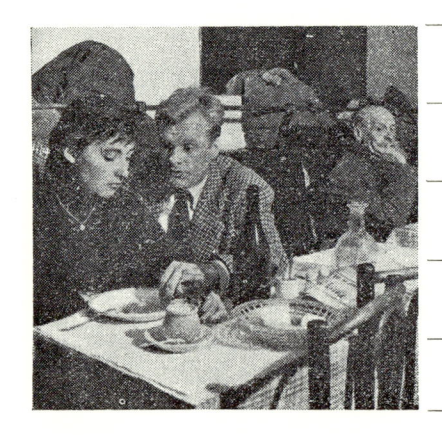

フランス通信

学 生 食 堂

文・T. N. F. Y.

え・堂本 尚郎

3月30日

　H君，きょうは Vendredi Saint，キリスト受難の日です．1週間ほど前から，陽気はすっかり春めいて，この前お便りした頃のあの寒さはまるで嘘のようです．僕もさっそく重苦しいオーヴァーをぬいで身軽になりました．町には観光客や修学旅行の学生たちの姿がめっきり増えて，何かしらお祭りめいた雰囲気をかもし出しています．きのう，Notre-Dame に近い小公園を散歩すると，れんぎょうに似た黄色い花の群がり咲いているのが目に止まりました．それがどんなに僕の心を動かしたか，おそらく君には想像もできないに違いない．長い病気のあとのあの恢復期の喜び，そういえば想像できるでしょうか？　それほど Paris の冬には陰鬱なところがあります．

　　　　＊　　　＊

　この前は Sorbonne の話がとんだ臭い所へ脱線してしまいましたが，といっても僕には香水など縁がないので，さし当りもっと現実的な学生食堂のことでもお伝えしましょうか．もっとも，フランスの香水といえば日本でもたいへん人気があることは知っていましたから，ここに着いた当座は僕も猟犬のように嗅覚をとがらせて，町を徘回したのです．

その結果は失望でした．Sorbonne には前にもお伝えしたとおりおおぜいの女子学生が勉強に来ているのですが，全然香りがしないのです．それではオフィス・ガールはどうか，と，その頃さいわいいろいろの手続きのためあちこちの役所や事務所を廻り歩かねばならなかったのを機会に，僕はなるべくモダンなお嬢さんのいる窓口に出頭することにきめました．こういう健気な探求の結果もやはり無駄でした．必死になって嗅覚を働かせたおかげで，わずらわしい手続きもわずらわしいと思う暇のないうちにすむ，という思わぬ余徳はありましたが．さらに僕は métro（地下鉄）の中や café や大道でも大いに注意してみましたが，やはり同じことでした．そこで僕は結論しました，どうやらここでは学生であれ勤労婦人であれ有閑婦人であれ，まっぴるま戸外あるいは不特定多数の人に接する場所において，他人にそれとわかるほど香水をつけることは皆無か，またはきわめてまれであるようだ，と．

　それにしても今これを書きながら，僕ははなはだだらしないことにザンキの念にたえません．東京にいる頃，僕は香水の妖しくも優雅な香りをあたり一面に発散して潤歩する，

女子学生や着飾ったご婦人にぶつかると, なんとなく, まったく不意に発情期の猫を連想してしまったり, もっと罪深いことを考えておなかの中でクツクツ笑ったりしたものです. というのはラブレーの物語に出て来るパニュルジュという稀代のいたずら者がありますが, この男があるとき突然パリのある貴族婦人に横恋慕してしまい, 単刀直入に話を切り出します. 驚いた貴婦人はもちろん即座にパニュルジュを追い払いますが, そのつれない態度に憤慨した彼は, 犬を興奮させる魔力のある粉を作りあげ, 翌日当の貴婦人を教会で待ち伏せして, 首尾よくこの粉を彼女の盛装に振りかけてしまいます. さあ大変！ 妖しい粉の香りに魅せられた犬どもは, むく犬も小犬も一斉に貴婦人めがけて突撃し, ぎょうてんした彼女の晴着をぼろぼろにしてしまうのですが, こうして彼女に群がった犬は総数60万14頭, その犬どもが興奮のあまり垂れ流した小便が集まって現にパリ市の南を流れる la Bièvre の川が出来てしまった, とラブレーはつけ加えています. ちゃんと『第二之書パンタグリュエル物語』の 21～22 章に出ているのです.

で僕は, 銀座だの新宿だので, 香水婦人にぶつかるとこのエピソードを思い出して, やれまあ, 犬どもが香水に興奮しはしまいか, そうなったらこのご婦人も気どってはいられないだろうな, と思ってクツクツ笑ったりしたのでした. まことにケシカランことです. H君, きょうは肉屋も店を閉めた断食の日ですが, 象徴的にしかキリストを理解できない僕は, せめてかつてのこのような心の動きを戒めることにしましょう.

*　　*

またも脱線してしまいました. Revenons (Retournons) à nos moutons! (この意味は『ふらんす』3月号4頁に出ていますから, 君もご存じでしょう.)

パリに着いた留学生たちにとって, 学生食堂の登録が何より緊急事でしょう. 右も左もわからないこの町で当り前のレストランに通っていたら, たちまち無一文になってしまうからです. 僕はさいわい1年前から留学しているS君の親切にすがって, なるべく安い restaurant を数カ所教えてもらい, 最初の数日はここを廻り歩いて食欲を満したわけですが, 朝食は抜きにしても最低1日500フランは必要でした. これが日本ならそば屋で一杯程度に当ります. Françoise Sagan の第2作《Un certain sourire》の中に, 女主人公 Dominique がソルボンヌわきの rue Cujas の restaurant でとる夕食費400フランをウィスキーを飲んで使ってしまい無一文になる, という所がありますが, これなどもきわめて質素な夕食費に当りましょう.

こんな事情ですから, すべての大学・高専生を対象とする Centre National des Œuvres Scolaires et Universitaires の活動は重要な意義を持っています. この機関は全国に支部を持ち, 住居・食事・社会保証・医療の各面で学生生活に援助を与えているわけですが, 日本から来た僕の目にはほぼ完全に近い組織のように思われ, 日本の現状をこれと比較してまったく情けない気持になってしまいました. きょうは restaurants universitaires のことだけお伝えしましょう.

いま書いたとおり, すべての学生はこの機関に登録しさえすれば restaurants univer-

sitaires で昼食・夕食をとることができます。
1食の値段は現在75フラン，食券制になっていて，1食につき政府の補金が64フランと定められています。
パリについていえば，20 あまりある restaurants universitaires は前記機関直営のものと，民間委託経営のもの，および学生団体経営のものを含みますが，値段の点は統一されています。貧困学生にはさらに安い値段で食事する方途も出来ています。

営利事業ではありませんから139フラン（食券代＋政府補助金）は原価で，だいたい市中の一般レストランの300〜400フランに相当の食事ができることになります。ただし自分でメニューを選ぶことはできません。おおぜいの学生相手の福祉事業ですから当然でしょう。食事の楽しみは自分で選んだものを食べることにある，と君は思うかもしれませんね。それを否定する気は僕にもありませんが，現に自分のポケットに100フランしかない場合を考えてみて下さい。町のレストランでは300フラン必要だとしたら，そしてもしこういう学生食堂がないとしたら，君には食べない自由があるだけです。

一般的なことはこれくらいにとめて，ちょっと僕自身の見聞をお話ししましょう。学生食堂の登録がすみ，宿から歩いて10分ほどの restaurant «Foyer Israélite» を利用することができるようになったのは11月も中旬のことでした。Luxembourg 公園の一角に沿うて，鉄柵越しに《メディシスの泉》が見える通り rue de Médicis にこの食堂はあります。Israélite という名が示すとおり経営はユダヤ系で，そのため一般の学生食堂と変った点もあるようです。例えば一般にはセルフ・サーヴィスなのに，ここだけは garçons がいること，あるいは一般に肉を避けて魚類や卵料理の出る金曜日にも，ここでは肉類をとくに豊富に出すことなどがあげられます。常連もユダヤ系の人々が多いのか，どことなく毛色の変った感じで，フランス語よりも英・独・西・伊その他まったく見当のつかない外国語の方が多く耳に入るくらいですし，学生以外に労働者や，時には20人ほどの小学生が一団となってやって来る日もあります。

都合よくゆけば明るいテラスに腰を下し，公園の裸かの樹々や行き交う couple たちをガラス戸越しに眺めながら食べることができますが，めったにそんな機会はありません。11時半から2時までの昼食と，6時半から8時までの夕食の時間，ほとんどいつ行っても舗道に数人は並んで待っています。雨の日や寒い日には相当の辛抱がいります。本を読むわけにもいかず，実験着に似た白い上っ張りの中年の整理係が1〜2人ずつ入れてくれるのを持つのですが，日本のおとなにくらべて（もっともこのごろ日本もいくらか変りましたが）はるかにものわかりのよいこのおじさんは，1つ席が空いたからといって男女1組で仲よく待っているものを1人だけ入れるようなヤボなことはせず，あっさりふたりいっしょに入れてやる，といった具合で，君子たる僕は大いに感心しました。

Pardon! Pardon! と狭い席のあいだをかきわけて，やっと坐ると，今度は簡単には動けません。パンと水はめいめいが取りに行くことになっていて，こんな場合比較的動きやすい位置の人がもっぱら引受ける習慣が出来

上っているのに気づきました．一方，給仕する garçons の苦労もなみたいていではありません．たえず入れ代る学生のあいだを縫ってよごれた皿やナイフを下げ，食券を集めて新しい couvert をくばり，汗だくで《Attention! attention! ça casse!》などと叫びながら奮闘するのです．調理の都合でしばらく待たせたりすると，そのあいだパンばかり食べながら待ちかねている学生どもは，garçon の登場とともに一斉に《Bravo!》を叫び，ナイフでお皿を叩いて大喜び，こっちが先きだ，いや向うだと騒ぎます．そんな時，彼らより若干年をとっているらしい僕はなにか青春の嵐に気圧されたように，食べたものが胃におさまらないで弱りました．年若い彼らの顔にはなんの暗い影もなく，今日の人生を楽しみ味わっているようでした．

しかしH君，過ぎ去った戦争の痕はここにあったのです．ある日僕は，入口の正面の壁にはめこまれたこの施設への寄金者の名前を眺めて，文字どおり冷水をぶっかけられた思いがしました．

  Monsieur X mort en déportation.
  Madame Y morte en déportation.
  ....
  ....

寄金者はひとり残らずナチスに抑留され，虐殺されていたのです．Pierre Gascar の小説『死者の時』の一節が，僕の記憶によみがえって来ました．ヴォリニヤの大平原に重い響きを立てて，長い輸送列車が決して帰ることのないユダヤ人をぎゅうぎゅうづめにして消えてゆく．貨物車のハッチにじゅずつなぎになった彼らの顔は恐怖にゆがみ，口いっぱいに声なき叫びをあげながら…

この時以来，壁にはめこまれたこの沈黙の証言は僕の頭を去らなくなりました．そうして，ときどき現われるユダヤ系の小学生の一団の大はしゃぎの情景を，複雑な微笑で見まもったり，《幸い生き残った》30歳前後の garçon たちの表情に何かを見出そうとしました．しかし彼らはただ夢中のように仕事に精出しているのでした．

そんなある時，またまた僕の隣りにフランス人らしい女学生が坐ったのですが，彼女は大変きれい好きでかつ几帳面らしく，食卓が汚いことなどをぶつぶつ文句をこぼしていましたが，やがてスープが運ばれると，ひと口すくって冷えていると不平をいいました．すると，給仕の青年は冬だというのに汗だらけの顔を赤くして，おさえるように叫んだのです．「スープが冷たいって？俺なんか，戦争中，3日間なにも食べなかったあとで冷たいじゃがいもをもらった時は，嬉しくて涙が出た！」もちろん女学生には女学生のいい分がありましょう．けれども僕には，ふだんおとなしくてニコニコしているこの青年の，今にも泣き出しそうに怒った顔が忘れられないのです．

   *   *

H君，きょうはこれでお別れです．聖金曜日にわざわざユダヤ人の食堂の話などする，と変に気を廻さないようにお願いします．夜ふけて雨が降り出したらしく，さっきからうしろの窓ガラスに柔らかい音がします．お元気で．

        T. N. F. Y.

1956年5月号

シャンソン歌手
・エディット・ピアフ……
………………在パリ 岡田真子・

幕があくと，クリーム色のバックに黒のカーテンでふちどられたステージが目の前にひろがった．《 Hymne à l'amour 》（愛の讃歌）をはじめ，エディット・ピアフ Edith Piaf がいつも歌っている耳なれたメロディーが，誰もいない舞台に流れている．2曲，3曲…客席はシーンと静まりかえって，ピアフの出を待っている．右手から彼女が現われた．胸のひろびろひらいた黒いローブを着て，小柄な彼女は，両足にバランスをかけるような足どりで進んでくる．客席からは，嵐のような拍手．舞台の中央に立った彼女は，ほとんど会釈もしないで，その拍手を受けている．戦いおわった凱旋将軍のように，まっ暗な客席の奥をじっと見つめながら，悲劇的なうれいをふくんだ青白い顔だけが，ライトをうけて浮き立っている．

Piaf！私はこの瞬間をどれほど待ったことだろう．アメリカ公演のため2年もパリを留守にしていたので，映画やレコードやラジオではなんどとなく聞いているが，《なま》の舞台に接するのはこれがはじめてだった．胸をおどらせてかけつけたのは私ばかりではないらしく，オランピア Olympia の今度の興行がはじまって以来，彼女の人気は圧倒的なものがあった．前売りが売り切れてしまい，少しばかりの当日売りを目あてに行列を作る人々で，キャピュシーヌの大通り boulevard des Capucines の混雑ぶりはただならぬものがあった．オランピアの興行はたいていの場合，1人の人気歌手を先頭にした同じプログラムが2週間つづくことになっているが，今度のピアフのは，それをとっくに突破してさらに1ヵ月も延長されることにきまった．こんなことはちょっとめずらしい．それくらいだから，劇場内も，オルケストル orchestre（演奏席近くの客席）から立見席にいたるまで，ぎっしりつまっている．

ピアフのまっ白な顔をながめていたら，彼女が《パリの小雀》La Môme Piaf とか，《まっ白の鳩》Pigeons blancs とかよばれているその愛称が思いだされてきた．パリの町に鳩が切っても切れないものであるのと同様，ピアフも，フランス人の心に直接つながるものをもっているらしい．

最初に歌ったのが《 Comme moi 》（私のように）で，すばらしいテクニックと，舞台での堂々とした présence をもっていることがじかに伝わってきた．「私のように，胸をときめかせながら，恋人の来るのを待っている，カーテンをそっとあけて表をのぞいたり…階段の足音に耳をすませたり…　胸に花をとめてみたり…　どこでも女は同じこと，好きな人の腕に抱かれ，すべてを忘れる，一番幸福な時を待っている，ちょうど私のように…」この上なくやさしい女性的な歌だが，ピアフの声は教会の鐘のように透きとおって，また

力強く，心の底にじーんとしみこんでくる．

2曲目は新しいシャンソンで《Salle d'attente》(待合室)．このときはバックに藤色のライトがかかり，詩的なアトモスフェールにつつまれる．「駅の待合室のベンチには，2人づれが坐っている．表の子供の遊ぶ回転木馬の音楽が，窓ごしに聞こえてくる．一刻一刻をきざむ大時計の針の音，時が2人をおしつぶす．そして過去の思い出をかきたてる…」ミシェル・リヴゴーシュ Michel Rivegauche の歌詞は，一言一言が生きていて，針のようにとがっている．

つぎが《Prison du Roy》(ル・ロワの牢獄)で，暗くしぼった舞台に，牢獄のうすい光のように上方からライトがひとすじ，うすく当てられている．「ダイヤモンドを盗った男が終身刑に処せられた．世界一美しく輝いたダイヤモンドを私に贈りたいばかりに盗んだのだ．そのためにあの男は牢屋にほおりこまれた．それならこの私こそ，捕えてあの男のそばにおいておくれ．あの男はたしかに盗みを犯したかもしれないが，私は男の心を盗んだのだ．おまえの下に，牢獄の奥底に，陽の目も見ない奥底に，私もいっしょにおいておくれ…」この歌は，中世期城砦の地下牢を思い起させる，底力のあるシャンソンで，ピアフのりんりんとひびく美しい声が，まさにものをいっている．

マルグリット・モノ Marguerite Monnot 作曲，ミシェル・リヴゴーシュ作詞の――といい終ると，たちまち節をつけて《Tu me fais tourner la tête》(あんたに首ったけ)を歌いだした．前の重々しい歌にくらべて，この極端な転換ぶりは，おどろくばかりみごとで，歌いこなしの巧みさにただただ感激してしまった．ちょうどダミア Damia が深刻な歌の中にときどき軽いシャンソンを挟むのと同様で，その味は心にくいほどである．涙をしぼりとられるような歌ばかりではたまらない．うす陽がさしたように投げかけるその軽い歌が，ダミア同様まったくすばらしい．繰り返しの …Tu me fais tourner la tête… というところだけを聞いても，もういても立ってもいられないほどすっかり男にまいってしまった女の感情があふれていて，彼女のかぎりない上手さが感じられた．

つぎは《C'est à Hambourg》(ハンブルグで)．客はこの題名を聞いて，ああ！と声をかけた．『ハンブルグで』はピアフのレペルトワール répertoire 中でも最もヒットした歌だから誰でも知っている．だから，その歌を選んでくれてよかったという意味の満足感なのだ．港町にはつきものの，水夫を相手の夜の女，船が錨をおろしているあいだだけの相手，それでもあるとき，男は本気になって「おまえが好きになったよ」といってくれた．ピアフの白い両手が頬をなで，そして肩にすべりおちる．" Je t'aime " をささやいてくれた男の手なのだ．あの男も，その翌日遠い遠いところへたち去ってしまった．船の汽笛．またしてもさびしい別れ．ハンブルグにはあの日雨がふり，波止場は霧につつまれていた．女はいつまでもいつまでも手をふりながら，遠ざかる船をみおくっていた．こんな光景は，歌詞の中にもあるように，ハンブルグでも，サンチャゴでも，ボルネオでも，おそらく世界共通のものにちがいない．フランスの中だって，マルセーユ，トゥーロン，ル・アーヴル，シェルブールなどで，いつも見られる光景である．そんなありふれたテーマなのだが，一度ピアフの声になり，演技にかかると，たちまち，まねのできないすばらしい効果をあげるのだ．

ピアフの舞台にはこまかい神経がゆきとどいており，演出の上手さからいっても彼女ほどの歌手はちょっと見あたらない．安易な偶

然的なものからはかけはなれた，一言一言の歌いかた，指の一本一本の動かしかたまで研究された上での演技だし，なみなみならぬ努力が感じられた．ピアフが単に chanteuse réaliste であるというだけでなく，彼女の歌くらい人を感動させずにおかない歌手もいないと思う．あまりにも深刻で，いたいたしい叫びである，その歌に心をゆすぶられない人はおそらくいないだろう．それは，歌のテクニックなどというものを はるかに 超越した，魂のすべてを投げうって生きぬいた人々のみが作りうる最上のものなのだ．そういう意味で，ピアフは chanson vécu の代表であり，ダミアという偉大な歌手のあとを堂々とつげる唯一の人だという気がした．

つぎが待望の《La foule》(人ごみ)で，これも新しいシャンソン．今度の中で最もすぐれた歌の1つである．まずメロディーが非常に美しいし，Rの発音の強いピアフは，とくにその音ごとにアクセントを入れ，印象的な歌いかたをしている．歯切れがよく，繰り返しのところがとても美しい——"...Emportée par la foule qui nous traine, nous entraine. Ecrasés l'un contre l'autre..." メロディーに合せ，ちょうど人の波にもまれながら歩いて行く足どりで，左右によろめきながら歌った．

それが終ると一旦ソデに入ったピアフは，今度はナプキンとコップをもってでてきた．つぎの歌が《Les amants d'un jour》(一日だけの恋人)とわかって，客席からは大変な拍手が起る．「私はキャフェの奥で一日じゅうコップを洗う女にすぎないが…」という歌い出しから，終始機械的な手つきでコップを拭いている．「あるとき手をとりあって入ってきた2人づれ，私は夢みている余裕はないけれど，彼らのことはおぼえている．《貸部屋》という貼り紙のかかっているホテルで，部屋を求めたあの2人．彼らの目には太陽がさんらんと輝いているようだった．私は一日じゅうコップ洗いをやっているので夢みる余裕はないけれど，あの朝のことはおぼえている．2人は手をとりあって目をとじたのだ．太陽に輝いたこの静かな町を選んで… だからあの2人はこの町の墓に埋められた．私は相変らず同じ仕事をくりかえしている，キャフェの奥で．あの2人は私にたしかになにかしら熱いものを注ぎこんでしまったようだ．あの一日だけの恋人．あの朝，朝日をうけていたあの家には，なにもなかったように《貸部屋》の色あせた貼り紙がかかっている…」最後に，思わずコップを落して割ってしまう．ガチャンという音と同時にパッと舞台が暗くなる．

幕が降りたが，客はブラヴォを叫んでとても静まらない．そこでアンコール《Bravo pour le Clown》(道化師にご喝采)をつけたした．ティンバルを叩きながら，おじぎして愛嬌をふりまくサーカスの道化師なのだ．滑稽なその顔を見ていたら誰も道化師の人生を想像するひとはいない．客はむとんじゃくに拍手をおくるが，サーカスくらい，表面的なにぎやかさと，また一種のわびしさのある雰囲気はないのだ．ピアフは両足をふんばって，おじぎをしながら，クラウンのまねをしながら，歌っている．

子供のころ母親に逃げられたピアフは，残された父親の手で育てられ，母親の顔はおぼえていない．父はサーカスにいたから，その旅廻りについて歩きながら子供時代を送ったのだ．子供のピアフは，クラウンや曲芸師たちにかこまれて，人生の裏ばかりを見て暮してきた．両親につれられ，きれいな着物をきている幸福な子供を見るとき，小さなピアフの目はなんど涙にうるんだことだろう．不幸はさらにかさなり，ある日彼女をとうとう盲

にしてしまった．信仰ぶかいピアフは，フランス人がよくルールド Lourdes の奇蹟を信じて巡礼に出かけるように，リジュー Lisieux のサント・テレーズ Sainte-Thérèse に毎日祈禱をつづけ，ついにふたたび視力をとりもどした．まさしく奇蹟が起ったのだ．それでも不幸は悪魔のように彼女をおびやかし，ピアフは貧困の底を知りつくすまでになった．なみたいていの苦労ではなかったようだ．

彼女が街頭で歌いだしたのは 1932 年のころで，窓から投げられる小銭を当てに，雨の日も，雪の日も歌いつづけた．声をつぶして歌っても，投げてくれるお金はせいぜい今の 5 フランくらいのものだから，いくらのかせぎにもならなかった．パリというところは，ちょっと裏をのぞくと，恐ろしさにかぎりがない．大泥棒もいれば，むろんのこと夜の女やインチキ商人，地下鉄の廊下に坐ったコジキ，それにベレを前において中気のまねをしてからだをふるわせる男もいる．ありとあらゆる商売がここでは存在する．貧困のかぎりをつくした極端な境遇においこまれたとき，いつでも清い心をもちつづけるということはやさしいことではない．パリにはことさら安易な誘惑がみちみちているのだから，ピアフが街で歌っていて，ナイトクラブ・ジェスニーズ Gesny's の支配人ルイ・ルペ Louis Lepée の目にとまったというリュー・トロワヨン rue Troyon にしても同じことで，凱旋門からワグラム通り avenue Wagram を下り，裏へ入った細い道，この界隈にはあやしげな商売も少なくない．が，しかし，ピアフにはただひとつ，《歌う》という道しるべの光がさしていた．

そのころのピアフは，10 年後にイヴ・モンタン Yves Montand というすばらしい歌手を世の中に送り出すことや，やがて今の地位をきずこうなどとは夢にも見なかっただろ

う．歌詞にもあるように，「夢みる余裕もなかった」にちがいない．そして今年は，ピアフの歌手としての carrière がはじまって 25 年目に当るのだ．私はこのことを思うと，いつでも街頭で歌っている人がいると，歌の上手・下手は別として，黙ってすどおりすることができなくなってしまう．

最後の歌は《Hymne à l'amour》で，彼女のレペルトワール中の最高頂である．歌詞はやさしい女性的なものだけれど，甘っちょろい歌ではなく，偉大な力がないと駄目なのだ．「世の中がどう変ろうと，世間の人がどういおうと，私は一向かまわない．あなたが愛して下さるのなら… 盗みもするだろうし，祖国を売ることだって，あえてするでしょう，もしあなたがそれをお望みならば… あなたが私をおいてさきに死なれても，私は悲しくはないでしょう．あなたが変りない愛を遠くから私にそそいで下さるでしょうから… それに きっと 2 人は，死んだ後もいっしょになって，永遠につながれて行くにちがいないから…」小柄な彼女からは，信じられないほどヴォリュームのある声がひびきわたっている．客は感動して，いつまでも，いつまでも割れるような拍手をおくっていた．私も目がしらが熱くなるのをおぼえながら，心の奥底からブラヴォを叫んだ．

*
* *

これまでに紹介された歌手

エディ・コンスタンティーヌ：	57 年	1 月号
マリア・カンディドー：	〃	2 月号
イヴェット・ジロー：	〃	3 月号
ジジ・ジャンメール：	〃	5 月号
パタシュー：	〃	6 月号
ジョルジュ・ブラサンス：	〃	7 月号
フィリップ・クレー：	〃	9 月号
ジルベール・ベコー：	58 年	1 月号
ジャクリーヌ・フランソワ	〃	2 月号

1958年5月号

作家と作品

ジャン・コクトー

ジャン・コクトー Jean Cocteau は好んでみずから詩人 poète と称する．それ以外の呼びかたは決して自分に冠せようとしない．私たちが彼の多彩な仮面をはぎとって，その赤裸な相貌を見きわめようと思うなら，まずこの poète という言葉の吟味から始めねばならぬ．コクトーは，モーリス・シュヴァリエはミュジック・ホールの詩人 un poète du music-hall であるとか，チャップリンは映画の詩人 un poète du cinéma であるとか，よくいうが，それはスタンダール Stendhal が「公爵夫人は天才をもって avec du génie 馬車に乗る」と書くようなものだ．つまり彼は，詩というものを技術の様式 genre の裡に閉じこめないで，あらゆるものに通じる純粋な魂の状態 état d'âme pur と解しているらしい．だからこそ，小説に，芝居に，評論に，映画に，あのように多彩な活躍が，まるで彼のデッサンに似て一本の線のように，なんの支障もなくつづけられるのだろう．

On a coutume de représenter la poésie comme une dame voilée, langoureuse étendue sur une nuage. Cette dame a une voix musicale et ne dit que des mensonges… Voilà le rôle de la poésie. Elle dévoile, dans toute la force du terme.

« Secret professionnel »

詩というものを，雲の上に寝そべった，ものうげな，ベールをかぶった貴婦人のように考える習慣がある．この貴婦人は音楽的な声をもっているが，語ることは嘘ばかりだ… 詩の役目とはベールをはぎとることだ，最もはげしい意味で．『職業の秘密』

これら初期の文章からもわかるように，コクトーの仕事は一貫して，ぎょうぎょうしいにせ物の美学 esthétique fausse から，魂の赤裸な真実 vérité nue と光明 clarté とを解放しようとする，危険な冒険の連続だった．軽業師 acrobate といわれるゆえんである．とはいえ，コクトーの軽さ，優雅さは，気どりや美学上の趣味からではなく，怠惰や無気力を拒否する苦行的 ascétique な精神のあらわれだった．La poésie de notre époque conservera la beauté du martyre. (僕らの時代の詩は殉教者の美を守りつづけるだろう.)

1889 年 7 月 5 日，パリ近郊のメーゾン・ラフィット Maison-Laffitte に生れたコクトーは，まず最初，大ブルジョワ出身の才気あふれる青年詩人として，はなやかな文壇へのデビュをした．その当時出版した 2 冊の詩集が，後年絶版にされているのは，作者自身の言葉によれば，「恵まれすぎた環境に無自覚に身をゆだねていた」からである．彼が初めて真の自己に開眼したのは，したがって 1913 年，「僕を驚かせたまえ (Etonne-moi)」というロシア舞踊の王者 ディアギレフ Diaghilew の一語と，ストラヴィンスキー Strawinsky の『春の祭典』Sacre du Printemps の公演である．ワグナー Wagner の壮大なおしゃべりが，poésie から最も遠いものであることに気づいた彼は，以後，エリック・サティ Erik Satie の音楽に似た，針金のような単純の詩，minimum の美学の実践に一生を賭けることになった．そこで生れた作品が，グロテスク

な怪物物語『ポトマック』Potomak であったのも偶然ではない．これは詩人の脱皮 mue の書だ．

Savez-vous le poids occulte et si beau de ce qui aurait pu être et de ce qu'on retranche? La marge et l'interligne, il y circule un miel de sacrifice.

あり得たかもしれないもの，削られたものの，神秘で美しい重量を君は知っているか？余白と行間，そこには犠牲の蜜が流れている． 　　　　　　　　　　『ポトマック』

第一次大戦を迎えると，コクトーは身分をいつわって北部戦線に従軍し，当時の素材をのちに小説『山師トマ』Thomas l'Imposteur (1923) の中に用いた．また飛行家ロラン・ガロスの曲芸飛行に同乗し，その経験を詩集『喜望峰』Cap de Bonne Espérance (1919) に歌った．戦後のコクトーはピカソ Picasso を知り，協力して『パラード』Parade (1917 上演) を書き，6 人組の音楽家を擁護する音楽評論『雄鶏とアルルカン』Le coq et l'Arlequin (1918) を書き，またキリコ Chirico を論じた絵画論『世俗の神秘』Mystère Laïc (1928) を書いて，あらゆる芸術分野における新時代の鼓吹者となった．

当時は surréalisme の全盛期で，文学全体に nonsens と言葉の混乱がハバをきかせていたが，これを否定しようと夢想する古典主義の少年作家レーモン・ラディゲ Raymond Radiguet の彗星的な出現と死とが，ふたたびコクトーの魂に精神的な手術を施すことになった．彼が当時 15 歳のラディゲから受けた教訓は，後年みずから述懐しているように，「後ずさりするように見せかけて，速度よりも速く前進すること」avec un masque de recule, d'aller plus vite que la vitesse であった．こうして生れたのが詩集『平調楽』Plain-chant と小説『大胯びらき』Grand Ecart (1923) である．

ラディゲの死による 3 度目の危機は，詩人をアヘン吸飲におもむかせ，やがて解毒治療と同時に，ジャック・マリタン Jacques Maritain が信仰による救いの手をさしのべる．一時コクトーはカトリックの大家族の一員になるかと思われた．だが彼は，マリタンのように「深海に棲む魚」ではないし，「トミスム Thomisme の機械が世界を切ってくれる」のを期待する神学者でもない．結局信仰を捨てるが，この一見道くさのようなジグザグ・コースも，要するに「ふたたび生れ変るためには生きながら身を焼かねばならぬ」という，自己の金言の忠実な実践なのである．この期間に生れた作品に，エッセー『マリタンへの手紙』Lettre à Jacques Maritain (1926)，小説『恐るべき子供たち』Les enfants terribles (1931)，詩集『オペラ』Opéra (1927)，評論『アヘン』Opium (1930) がある．

『アヘン』は自己究明の書，苦しい脱出の日記である．考えてみると，詩人の全作品はいつもニーチェの Ecce Homo (この人をみよ) のように，公開の自己分析なのであって，そのテーマは後年のすぐれた論集『存在困難』La Difficulté d'Etre (1947) においてもまったく変らない．『泥棒日記』の作家ジャン・ジュネ Jean Genet が「コクトーは魔法使ではなく，魔法に魅せられた人物だ」といっているのは正しい．若い批評家ジャン・ピエール・ミルカン Jean-Pierre Millecam が，詩人を 17 世紀の自由人スピノザ Spinoza と比較しているのも愉快である．

さて，1930 年代から戦争まで，コクトーは気軽な世界旅行を試みたり，脚本『地獄の機械』La Machine Infernale (1934) を上演したり，10 番目の muse (シネマ) に熱中して映画

作家と作品

『詩人の血』Le Sang d'un Poète (1932) を作ったりしたが，戦争このかた，詩人の苦渋にみちた pessimiste なモラルが，年齢とともに，いよいよ深まって来たと思われるのは筆者の思いすぎだろうか．占領下に書かれた詩集『寓意』Allégories, 『レオーヌ』Léone にも，また alexandrin 体で書かれた悲劇『ルノーとアルミード』Renaud et Armide (1947) にも，明らかにその徴候が見えたものだが，ことに近作の評論集『知られざる男の日記』Journal d'un Inconnu (1953) および詩集『明暗』Clair-obscur (1954) には，思索のきびしさと死の影とがおおいようもなく現われている．はたして，この詩人の純粋性は死の付近に根をはやしていたのであった．

> Je dois voir le temps plier sa seconde
> Pour l'autre seconde après déplier
> Et le sable emplir de sa fuite blonde
> L'inverse cristal de mon sablier.

> 僕は見なければならぬ　時が過ぎ行く一刻を折りたたみ
> 新たな一刻を繰りひろげるのを
> 僕の砂時計の下側のガラス器を
> 砂が金色の逃走で満たすのを

詩集『明暗』はコクトーがアカデミーに入会する1年前の出版だが，はなばなしい世間的な成功のかげに，60歳の老詩人の孤独がにじみ出ている．

> J'ai vécu de vos feux et de votre indolence
> Vous me fîtes aveugle et sourd
> Mais c'est ce qu'il fallait, amour, car le silence
> Est le seul poème d'amour.

> 僕は生きた　君の情熱と怠惰を喰って
> 君は僕を盲目にし　聾にした
> だがそれが必要だったのだ　愛神よ　なぜなら
> 沈黙こそただひとつの愛の詩なのだから

『知られざる男の日記』になると，詩人は18世紀風なモラリストの相貌をおびる．といっても，彼はヴォルテール Voltaire よりルッソー Rousseau に近い魂をもった人間だ．『行為について』d'un conduite と題された短い箴言集はなかなか面白い．

> Tuer en soi l'esprit critique. En art, ne se laisser convaincre que par ce qui convient violemment au sexe de l'âme. A ce qui provoque une érection morale immédiate et irréfléchie.

> 自己の中の批評精神を殺すこと．芸術においては，魂のセックスにぴんと響くようなものだけを本物と思うこと．直接に端的に精神の勃起をうながすようなものだけを信じること．

*

> Faire la moitié du travail. Le reste se fera tout seul.

> 仕事の半分をすること．残りはひとりでに出来るだろう．

*

> On est juge ou accusé. Le juge est assis. L'accusé debout. Vivre debout.

> ひとは判事であるか被告であるか，どちらかだ．判事は坐っている．被告は立っている．立って生きること．

ともあれ詩人の最後の避難所は，形而上学を肉体の延長と考える，一種の汎神論風な思想の裡にあるようだ．

> Mon corps est une astrologie
> Un pâle et nocturne troupeau.
> Astres vous n'êtes qu'une peau
> Monstrueusement élargie.

──作家と作品

Ciel qui fourmillez de terres
N'êtes-vous pas contenu
Dans le corps d'un inconnu
Dont nous sommes tributaires.

ぼくの肉体は占星術だ
青白い，夜の群羊だ
星よ　きみたちは
おそろしく拡大された一つの皮膚にすぎない

あまたの地球がひしめいている天よ
お前は　ぼくらの従属している
ある未知なる者の肉体の中に
包含されているのではないか

ここでふたたびふり出しにもどって考えてみると，コクトーのいわゆる《詩人》の本質的な意味がよくわかる．詩人とは，神秘家 mystique だ．目に見えないもの invisible を捕える者だ．ただし，彼自身も書いているように，

La poésie est une religion sans espoir...
La poésie est une morale. J'appelle une œuvre la sueur de cette morale. Toute œuvre qui n'est pas la sueur d'une morale, toute œuvre qui ne résulte pas d'un exercice de l'âme, toute œuvre trop visible, sera une œuvre décorative et fantaisiste.

詩は希望のない宗教だ…　詩とはモラルだ．そしてこのモラルの汗を，僕は作品と呼ぶ．モラルの汗でない作品，魂の訓練の結果でない作品，底の見えすいたような作品はすべて，装飾的ないし荒唐無稽な作品だ．　　　　『知られざる男の日記』

最後に手頃な研究書として，クロード・モーリヤック Claude Mauriac の『嘘の真実』 Vérité du mensonge (1945), ロジェ・ランヌ Roger Lannes の『ジャン・コクトー』 Jean Cocteau (1948), J.-P. ミルカン の『ジャン・コクトーの星』 L'étoile de Jean Cocteau (1952), およびアンドレ・フレニョー André Fraigneau の《 Cocteau par lui-même 》(1958) をあげておこう．

澁　澤　龍　彥

Potomak	(Stock)	450 fr.
Grand Ecart	(〃)	450
Opium	(〃)	600
Les enfants terribles	(Demain)	260
La Difficulté d'Etre	(Ed. du Rocher)	420
Clair-Obscur	(〃)	600
La Machine Infernale	(Grasset)	375
Journal d'un Inconnu	(〃)	435
Poèmes 1916–1955	(Gallimard)	650
Théâtre, 1. (Antigone, Les Parents terribles, etc.)		600
2. (Renaud et Armide, L'aigle à deux têtes, etc.)		790
R. Lannes : Jean Cocteau	(Seghers)	480
J.-P. Millecam : L'Etoile de J. Cocteau	(Rocher)	300
A. Fraigneau ; Cocteau par lui-même	(Seuil)	390

1958年8月号

先生と生徒

小堀　杏奴

　ミッション・スクールのフランス人の尼僧は，なん年いても日本語が上達せず，教え子である私たちも，ついにフランス語が身につかなかったような気がする．もっとも，カンドゥ神父さまのように日本語を自由に話せるスール sœur (修道女) や，マダム田付のようなパリジエンヌに等しい友達の存在に気がつかないでいたのかもしれないが… 附属幼稚園生である小さな私たちは，スール・ジェルトリュードをマス・ゼットル [ma sœur Gertrude の縮まった形] と呼び，スールの方では生徒を，それがたとえば伊藤花子であればイトウ・アナコソンと呼んだ．ソンは日本語の《さん》のつもりである．

　スールは私たちを着席させるとき，両肩をおさえて「ラッ」といったり，鉛筆で，薄くうぶ毛のはえた鼻の下をつつきながら「オウヴァよろし」などといった．後年考えると，ラッは là に力をこめたもので，「お前はここ！」といったような意味であったろうし，オウヴァよろしは Oh! va, bien (それでよし) の意であったろう．

　スールがたの生活は，修道院という特殊な環境にあるため，世間とは没交渉で，したがって直接生活に役立つフランス語とは縁がなかった．後年，パリの画学生としての生活で役立った言葉は，皆無といっていいほどだと思う．《 Donnez-moi deux tasses de café au lait, s'il vous plaît. 》(ミルクコーヒーをふたつください)といわなくても，《 Deux crèmes. 》でことは足りたし，メトロ métro (地下鉄) もディレクション direction (方向) も，料理の名やラディション l'addition (勘定) も，パリに着いた翌日から必要なものは，自分でおぼえるよりなく，フランス語の読みかたと数のかぞえかたを教わったことが，わずかに役立ったといえるくらいである．

　さてスールの方から見て，お気に入りの日本人の生徒というのは，フランス語が得意で，色白の可愛い顔だちの少女．可能なら，ピアノや唱歌がうまく，洗礼をうけておミサにかかさず出席するといった条件によるのだから，学業優秀ならずして，操行またかんばしからぬ私などは，縁の遠い話であった．

　幼い私たちは，洋服または和服の上に，タブリエ tablier と称する黒いうわっぱりを着せられ，「セメラッパン　ポトゥレトゥ(意味いまだ不詳)ラッパン…」(それは私のうさぎです)といったような唱歌をどなりながら，遊戯をした．パリでふたたびタブリエを目にし，同じ歌声を耳にしたときの，涙がにじみ，胸のとどろく思いが，ミッション・スクールに学んだ感謝と喜びの，唯一の記憶である．

　「オマエ　バカデス　アタマワルイ！」といった先生の，つたなく乱暴な日本語が，小さい生徒にどんなショックだったかを，おそらくスールがたは夢にもご存じないに相違ない．

(随筆家)

お国なまり

石井好子

パリにいたとき，近所の食料品店に入って行ったら，先客の若者のいう言葉が通じないで主人がよわりきっている．若者は，「チョーチーチョンチェック」とくりかえし大声でいっているので，私は思わずふきだしながら，「ソーシーソン・セック saucisson sec のことですよ」と助太刀をした．私が思ったとおり，その若者はスペイン人だった．

なぜ私がすぐ助太刀を出せたかというと，私が1年もいっしょに楽屋生活をした踊り子のカルメンが，サ・シ・ス・セ・ソの発音ができなくてすべてチャ・チ・チュ・チェ・チョになることを聞きなれていたからだった．彼女は私のことを「ヨシコ」とはいえず「ヨチコ」と呼んだ．

外国語の発音はむずかしい．フランス語の発音は外国人にとってとくにむずかしいと思う．私たち日本人は，JとR，Uの発音がよくできないのがふつうだ．「ジャポン」といったつもりでいても，相手がたには「ヤポン」ときこえるらしく，私はよくみんなにからかわれたものだった．

しかし，フランス人は外国語なまりをきらいではないようだ．私が発音の学校に通いだしたとき，「あなたの持ち味を消しにゆくなんて愚のこっちょうだ」とラジオのプロデューサーに怒られたが，名をなした外国人歌手たちのあやしげなフランス語をよろこんで聞くことはたしかだ．

ジョセフィン・ベーカー Joséphine Baker はアメリカなまり，グロリア・ラッソ Gloria Lasso, ルイス・マリアノ Luis Mariano はスペイン，最近とみに売り出したダリダ Dalida はイタリア人だし，ミゲル・アマドール Miguel Amador はメキシコ人だ．

フランス人の歌手にしても，イヴ・モンタン Yves Montand はイタリア生れだし，ジョルジュ・ブラサンス Georges Brassens はカナダ，エディト・ピアフ Edith Piaf はパリからずっと離れた田舎の産だときく．少しなまりのある方がよろこばれるのだということは，フランス人の芸界でよくいわれている．

しかしその半面，フランス人が言葉を大切にすることもたしかで，発音の美しい歌手は人々にもてはやされる．日本では四国の徳島の言葉が美しいと聞いたことがあるが，フランスで言葉の美しいといわれるところはトゥール Tours だ．ロワール河 La Loire のほとり，お城の多いこの地方のトゥールという美しい街は，美しい言葉にふさわしいおちつきと優雅にみたされている．

《ロワールの城めぐり》は，パリに長くいる人がかならず一度はえらぶドライヴ・コースで，夏休みの旅行シーズンにはパリから特別バスも出る．日本でもあの町には何城が，この町には…とかず多くの古い美しい城があるが，こんなところも形こそちがえフランスに似ている．

人情もまた非常に似かよい，ものの考えかたもあまり変らないそんなフランスに，私たちは身じかなものを感じるのではないだろうか．私のおはこは『ふたりの恋人』J'ai deux amours という歌で，歌の内容は「私にはふたりの恋人がいる．ひとりは故国，ひとりはパリだ」と歌ったものだが，たしかに私のもうひとりの恋人はパリだと思う．

(シャンソン歌手)

1959年3月号

作家と作品

アンドレ・マルロー

アンドレ・マルロー André Malraux は，いまさらいうまでもなく，現代フランスの最大の作家のひとりである．1943 年に発表された『アルテンブルグのくるみの樹』Les Noyers de l'Altenburg 以来，映画・美術などを論じた芸術論的著作を別として，小説は公けにされていない．おそらく創作の筆もとっていないのであろう．にもかかわらず，彼の小説はサルトル Sartre，カミュ Camus の作品とならんで，多くの真摯な読者，というよりはむしろ浮薄ではない admirateurs をもっているらしい．フランスの学生の読書調査などをみると，マルローの名はかならず上位を占めていることからも，それは十分に推察されるのである．現代というむずかしい時代に生きることの意味を，真剣に追究しようとする場合，誰もが直面せざるをえない問題はたくさんあるだろう．マルローの小説のなかには，そういう問題が随処にまきちらされており，それがまじめな読者の崇拝をあつめるゆえんなのだ，といってもいいだろう．

マルローは 1901 年 11 月 3 日にパリで生れた，ということになっている．しかし，1898 年生れ，という説（?）その他があり，正確なことはわからない．出生の日だけではなく，青年時代の生活に関してもあいまいな部分がすくなくない．その理由のひとつとして，彼自身が自分のことについて語るのをあまり好まない，という事実があげられよう．

父は銀行家だったが，破産したあげく自殺したといわれる．家系はもともと北部フランスの港市 ダンケルク Dunkerque の出身で，祖父はその市長を つとめた こともあるらしい．（この祖父もやはり自殺したのではないか，といわれている．）パリのコンドルセ高等中学校 Lycée Condorcée に学び，それから東洋語学校の聴講生となった．そこではサンスクリットを主に，中国語・安南語などを修めたらしい．マルローと親交のある小松清氏の説によると，マルローの東洋語の力はほんの初歩程度だということである．それはともかくとして，青年期に東洋 Orient にたいして関心をしめしていたということは，後年の彼の思想の特質を予告するものとして，見のがすわけにいかないのである．また東洋語の研究のかたわら，考古学にも強い興味を覚えていたらしい．この 2 つのもの，つまり Orientalisme と Archéologie とは，マルローの思想形成を司る重要な軸をなすものと思われる．

1920 年前後から文学の世界との接触がはじまったらしく，マルセル・アルラン Marcel Arland，ルネ・クルヴェル René Crevel らと雑誌を創刊した．とくに当時前衛的な文学運動を展開していた詩人・小説家との交友に熱心だったようである．1921 年に発表された小説『紙の月』Lunes en Papier (*Editions des Galeries Simon*) を，マックス・ジャコブ Max Jacob に献げていることからも，それが知られる．この作品は幻想的な雰囲気をただよわせながら，死への夢想を基調としたもので，当時の文学的風潮の影響があまりに露骨にあらわれすぎている．したがって，ここにはまだマルロー独自の世界の誕生を認めるわけに

はいかないのだ.

　1923年, マルローは東洋にむかって旅立った. ラオス Laos 北部の考古学調査団の一員という資格であった. 約2年間, 蕃地の遺跡の発掘にたずさわったが, 彫像の密発掘事件にかかわって投獄されたこともあるらしい. この当時の体験をもとにして構想されたのが, 『王道』La Voie royale (1930) である. 一方, そのころ台頭しはじめたインドシナ Indochine の民族独立運動にも参劃していたようである. やがて 1925 年には中国に渡り, ここではコミンテルンのソヴェト代表として派遣されていたボロディンの協力者として活躍した. カントン革命にはなにか重要なポストを受けもって尽力したらしいが, それがどんなものだったかは明瞭ではない. 数年の東洋滞在を経て, 1927 年フランスに帰ることになるのだが, なにがマルローを東洋へ誘ったか, それは彼の思想を理解するためのひとつの重要な課題である. それを明らかにするためには, 『西欧の誘惑』La Tentation de l'Occident (1926) を考察する必要がある.

　このエッセイは 1921 年から 1925 年のあいだに書かれ, 中国を旅行中の若いフランス人 A. D. とヨーロッパを旅行中の若い中国人林 Ling との往復書簡の形式をとっている. この形式からも推察されるように, このエッセイのライト・モチーフは東洋文明とヨーロッパ文明の対決, ということである. そこには第1次大戦後のヨーロッパを襲った崩壊感, 終末感の影響を指摘することができる. おそらく, マルローはヨーロッパの衰弱から脱出する方途を, 東洋の伝統のなかに見いだそうとしたのかもしれぬ. ヨーロッパの精神状況にたいするマルロー自身の焦躁感を切々とひびかせる文章は, この書物のいたるところにちりばめられている.

« Les Européens sont las d'eux-mêmes, las de leur individualisme qui s'écoule, las de leur exaltation. Ce qui les soutient est moins une pensée qu'une fine structure de négations. »

« Pour détruire Dieu, et après l'avoir détruit, l'esprit européen a anéanti tout ce qui pouvait s'opposer à l'homme : »

« Il n'est pas d'idéal auquel nous (les Européens) puissions nous sacrifier, car de tous nous connaissons les mensonges, nous qui ne savons point ce qu'est la vérité. L'ombre terrestre qui s'allonge derrière les dieux de marbre suffit à nous écarter d'eux. De quelle étreinte l'homme s'est lié à lui-même! Patrie, justice, grandeur, vérité, laquelle de ses statues ne porte de telles traces de mains humaines qu'elle ne soulève en nous la même ironie triste que les vieux visages, autrefois aimés? »

　以上の断片からうかがわれるものは, 単なる時代思潮, たとえばシュペングラー Spengler が唱えた《ヨーロッパの没落》という一時代のムードとしての受動的なニヒリズムではなく, それをもっとつきつめた, いわば根源的なニヒリズムである. 根源的なニヒリズム——つまり人間が決して逃れられぬ孤独と死をするどく意識することである. かつてはそれを救うものとして Christianisme があった. だが, キリスト教の伝統が消失したあと, 孤独と死に条件づけられた人間の宿命を救うなにがあるだろうか.

　爾後, マルローはいくつかの小説を発表するのだが, そのライト・モチーフは, いつもそうした切迫した課題を追究することであった. 年代順にそれを追っていくと, まず 1928 年の『征服者』Les Conquérants. これは 1925

作家と作品

年のカントン革命に取材した小説であるが,もちろん革命そのものを描くことが目的なのではない. ここには, 革命に身を投じながらも, 革命そのものの達成を考えるよりは, ひとつの行動に憑かれ, その行動によって自己の宿命に強度を付与しようとする革命家の姿がえがきだされる. こういう小説は, その当時としてはまったく新しいものであった. そして, ひとびとはここに新しいすぐれた作家の登場を確認したのである. だが『征服者』は, 文学的な高さという点からみると, 同じような題材の『人間の条件』に一歩をゆずらなければならない. いいかえれば, 『征服者』で試みられた方向は『人間の条件』において, より深化されることになるのである. 『征服者』のつぎにくる作品は,『王道』La Voie royale である.

この小説にも, 死と孤独の意識にひきずりまわされる人物が登場する. 舞台はインドシナの蕃地の密林. 主人公の Perken はたえず死の危険が迫る探険を, 宿命にあらがう機会にしようとする. ともかく, 『征服者』にせよ『王道』にせよ, そこに登場する人物たちは, すべて孤独と死の意識から解放される契機を, 人間の宿命に反抗する手がかりを, 強烈な行動のなかに摑みとろうとする. ニヒリズムからの脱却のみちすじを, 行動のなかに探しだそうとしているのだ, といってもいい.

もちろん, そうした試みは成功したわけではない. しかし, 反抗に賭けること自体が, 孤独と死の意識にむなしく埋没しまいとする意志を, つまり人間の dignité を確保しようとする意志を証明するのである.

そういう個人の運命が演ずる drame を, 単なる孤立した個人のものとしてではなく, より多角的な集団の関係のなかで捉えてみせたのが, 『人間の条件』La Condition humaine (1933) である. この作品では, 1927年, シャンハイに起った国民党軍のクーデターを背景にして, 共産党の暴動に参劃する革命家の群像がえがきだされる. その中心人物は日仏混血のキョ・ジゾール Kyo Gisors である. そのほか, テロリストの陳 Tchen, 規律ただしい革命家であるロシア人の Katov, 等々. かれらはひとしく人間の基本的な条件である孤独に憑きまとわれ, 他者との隔絶感に悩まされている. 革命・暴動という集団行動のなかに身をおきながらも, かれらめいめいの孤独感・隔絶感がぶつかりあい, それが蒼白な火花を散らす. まさしくそこにこそ, 『人間の条件』のひとつの主要な魅力があるといえるだろう.

『人間の条件』は, 1933年の Prix Goncourt を獲得し, マルローの名を当代の第一級の小説家としてひろく認識させることになった.

その後, かれは30年代のヨーロッパを浸潤しはじめたファシズムに反対する政治行動にたずさわるようになった. 1934年には, ドイツの国会放火事件の犯人として無実の容疑を蒙ったディミトロフ Dimitrof の釈放委員会《Le Comité mondial de Libération de Dimitrof》の委員長となったのをはじめ, 文化擁護のための国際会議などで精力的な活動を行なった. ソヴェトの作家大会に出席したこともある. この間発表された小説『侮蔑の時代』Le Temps du Mépris (1936) は, ナチスの独房に投獄された反ファシズムの闘士の物語であり, そこには当時のマルローの立場がかなり濃厚にうかびあがっているものと思われる.

やがて1936年, スペインに内乱が勃発すると, かれは共和派の政府軍に参加し, 国際空軍の組織者として活躍した. このときの体験をもとにした作品が, 『希望』L'Espoir

(1937) である．これはスペインの内乱を叙事詩的に描きだした傑作として，アラゴン Aragon などが賞讃を惜しまぬ作品である．だが，その題名にもかかわらず，『征服者』，『人間の条件』いらいの基本的な構造にはたいした変化は認められないのではなかろうか．

第2次大戦がはじまると，マルローは戦車隊の一員として戦闘に参加，1940年6月には負傷してドイツ軍の捕虜となった．が，まもなく捕虜収容所を脱出し，抵抗運動に挺身した．そして再度負傷，捕えられたがまたもや脱出したのち，アルザス・ロレーヌ部隊 La Brigade Alsace-Lorraine の指揮官となった．この当時にド・ゴール De Gaulle と親交をむすび，解放後その内閣の情報相に就任することになるのである．

この間，1943年にスイスで『アルテンブルグのくるみの樹』が発表された．これは『天使との闘い』La Lutte avec l'Ange という尨大な構想の長篇の第1部として書かれたものであるが，続篇はゲシュタポの手で破棄され，いまだに未完のままに終っている．ここでは従来のマルローの作品がたどった方向が一変して，人間の communion, fraternité が歴史のなかにむかってさぐられている．人間の基本的な条件にあらがう意志，太古から累積されてきたそういう意志の伝統をほりおこすべきことが，『アルテンブルグ』での結論のように思われるのである．この小説は，19世紀末から20世紀初頭にかけて生きたひとりの知識人の手記をもとにして，その人物がさまざまな体験を通りながら，そういう一種の歴史の神話を把握する過程をえがいたものだともいえるだろう．そして，宿命にあらがう人間の意志をもっともよく顕現するのは，芸術である．だから，『アルテンブルグ』の主人公は，作品中の討論会の場面でこういう発言をする．

« Notre fiction,—drame, roman,—implique une analyse de l'homme. Mais il est clair que cette analyse, seule, ne serait pas un art. Pour qu'elle le devienne, il faut qu'elle entre en lutte avec la conscience que nous avons de notre destin. »

人間の分析が芸術になるためには，宿命の意識，つまり孤独や死の意識と競いあわねばならない——こういう芸術観は，やがてマルローの美術論のなかでは，芸術は Anti-destin の行為である，という判断となってあらわれる．Anti-destin, つまり人間の運命を超克するために，日常的な時間や空間の支配をうけない芸術の固有の空間をつくりあげること．

第2次大戦後，マルローはかずかずの美術論（『沈黙の声』Voix du Silence, 1951, 『神神の変貌』第1巻 La Métamorphose des Dieux. I, 1958, etc.）を発表しているが，その根本はいつもそういう芸術哲学によって支えられ，それにもとずいて古今東西の芸術の様式が分析されている．

昨年，ド・ゴール政権の成立後，マルローはふたたびその重要な閣僚メンバーとして精力的な政治活動をつづけている．12月には政治使節の使命を帯びて来日したことは周知のとおりである．しかし，いまわれわれがマルローに期待したいのは，政治的な活動ではない．ふたたび小説創作の筆をとる，とまではいわないとしても，すくなくとも『神々の変貌』を完成することなのである．

明大講師　菅野昭正

1959年2月号

枯れ葉の橋

花柳章太郎

　私はポン・デ・ザール Pont des Arts が好きです．

　セーヌ la Seine にかかった数多い橋々，そのどれにも愛着を感じたのでした．それでも，他の橋のそれよりも私はあの橋を愛します．

　私は，モンパルナス Montparnasse にいる佐藤敬さんや，土橋醇さん，そして宮田重雄氏の息子の晨ちゃん，その他の画家たちとよくボビノ Bobino（寄席）をききにいったり，また深水氏父子とアカデミーのクロッキーの研究所のかえり，その近所の絵の具屋の並びの一膳めし屋風なレストランで食事をし，モンマルトル Montmartre のホテルへかえりの途中，よくこの橋を渡ります．

　マロニエの巨木の並木の落葉を踏んで，夜霧に濡れた欄干に添う，赤いガラスのガス灯．ガス灯というよりも，もちろん電灯であるのだけれど，ガス灯という方が感じの出る古いもの．遠く眺めて赤いガラスが7段の石段を踏んでのぼる4間ほどの幅にここだけは自動車も通らない．ホロ酔いにはもってこいの，12時をすぎると誰ひとりとして人影はないこの橋を，遠く日本の誰々をおもいながらよく歩く…

　橋で見ると，電灯の角ガラスが，白いのだ．角度で赤と白とが区別されているのが定かならぬ酔眼でそれを知れるのが，たまらなくおかしい．

　枯れ葉の散った下を見おろすとセーヌが流れていて，時には，清元の北州なぞを口ずさんでいることが自分にわかるのです．若い時分によく柳ばしの芸者を二三人連れて渡るのですが，正月の夜ふけ，酔った妓が柳に締めた帯を揺がしながら，白い足袋を脱いで，大川へ投げる…都鳥が飛ぶように見える…げいしゃも酔い，そして私も酔っています．

　「見世すがきの風薫る，簾かかげて
　　時鳥，啼きしや皐月のあやめぐさ…」
チャンチン，チャンチン，足もともあやしい．そんな昔も思い出される…

　芸術の橋．黒々とひかえる美術館，美術学校．気がつくと芸者の姿はなく，そして私はひとりだ…

　パリでは，美術を見，寺院を見，そしてオペラを，バレーを．絵かきの友達は多く知ったが，パリ女はひとりも知らなかった．やっぱり年をとったのだなあ…さびしい気持ちにかえると，橋を渡った並木のかげに年老いたタクシーの運転手がボンヤリ待っている…

　私のノートも夜霧に濡れています．

　気がつくと，いつか小雨が降っていました．くるまに乗って見返えると，ポン・デ・ザールの灯はやはり赤くにじんでいます．

随筆

1959年4月号

松方コレクション

高階秀爾

世に芸術愛好家の手になるコレクションの数は多いが,松方コレクションぐらい特異な蒐集もまれであろう.第一,少なくとも日本では戦前から誰知らぬもののない有名な蒐集でありながら,これを集めた松方氏自身はっきりその内容を知らず,蒐集品が一堂に集められたことはついになかった.その意味からいえば,コレクションという名称自体はたして妥当であるかどうか疑わしいとさえいえよう.しかも松方氏その人の豪気な風格と大胆な行動にまつわるさまざまの伝説によって,その存在はいよいよ神秘化されて今日にいたっているのである.

だが,そのような多くの逸話や伝説はしばらく別として,簡単に事実だけを跡づけてみよう.第1次大戦中から1922年頃にいたる数年間,当時川崎造船の社長だった松方幸次郎氏はパリを中心にロンドン,ベルリン等,ヨーロッパの各都市で,当時の金額にして数千万円にのぼる美術品を購入した.その尨大な内容の一部は,両次大戦の間に日本にもたらされ,なん回かにわたって披露展覧会も行なわれた.だが残りの一部,主としてフランス近代の絵画・彫刻を含む約400点余りの作品はフランスにとどまり,そのまま第2次大戦を迎えることとなった.戦後サンフランシスコ平和条約によって,この残された分はフランス政府の財産となることにきめられたが,その後両国のあいだに寄贈返還の話が進み,さいわいにその交渉が実を結んで現在見る国立西洋美術館の誕生となったのである.

このようにして生まれた西洋美術館は,その内容とともに,美術館の建物自体がひとつのすぐれた芸術品であるところに大きな特色がある.周知のとおりこの建物の設計はル・コルビュジエ Le Corbusier の手になるものであるが,屋上の三角窓から直接外光を採り入れる中央1階の大ホールから渦巻状に展開して行くその構造は,大きく交叉する傾斜歩廊や張出部の巧みな組合せによって,視点が移動するにつれてさまざまの豊かな変化を示すダイナミックな空間構成にみごとに成功している.建築・彫刻・絵画が一体となってひとつのすぐれた芸術記念碑を作りあげているこのように贅沢な美術館を持つことができたのは,われわれ美術愛好者にとって,なによりも楽しいことである.

パリのルーヴル Louvre 美術館でさえ,むろんその内容は質量ともにケタちがいに上であるが,昔の宮殿を改装して展示場に利用している点,かならずしも理想的な美術館とはいいがたい.パリ以外の地方都市では,これほどの施設と内容を備えているところはむしろまれであろう.ひとりのすぐれた愛好家の情熱によって作りあげられたこと,フランス近代というひとつのまとまった時期の芸術を綜合的に示していること,そのために新たに特別の建物を建設したこと等の点において,しいて類似のものを求めるなら,オランダのクレラ・ミュラー美術館などがあげられるだろうか.その内容・規模からいっても,松方コレクションはまず遜色がないといえる.もちろん,クレラ・ミュラー美術館にはあの比類ないヴァン・ゴッホ Van Gogh の傑作群が保存されているが,われわれはやはり他に例の少ないみごとなロダン Rodin の蒐集を有

彫刻はロダンとブールデル Bourdel が主体であるが，なかでも 1881 年に始められてから死ぬまでつづけられた『地獄の門』La Porte de l'Enfer や『考える人』Le Penseur (1880)，『カレーの市民』Les Bourgeois de Calais (1884-88) 等の大作を含む 53 点のロダンは，パリのロダン美術館を除いては世界中どこにも見ることのできない一大偉観である．歓喜・苦悩・悲嘆・悔恨・陶酔など，人間情念の種々相を，従来見られなかったようなはげしい造形的リズムの中に力強く表現したこれらの傑作群は，バロックからロマン主義・写実主義と進んだそれまでの彫刻の集大成であり，同時にその思いがけない造形表現の新しさによって，現代彫刻への堂々たる第一歩でもあった．ロダンの出現によって，彫刻は初めてその新しい存在意義を見出したともいえる．それまでは単に装飾か，記念物か，いずれにせよなんらかの意味で他に依存する存在であった彫刻芸術が，ムードン Meudon の巨匠の天才によって最も深い人間本質の表現にまで高められたのである．なお彫刻と並んで，奔放自在な筆勢と豊かな表現力を示す驚くべき彼のデッサンが 30 点近くもたらされたことも，見のがしてはならない．

絵画作品は，これらロダンのデッサンも含めて約 300 点余りあり，1820 年代から 1920 年代まで，ちょうどフランス絵画の黄金時代であった 1 世紀間にわたっている．

松方コレクションがロマン主義運動の華々しい勝利であった『ダンテの小舟』La Barque de Dante (1822) および『サルダナパールの死』La Mort de Sardanapale (1827) に代表される若いドラクロワ Delacroix に始まることは，フランス近代芸術の理解の上にはなによりも喜ばしいことである．なぜなら，彫刻におけるロダンと同じくドラクロワこそは従来の絵画の大きな流れを吸収し集成したひとつの偉大な完成であると同時に，それ以後の新しいさまざまな絵画の流れ出る大きな源泉でもあったからである．私生活においては生涯結婚もせず，弟子もとらずに，ただひとり黙々と自己の芸術に精進しつづけたこの天才が，絵画史上においては最も影響の深い先達のひとりとなったのである．20 世紀絵画への新しい道を開いた前世紀末の大きな芸術革命は，ほとんどすべてドラクロワにまでさかのぼるといっても過言ではない．セザンヌ Cézanne にしても，ゴッホにしても，ゴーガン Gauguin までが，ボードレールの称揚してやまなかったドラクロワの創造に多くを負っ

ドラクロワ『サルダナパールの死』部分 　　ロダン『永遠の青春』 　　ルノワール『アルジェリア風俗のパリ女たち』

ている．われわれの新しい美術館に，新鮮でみずみずしい輝きに溢れる海港風景5点（いずれも淡彩）によって代表されているシニャック Signac が 1899 年新しい絵画のマニフェストとして書いたその理論書を『ドラクロワから新印象主義まで』と題したことははなはだ暗示的である．いや新印象派のみならず，印象派運動そのものが，クールベ Courbet の写実主義を直接受けついでそれをいっそう徹底させたものでありながら，一方ではドラクロワの色彩分割や生彩ある筆触法に多くを学んでいる．その意味において，ドラクロワに深い傾倒を示したルノワール Renoir の 3 点の作品，とくにルーヴルの『アルジェの女たち』を直接見ならった『アルジェリア風俗のパリ女たち』Les Parisiennes déguisées en Algériennes の大作を有することは西洋美術館の大きな誇りである．ファンタン・ラトゥール Fantin-Latour の『聖アントワーヌの誘惑』La Tentation de St-Antoine やモンティセリー Monticelli の『レ・マルティグ』Les Martigues, さらにはその門下からルオー Rouault, マチス Matisse, マルケ Marquet らの俊秀を生み出した神秘の魔術師，ギュスターヴ・モロー Gustave Moreau の作品等，いずれも直接ドラクロワの影響の下に生まれている．

ドラクロワとともに，写実主義の大家クールベが印象主義の誕生に決定的な役割を果したことはもちろんである．そしてクールベの場合は印象派の画法というよりはその精神に大きな力を及ぼしている．つまり外界の自然に対し，なんの先入観もなしに正面から対決する誠実な態度がなによりも大きなクールベの教訓であった．ノルマンディの海岸を描いた数多くの傑作の中でも珠玉のように美しいみごとな『波』Le Vague (1870 頃) や，あくまでも写実に徹しながらふしぎな詩情をただよわせる『物思うジプシー女』 Réflexion Tzigane (1869) 等を含む 7 点の名品がよく彼の芸術を代表している．

印象派そのものの中では，なんといっても 11 点のモネ Monet がその画歴のあらゆる時期にわたって堂々と美術館の壁を圧している．印象派の中でも最も印象派らしく，そして最後までその美学に忠実であったモネはピサロ Pissarro とともに最もすぐれた正統派印象主義の代表であった．1902 年のロンドン風景に見られるけぶるような光と空気の交響楽や，まばゆいばかりの色の輝きを示す晩年の『水蓮』Nymphéas 等は，印象主義のみならず，フランス絵画の達しえた最も偉大な完成のひとつであるといえる．

だがその同じ頃，新しい絵画への革命はすでに始まっていた．4 点のきわめて構成的なセザンヌ，3 点のみごとなゴーガン，晩年の『薔薇』Les Roses 1 点のみで代表されるゴッホ等がわれわれに示してくれるのはなによりもまず，単なる視覚映像の再現を拒否し，それ自身で充足している独立の絵画世界の創造である．それはやがて今世紀初順の歴史的絵画革命へとつづき，やがて従来考えても見なかったような新しい絵画の開花へと導くのである．

松方コレクションは，両次大戦間，現代絵画の誕生の時期で終りを告げている．それがまた松方氏の美術品買入れの最後の時期でもあったので，それ以後の作品がないことは当然であるが，今日このみごとなコレクションを贈られたわれわれとしては，ただそれらを大事に保存するだけにとどまらず，欧州美術をそっくりそのまま日本に移そうという大業をうけついでいっそうの努力を重ねることこそ，故人の意思に報いるゆえんであろう．

筆者は国立西洋美術館勤務

1959年8月号

作家と作品

モーリス・ブランショ

　20世紀は批評の世紀である，とはよくいわれることだ．批評が文学の意識的部分といえる以上，それは内省による文学自身の意識獲得にはじまるものだろう．内省と文学それ自体の意識的追求——現代フランス文学批評を文学史の流れのなかに見るとき，ぼくたちの目のまえに，ステファヌ・マラルメ Stéphane Mallarmé の姿が大きく浮かびあがってくる．20世紀フランス文学の開拓者といわれるヴァレリー Paul Valéry，ジッド André Gide，プルースト Marcel Proust，クローデル Paul Claudel の4人はいずれもマラルメの影響下からその文学活動を開始していた．ジッドを中心とする《N.R.F.》誌の運動のひとつの性格は，象徴派の密室からの脱出と生への志向にあるとしばしば定義される．だがその運動から30年以上の時間をへだてた現在の地点から眺めるとき，その反逆が，黄ばんだ永遠の秋をたえず歌った後期象徴派への反逆にほかならず，《N.R.F.》派批評の構築した美学のほとんどすべてが，マラルメの『ディヴァガシオン』Divagations 1冊のなかに収斂されてゆくようにさえ見える．ヴァレリーをほとんどただひとりの例外として，マラルメの遺産は，surréalisme の文学革命と第2次大戦というふたつの嵐を経験した戦後の文学において，はじめて全的に理解されはじめたといってもおそらく誤ちではあるまい（たとえば，サルトル J.-P. Sartre の『聖ジュネ』Saint Genet は，精緻なマラルメ論として読むことも可能である）．ここでとりあげるモーリス・ブランショ Maurice Blanchot は，マラルメと surréalisme の遺産のもっとも正しい継承者のひとりとして位置づけることができる．そのふたつを同じひとつの源泉から流出するものとして見つめ，源泉の底深くから思索の水をくむことによっておのれの文学的世界をきずきあげてゆくことが，ブランショの志向するところなのである．

　モーリス・ブランショの伝記的事実については，ほとんどなにもわかっていない．1907年生れで，若いころ《Journal des Débats》誌の編集にたずさわっていたが，1940年には職を辞し，以後は文筆活動に専念したらしい．かれの récit『死刑判決』L'arrêt de mort, 1948 は，1938年のミュンヘン会談のころから独仏開戦直後までのあいだにおける話者〈je〉の〈死〉をめぐる体験を描いたものだが，そこに当時のかれの心象風景の反映をうかがうことも可能かもしれぬ．第2次大戦終了前後には，かれは《Arche》，《Les Cahiers du Sud》，《Les Cahiers de la Pléiade》，《Critique》，《Les Temps Modernes》などの雑誌に寄稿していたが，1953年《N.N.R.F.》誌創刊後は，同誌に『探求』Recherches と題する定期的クロニックを掲載し，ときどき小説を発表するほかは，ほとんどいかなる文芸雑誌新聞にも姿を見せない．1〜2の文学賞の審査員となってはいるが，きわめて孤高な生活を送っているものと思われる．

　ブランショのもっとも早い作品は，『永遠の繰り返し』Le ressassement éternel, 1951 に収められたふたつの短篇小説『牧歌』Idylle, 1935 と『最後のことば』Le dernier mot, 1936

である．かれは そのあと，『謎のひとトマ』Thomas l'obscur, 1941, 『アミナダブ』Aminadab, 1942, 『いと高きもの』Le Très-Haut, 1948 の 3 つの roman と，『新版，謎のひとトマ』Thomas l'hbscur, nouvelle édition, 1948, 『死刑判決』, 『のぞむときに』Au moment voulu, 1951, 『私についてこない男』Celui qui ne m'accompagne pas, 1953, 『最後のひと』Le dernier homme, 1957 の 5 つの récit を書いている．

筋を語ることがまったく無意味なこれらの小説は，一見 カフカ的 であるが，たとえば『城』の主人公 K. の意識における超越的な〈城〉の存在はここにはない．あるものは無をもとめての彷徨であり，不在なもののうつろな姿が現出するだけである．サルトルによればそれは〈語がたがいに相殺しあうようにねんりにえらばれている 奇妙な精密機械〉であり，〈運算の結果が ゼロとなるべきあの複雑な代数方程式に似ている〉(*Situations, p. 294*). だが，ブランショの小説は，人生の虚妄を沈黙のかたちで表現したという allégorique なものではない．narration の展開につれてゆっくりと明るみに出されてゆくような秘やかな 意味――しかも その意味は fiction をとおしてはじめて捉えられるもので，意味それだけを抽象的に理解しようとするとたちまち消失してしまう――そんな意味を要求している symbole としての物語が，かれの小説なのだ．だが，その symbole はぼくたちになにを現前させてくれるか．ここでブランショの批評活動に注目しなければならぬだろう．

ブランショの 批評作品は，『文学は いかにして可能か』Comment la littérature est-elle possible?, 1942, をはじめとして『踏みはずし』Faux Pas, 1943, 『ロートレアモンとサド』Lautréamont et Sade, 1949, 『焔の役割』La Part du feu, 1949, 『文学的空間』L'Espace littéraire, 1955, 『未来の書物』Le Livre à venir, 1959 と，これまで 6 冊刊行されている．これらの作品を一貫する主題は〈文学はいかにして可能か〉という問題である．かれは個々の作品，個々の作家に関心をよせ，それぞれの独自の相貌を分析し点検するタイプの批評家ではない．作品はいかにして成立するか，作家はいかにして誕生するかという問いかけから，〈作品の端緒〉commencement de l'œuvre が根をおろすべき〈文学的空間〉の構造をさぐることがかれの 企図なのである．これは文学それ自体に反省の視線を向けることであり，この問題を 追求する ために，かれは文学がすでにひとつの問題であった作家たち，通常の意味での文学を越えた地点で精神の冒険へと進んでいった作家たちを手がかりとしてえらぶ．マラルメ，カフカ，リルケ，ヘルダーリン，ルネ・シャールらが，ブランショの批評の舞台の数少ない主役として登場し，かれはそれらの作家たちがいかにしておのれの可能性を切り開いていったかを飽くことなくさぐってゆくのだ．

ブランショの批評の体系は 3 つの軸を中核として形成されている．その第 1 は作家の自己形成の問題である．作品以前には作家は存在しない．イジドール・デュカスが『マルドロールの歌』の第 1 行 Plût au Ciel que... と書いたときに，『マルドロールの歌』を書きうる詩人ロートレアモンの誕生がはじまるのだ．だが，それならば，作品はいかにして書きはじめられるか．作品を書くという操作をとおして，作品を目のまえに現出させるまでは，作家はおのれがなんであるかわからず，またかれは作家ではない．作品は実現されなければ作品ではないと意識したとき，作家は

作家と作品

書きはじめる．そのとき書くという行為は，自分がどこに行くかを知らずに出発する冒険であり，ヘーゲル流にいえば，そのときの作家は〈無のなかで働く無〉un néant travaillant dans le néant なのだ．

ところで文学作品はなによりもまずことばであり，ことばの問題を無視しては文学世界の解明は不可能である．ブランショの思考もことばの問題をきわめて精密に扱っている．ことばの働きは現実の破壊である．ひとが猫というとき，生きた実在としての猫，対象の実体は遠ざけられ破壊されてしまって，そのあとにひとつの vide，対象の不在が形成されている．ついで意識は〈猫〉ということばからその意味を汲みとり，対象の不在という vide を埋める．ここから，日常生活で用いられることばと，文学のことばとはその作用を異にしはじめる．vide が埋められたとき，日常生活においては，対象指示の機能を終えたことばは消失し，ひとはふたたび現実に出あう．かれの知っているかぎりの〈みけ猫〉〈ペルシャ猫〉…などに関するすべての知識がかれを襲う．だが，文学の次元では，ことばはそれがつくりだした対象の不在に執着する．ことばのつくりだす absence の重層化によって構築された非現実的な空間が文学の世界なのである．この事情をブランショは，マラルメの詩を論じながらつぎのように語る．

〈最初の一語は滑行運動の下準備にすぎない．なぜならその一語は意味をとおして，それがその物質的な実在性を遠ざけてしまったところの意味されている対象物を，ふたたび現前させるからである．したがってもし不在が維持されねばならぬとすれば，その最初の語にそれをしりぞける語がとってかわり，この二番目の語にはそれから逃れる語が，そして——最後の語には運動そのものがとってかわる必要がある．こうしてわれわれはイマージュの領域にはいる．安定した堅固なイマージュの領域のなかではなく，すべての像が移行であり，不安であり，過渡であり，暗喩であり，無限の弾道の運動であるような秩序のなかにはいるのだ．〉(La Part du feu, p. 70)

こうした現象はすべて，ことばのもつ，人間とものとのあいだにひとつの écart をつくりだす作用に由来する．この作用はさらに，事物からはなれ，au-delà に志向するという le sentiment le plus profond de notre existence に由来するのである．マラルメはすでにこれらの事情を『詩の危機』Crise de vers や『音楽と詩』La Musique et les Lettres のなかで考察していた．ブランショはマラルメの言語観に出発してそれを分析しつつ，さらにそこにヘーゲル流の意識と死の連帯性を導入する．ことばと意識のもつそうした機能は，すべて〈死〉la mort にもとづく．〈わたしが語るとき，わたしのなかで死が語っているのだ〉quand je parle, la mort parle en moi. (La Part du feu, p. 326) ここに，ブランショの思想体系の第3の軸，そしておそらくすべての根底にある軸，死の問題が交錯してくる．

死は人間の究極の可能性であり，人間の最大の希望であり，人間が人間であるための唯一の希望である．だからこそ，『カラマーゾフの兄弟』のキリーロフは，自己の最大の肯定のため自殺をはかった．だが，こういう〈死〉は人間に可能だろうか．死んでゆく人間は，死を見つめる能力を失い，死を知らない．生涯をかけて死へと歩んできたのに，最後の瞬間において死はもれ落ちてしまう．なぜなら死ぬとは世界を破壊すること，存在を無化することであり，したがって〈死を失うこと，死のなかにあるもので，死をわたしにとって死たらしめていたものを失うこと〉perdre la

作家と作品

mort, perdre ce qui en elle et pour moi faisait d'elle la mort (*ibd. p. 339*) なのである. ここに死ぬことの不可能性 impossibilité de mourir としての la mort が出現する. たえず未来にあり, 〈人間としては〉到達できぬ〈死〉la mort の周辺に生起する不可思議な空間, existence ではなく非人称的な être の世界, それをブランショは〈死の空間〉espace de la mort と呼ぶ. かれの小説の象徴するものも, じつはこの〈死の空間〉にほかならないのだ.

ところでブランショの文学論は, この〈死の空間〉と, 作品の端緒が根をおろすべき〈文学的空間〉とが analogue な構造をもつという注目にその中心的命題を置いているのである. 〈死の空間〉の構造は自殺者の意識においてもっとも明確にあらわれる. 日常的な目的の王国が停止する地点, 〈捉えられぬもの〉のそばにおいてなおひとつの力であろうとする力が問題となる場こそ自殺と芸術なのだ. マラルメの『イジチュール』Igitur は〈自殺と芸術〉という主題をほりさげた作品だった. また, カフカが ich から er へと移行して書きはじめたとき, はじめて作品が可能だったとはよくいわれることである. 〈無〉のなかで〈無〉が働くものと規定される表現活動の開始の地点は, je ではなく on が支配するあの〈死の空間〉と同じく, 非人称的な, とらえがたい世界なのだ. また逆に, 非人称的な〈文学的空間〉のなかにはいって, はじめて真の意味での inspiration が可能であり, 作品がはじまる.

これはまた surréalisme がめざしたところだった. surréalisme は文学が非現実であり, nullité qui constitue une force extraordinaire であることをもっとも過激な方法であばきだ

した. 同時に, ブルトン André Breton が surréalisme の唯一の動機としたあの〈至上点〉の発見とは, 〈人間が自己をふりむき, もはや自分のまなざしではないまなざしで自己を捉えたいという至高の努力〉effort suprême par lequel l'homme veut se retourner sur soi et se saisir d'un regard qui n'est plus le sien. (*ibd. p. 100*) だった. 〈もはや自分のまなざしではないまなざしで自己を捉える〉——この非人称的な〈文学的空間〉に到達するための手段としてブルトンによりえらばれたのが自動記述 écriture automatique である. 自動記述は inspiration により作品にいたる道ではなく, 作品によって inspiration——commencement de l'œuvre——にいたる方法だ, とブルトンの思考を深化させることにより, ブランショはマラルメと surréalisme の共通の源泉をさぐりあてる.

以上は, ヘーゲル流の緻密な弁証法を応用した logique で展開されるブランショの複雑な文学体系の骨組を, ぼくなりに粗描してみたにすぎない. この難解な penseur——そう, critique とかれを呼ぶより, こう呼んだほうがふさわしいだろう——の全貌をこの限られたスペースであかすことなど, とてもできはしない. 〈文学はどこへ行くか〉Où va la littérature?——これはブランショのもっとも最近の評論集《未来の書物》のなかで追求されている主要な主題である. こんにち文学の意識的検討を試みるひとびとに重くのしかかっているにちがいないこの問題に, ブランショほど深く徹底的に迫っている文学者はほとんどあるまいということを, ぼくはさいごにいいそえておく.

清 水 徹

1960年3月号

ALBERT CAMUS TROUVE LA MORT
dans un accident d'auto

La grand écrivain français Albert Camus, âgé de quarante-six ans, prix Nobel de littérature en 1957, a trouvé la mort, lundi après-midi, dans un terrible accident d'automobile, sur la Nationale 5, entre Sens et Montereau.

Après avoir passé quelques jours de vacances dans sa propriété de Lourmarin, en Provence, l'écrivain se rendait à Paris dans la voiture pilotée par son ami Michel Gallimard, directeur de l'édition de la «Pléiade» et neveu de l'éditeur.

C'est au Petit-Villeblevin, près de Villeneuve-la-Guyard, le pneu arrière gauche ayant, semble-t-il, éclaté, que le véhicule, qui roulait, selon le témoignage d'un automobiliste, à plus de 150 kilomètres à l'heure, heurta un platane. La voiture fut renvoyée contre un deuxième arbre où elle s'emboutit littéralement.

Albert Camus fut tué sur le coup.

(LE FIGARO jeudi 7 janvier 1960)

作家と読者

佐 藤 朔

アルベール・カミュが『異邦人』L'Etranger を発表したのは，戦争中のことで，かれが抵抗運動をおこなっていた 1942 年のことである．じっさいに書かれたのはそれより 2 年前のことらしいが，いずれにしてもすでに戦争がはじまっていた．フランスがドイツ軍に侵入され，たちまち敗北してしまった戦争，多くの者が捕虜になり，また逮捕拉致された，苦しい陰鬱な長い占領時代，そのあいだにカミュはひきつづき『シジフォスの神話』Le Mythe de Sisyphe，『誤解』Le Malentendu，『あるドイツの友人への手紙』Lettres à un ami allemand，『ペスト』La Peste を書いている．『ペスト』の発表されたのは，戦後の 1917 年のことだが，これも戦争中から執筆をはじめている．1949 年には『正義の人々』Les Justes の上演があり，1951 年に論争の的となった書物『反抗的人間』L'Homme révolté の発表があった．『異邦人』の発刊から 10 年ばかりの期間である．このあいだにカミュは

ほとんどかれの全生涯の仕事をなしつくしてしまったといっていい．そのあとには中篇や短篇，芝居の脚色の仕事があるけれど，まだ十分に新しい境地をきりひらくにいたらないうちに，死んでしまった．世界的名声をもった作家としては，仕事の期間も短かく，作品の数も少ない．しかしカミュの作品はこんごもながく読みつづけられてゆき，ことに若い人たちのあいだに愛されてゆくであろう．

なぜか？ カミュの作品は清潔で，誠実で，正義と反抗の思想につらぬかれているからである．かれの作品のなかには不潔で，醜悪で鼻もちならない悪党はいない．詐欺師も，裏切り者も，背徳者もいない．罪に苦しむ者や罪を犯した者はいるが，いずれも悪人ではない．だから社会の裏面とか人生の泥沼のような場面はなく，全体として写実的であるより，観念的であり，寓話的な物語が多い．だから表現が適確で，文章が美しくても，想像力が貧しくて，お説教風で，小説としては厚みが

Hommages à Albert Camus

なく，面白味がないという批評もある．青少年のための推薦図書としてなら恰好なものだが，文学のだいご味を味わわせる作品としてはものたりないし，ことに正義とか反抗とかを説くモラリストふうのところが気にいらない，ということになる．

カミュの作品が清潔で，誠実で，モラリストふうだからよしとする者と，それだからこそものたりないとする者は，これまでにもあったし，これからもいるだろう．ただどちらにしても，カミュのような作家の仕事は，どういう時期にどういう意図のもとに書かれたかを考えるべきであろう．作者も，その時代も切りはなして，ただ作品のもつ形式と内容からだけでは，理解しつくすことはできない．美術工芸品のように，ひたすら嘆賞に価するような，自己完結の作品とはちがうのである．カミュはほんとうはそういった完璧な傑作を書きたかったのかもしれない．『結婚』Noces とか『夏』L'Eté のような小品にはそうした完璧さが見られるからである．しかしかれの小説にも，戯曲にも，そうした完璧なものはない．あまりに時代に即しているときには，文学芸術は完璧なものになりえないからであり，またかれのような思想の持主では作品がどうしても訴えるような調子になりがちだからである．われにもあらず，作品に，モラリストらしいところが出てしまうのである．

それには，カミュのおもな仕事がなされた1942年から1951年までの10年間のフランスのおかれた歴史的事情と，そのなかで青年となり作家とならざるをえなかったかれのことを考えればいい．わが国にカミュが紹介され翻訳されたのは，戦争のおかげで約10年おくれている．『ペスト』は1950年，『異邦人』は1951年に翻訳され，いずれも圧倒的な人気を得て愛読され，これまでに両者とも50万部ぐらい売れているそうである．この場合にも，日本の読者がカミュの作品を完璧な傑作として受けとったのではなくて，かれらのおかれた歴史的事情がその作品に多大の共感をおぼえさせたのである．そこに少なからぬ偶然の一致というものを感じさせる．敗戦後の被占領期に『ペスト』が読まれ，『異邦人』が迎えられたということである．不条理の思想にしても，集団的抵抗にしても，または暴力や虚偽や不正への反抗にしても，戦後であればこそわれわれはあれだけの共感をおぼえたのである．カミュの不条理の思想は，体系的なものではないので，かなりわかりにくいものであったが，戦後の青年はそれを感覚的に理解してしまった．

なんらかの思想を感覚的に理解させるのが文学である．『異邦人』について論争がおこなわれたが，あの種の小説はまず共感がなければ，結局わからないというよりしかたのないものであった．どこがよく書けているとか，書けていないとか技術的批評をしても，また主人公の行動が矛盾しているとか無軌道だと道徳的批判をしてもはじまらないのである．戦争をとおして，敗戦によって，人生の不条理についてふかく体験したものだけが，あのような小説をただちに受けいれることができたのであった．

しかしこうした感覚や感情は伝染性があるので，たちまちのうちに情緒となってなんとなく多くの人が理解するようになる．そうして不条理の思想の流行となり，『異邦人』に似たような小説がたくさんあらわれ，またこの思想を哲学的に分析したり，体系づけるこころみも出てきた．しかし流行となれば，またそれはいつかは消えてゆく．これは日本だけではなく，フランスでも，英米でも同じこと

Hommages à Albert Camus

であった．こんにちの小説で，『異邦人』ほど多く論じられ，模倣されたものは少ないであろう．いずれも 1950 年前後のことで，世界の青年たちが同じような戦後という時期におかれていたためである．

1950 年は戦後であると同時に，一種の《戦争前》のような 緊迫した 空気のなかにあった．朝鮮戦争がはじまり，各国に政治的な事件がつぎつぎに起こり，世界中の平和が脅やかされた時期である．フランスとしてもインドシナ戦争がまだ終わらず，やがてアルジェリア戦争が起ころうとしていた．こうしたおりに『ペスト』が読まれ，またかれのかずかずの時事論文がすすんで読まれたのは当然であった．時事論文こそ，もっとも時代に即し，その国の社会や政治に即したものであるが，世界的に共通した歴史的状況のもとにおかれた時期では，たとえそれがフランスの政治や政策の批判であっても，われわれは身につまされて読むことができた．正義とか反抗，暴力や不正という言葉が単なる観念としてではなくて，実感としてうけとれたのである．

『反抗的人間』をめぐっての論争で，カミュは美しい魂のモラリストであり，抽象的な正義とか 反抗とか となえる だけで，その行為も，作品も無効であるといわれた．これはのちに左翼側の思想家や革命主義者から叫ばれたことだが，カミュはしだいに右傾して，いまにキリスト教徒のようにただおこない正しい者になるだろうと考えられた．不条理の思想の流行期をすぎた時期に，こうしたカミュ批判がしきりにおこなわれ，最近にいたっている．

キリスト教徒のモラルをみとめるということを比喩的に，またはただ右翼的という形容詞として使うならいざ知らず，カミュがこんなに早く事故死しないで，こんごさらにその思想が円熟し発展すると仮定しても，かれが神をみとめるようになるとはとうてい考えられない．なぜなら神を否定することが，かれの青年時代からの思想や作品の出発点であるからである．かれの不条理の思想も，小説も戯曲も，時事論文も，みな神または絶対者の否定とそれへの反抗から成り立っている．かれの多くの時事論文や思想的評論も同じであって，神なき社会において神格化される思想にあくまでも反抗していた．それをかれはニヒリズムという言葉であらわし，コミュニズムも資本主義もニヒリズムを神格化していると説いていた．これは単なる言葉のあややや論理のたわむれではなくて，かれは終生，神，またはそれに代わるものに反抗していた．この点，右翼側の人々もカミュを誤解していることがしばしばであった．

カミュの晩年の作品となった『転落』La Chute は，罪の意識を扱ったものではあるが，これも決してキリスト教的な罪の意識ではない．むしろ反省のない，虚偽にみちた，思い上がったブルジョワに，さらにまたおのれのみは正しいと思いこんでいる その他の 人々に，人間的な，道徳的な有罪感をうえつけようとしたものである．その有罪感とは，かれの初期の作品でいえば，不条理の意識と同じことになり，神の意識のない有罪感であった．

カミュは神を否定した．だからこそ不条理の思想に深入りした．自動車事故で急逝しようと，そんなことはどうでもいい，とカミュの作中人物なら考えそうである．モーリアック François Mauriac はカミュの死を悼んだ文章のなかで，「不条理が曲りかどでかれをねらっていた」と書いていたが，この不条理とは死神のことであろう．カミュはその死神すらも信じなかったのにちがいない．不条理のなかに生き，死んだ作家であった．

Hommages à Albert Camus

わが失敗録

なだ いなだ

　そもそもひどくそそっかしい男なので、言葉の失敗などは山ほどある。だが、外国語を習う時には、笑われるような誤りをするのはあたりまえだと覚悟しておくべきものなのである。この間も字引を片手に童話を読んでいたフランス人が「障子と着物がどうしたというの？」というので見たら、正直者のことであった。それから《白痴》の語源は歯と口で、脳みそが足りないところから来たのかと大まじめで僕にいったフランス人もある。だから、それに比較すれば、僕などの失敗はほんの御愛敬である。

　行きの船の中には英語しか話せない人間もいたので、右を向いてはフランス語で、左を向いたら、中学校で習ったままおさらいもしていない英語で話をしなければならない日が一月も続いた。ある日ついに僕は隣の男（それはイタリア人の牧師さんだったが）に、Do you fumez-vous? と口走っていたのである。

　パリでは東京と同じで、きっと世界中どこでも同じかもしれないが、パン屋 boulanger と菓子屋 pâtissier はいっしょだ。女の子なら、菓子の名前を覚えるような馬鹿をするだろうが、僕はガラス戸越しに指さしながら、向こうのとか、こっちのとかしかいわなかった。ところが、けしからぬことに菓子に女性だとか男性があるので、名前もわからぬ菓子は性別も分からない。Celui-ci とも Celle-ci ともいえぬのである。赤い桜んぼなどののっている派手な男性があったりして困った。

　どうも食べもの飲みもののたぐいはそれ以外にもけしからんことがあって、ラードがほしいので肉屋に行き Lard をフランス語読みをしてラールをくれといったら、ベーコンを持って来た。それにある日、レストランにはいってメニューを見たら、そのメニューときたらごてごてとひげの生えたような文字で何だかわけのわからぬことが書いてある。その中から Riz de veau というのを判読して、これだ、これなら子牛の肉と米飯の何かだろうと思って注文すると、何と子牛の脳みそを持って来た。それで心の平静を乱されたためだろう、他の料理を取って、女の給仕を呼んで辛子（Moutarde）がないかと言おうと思ったのである。ところが、それがどうも英語のマスタードと混線したらしく、あなたは Moustache を持っていないかといってしまった。相手が女だったのがよくなかった。それに、こういう時にはもっと田舎者らしい顔つきをしていれば救われたのだが、僕はあまりにも誤りをするには優雅な外観を持ちすぎていたようである。僕は顔を赤らめぬわけに行かなかった。それから店を出るまで何をどう食べたか記憶がない。

　学生の身体検査の紙を渡されて、空欄を書きこまねばならぬことがあったが、そのひとつに règles というのがあった。これはどうも僕ひとりとまどったわけではないらしいが、隣にいた女の子にどう書けばよいのかと聞いたら横つらをはたかれそうになった。règles には月経の意味があるのだが、けしからぬことに仏和小辞典には抜けている。だが、それからしばらくして、僕は、さあこれから寝に行こうというつもりで Je vais accoucher.（お産をするぞ）といってしまった。もちろん Je vais me coucher. というべきだったのである。その時になって僕はふと règles のことを思い出したのであった。

1961年1月号

HYMNE A L'AMOUR

© 1949 by EDITIONS RAOUL BRETON
All right reserved. Used by permission
Authorized to NICHION, INC. for sale only in Japan.

Words by Edith Piaf
Music by Marguerite Monnot

Tempo di Blues

Le ciel bleu sur nous peut s'é-crou-ler, Et la
jour la vie t'ar-rache à moi, Si tu
ter- re peut bien s'ef-fon-drer Peu m'im-por-te si tu
meurs que tu sois loin de moi, Peu m'im-por-te si tu

III [1956—1965]

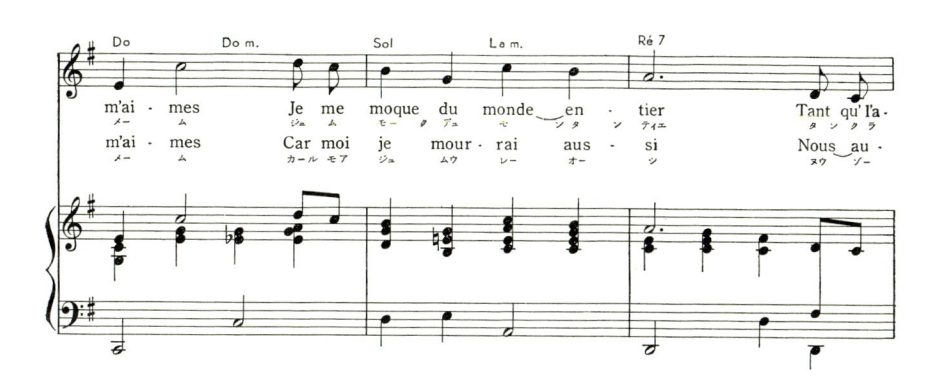

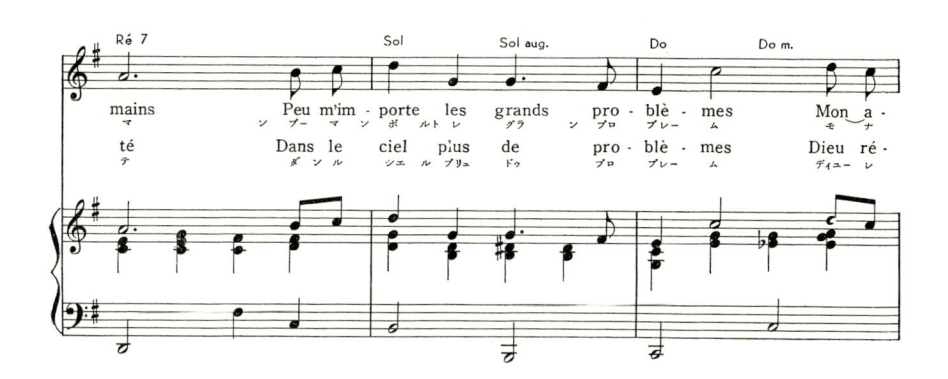

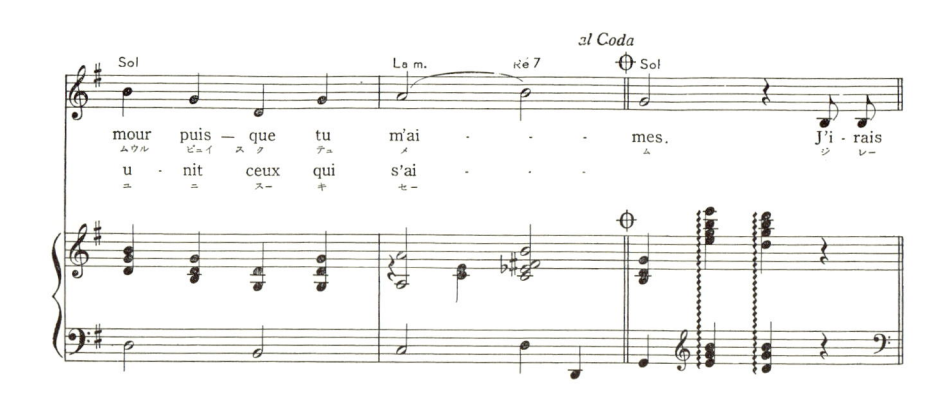

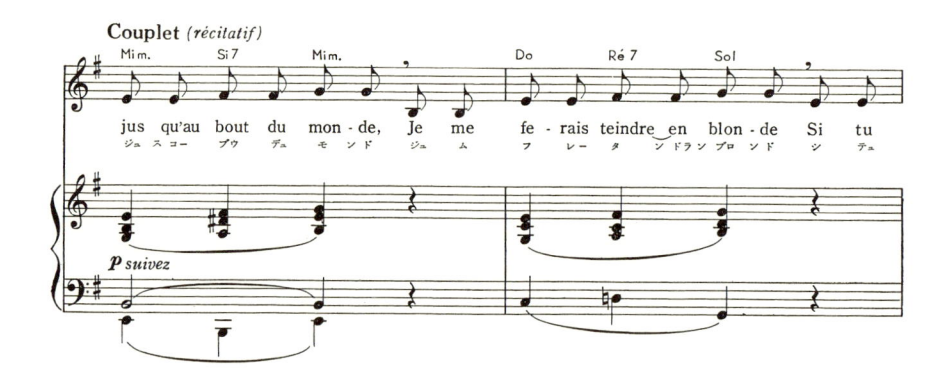

mour puis — que tu m'ai .... mes. J'i - rais
ムウル ピュイ ス ク テュ メ ム ジ レー
u - nit ceux qui s'ai ....

Couplet (*récitatif*)

jus qu'au bout du mon - de, Je me fe - rais teindre en blon - de Si tu
ジュスコー ブー デュ モンド ジュ ム フ レー タンドラン ブロンド シ テュ

p suivez

me le de - man - dais J'i - rais dé - cro - cher la lu - ne J'i - rais vo - ler la for - tu - ne Si tu
ム ル ド マン デー ジ レー デ クロ シェ ラ リューヌ ジ レー ヴォ レ ラ フォルテューヌ シ テュ

III [1956—1965]

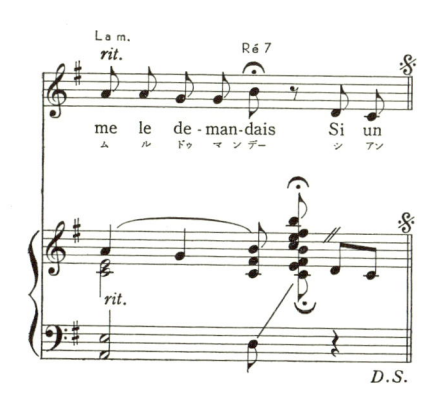

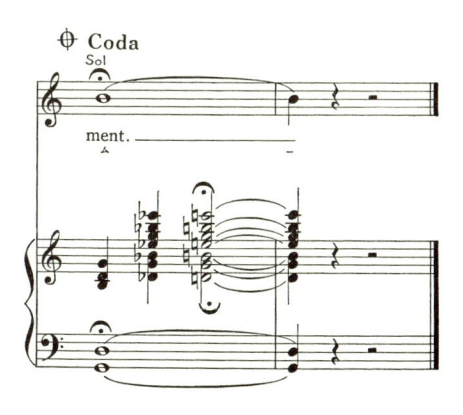

愛 の 讃 歌

言葉　エディト・ピアフ
音楽　マルグリート・モノ

Refrain
 Le ciel bleu sur nous peut s'écrouler,
 Et la terre peut bien s'effondrer
 Peu m'importe si tu m'aimes
 Je me moque du monde entier
 Tant qu' l'amour inond'ra mes matins,
 Que mon corps frémira sous tes mains

 Peu m'importe les grands problèmes
 Mon amour puisque tu m'aimes.

Couplet
 J'irais jusqu'au bout du monde,
 Je me ferais teindre en blonde
 Si tu me le demandais
 J'irais décrocher la lune
 J'irais voler la fortune
 Si tu me le demandais,
 J'irais loin de ma patrie
 Je renierais mes amis
 Si tu me le demandais.
 On peut bien rire de moi,
 Je ferais n'importe quoi,
 Si tu me le demandais.

［折返し］
青い空が頭の上に崩れて
大地が落ちこむことがあっても
かまわない，あなたが愛してくれるなら
世間なんかはものともしない
愛がわたしの朝をひたしてくれるなら
わたしのからだがあなたに抱かれてふるえるなら

むずかしい問題もかまわない
恋人よ，あなたが愛してくれるなら．

［本歌］
世界のはてへも行きましょう
金色に髪も染めましょう
そうしろとおっしゃるなら，
空から月をはずしもしましょう
財宝を盗みもしましょう
そうしろとおっしゃるなら，
国を離れて行きもしましょう
友だちに顔をそむけもしましょう
そうしろとおっしゃるなら．
笑われたってかまわない，
何でもしましょう
そうしろとおっしゃるなら．

Refrain
　Si un jour la vie t'arrache à moi,
　Si tu meurs, que tu sois loin de moi,
　Peu m'importe si tu m'aimes
　Car moi je mourrai aussi
　Nous aurons pour nous l'éternité
　Dans le bleu de toute l'immensité
　Dans le ciel plus de problèmes
　Dieu réunit ceux qui s'aiment.

［折返し］
　いつか人生があなたを取り上げても，
　あなたが死んでも，遠くへ行っても
　かまわない，愛してくれるなら，
　なぜならわたしもやっぱり死ぬから，
　永遠が二人のためにあるだろう，
　青い無辺の世界に行けば
　空に行けば，もう問題もなくなるだろう
　神は愛する人たちを結ぶから．

歌いかた，その他
　楽譜の前奏が終わって，歌詞が始まるところに To de Blues (Tempo de Blues) と記してあるが，これは"ブルースの拍子で"の意味である．Blues は正しく発音すればブルーズ，ご存じのようにジャズの一種である．たいていはゆるやかな拍子で曲想は哀愁を帯びている．元はアメリカの黒人のあいだで古くから歌われていた歌で，長い奴隷生活の苦悩が生んだ民謡であるらしい．黒人霊歌 (Negro sprituals＝黒人の宗教的な歌) に似た短い単純な歌であって，本月号の歌の refrain の部分はそのおもかげがある．
　Couplet のところには"récitatif"という言葉が括弧に入れて添えてあるが，これは音楽用語では"叙唱"と訳し，歌劇で叙情的な詠唱（イタリア語 aria，フランス語 air)，いわゆる"歌"に対して，朗誦的な叙事的な部分をさしている．だからここは語るような気持ちで歌わなければならない．
　言葉は母音の省略が少しある．第 1 の refrain の第 5 行目の Tant qu' l'amour inond'ra... は Tant que l'amour inondera... である．この歌は Blues の素朴な哀愁の感じを借りて，天国でみたされる愛の苦悩をうたったものであろう．

　　　　　　　　　　　　　　東京芸術大学教授　小松　清

Je vous envoie un bouquet que ma main
Vient de tirer de ces fleurs épanies;
Qui ne les eust à ce vespre cueillies,
Chutes à terre elles fussent demain

Cela vous soit un exemple certain
Que vos beautés, bien qu'elles soient fleuries,
En peu de temps cherront toutes flétries,
Et, comme fleurs, périront tout soudain.

Le temps s'en va, le temps s'en va, ma dame
Non pas le temps, mais nous nous en allons,
Et tost serons étendus sous la lame

Et des amours desquelles nous parlons,
Quand serons morts, n'en sera plus nouvelle,
Pource aimez-moi, cependant qu'estes belle.

(Ronsard)

口絵の詩

ロンサール　RONSARD

ぼくはおくる，この花束を
ぼくの手で盛りの花をより分けて．
今宵つまれぬ花々は，
明日は大地に散りおちる．

このみせしめを心にとめておくがいい，
お前の誇る美しさ，今を盛りと開いても，
ときを経ずして色あせて
すぐに，花のごとくに枯れはてる．

時はさり，時はすぎゆく，恋人よ，
ああ！すぎゆくものはぼくらたち
お墓にゆくのもじきのこと．

ぼくらが語る恋だって，
死んでしまえば後の祭りだ．
だから愛せ，お前が美しくあるうちに．

　ピエール・ド・ロンサール Pierre de Ronsard (1524~1585) は，フランス・ルネッサンスを代表する詩人である．かれは，いわゆる文学史上に名高い《プレイアード》派の首領と仰がれ，友人ジョアシャン・デュ・ベレ Joachin Du Bellay などとともに，当時までにきわめて貧しかったフランス詩の革新に努力を払い，近代抒情詩の基礎をつくった．
　ロンサールの詩的ジャンルは，オード，マドリガル，ソネ，シャンソンなど多彩をきわめ，その詩作品の数は多い．『オード四部集』(1550)，『恋歌集』(1552)，『続恋歌集』(1555)，『新続恋歌集』(1556)，『ラ・フランシアード』(1572)，『エレーヌへのソネ』(1578)…
　《ぼくはおくる…》（テキストの綴字は現代のそれと多少異なっている）のソネは『続恋歌集』のなかに収められているもので，ロンサールの作品のうちで最も広く愛唱されているものの一つである．この詩集においてロンサールが歌ったミューズは，ブールグィユに住んでいた可憐な田舎娘マリー・デュパン．詩人はこの野性の薔薇にもたとえられるべき娘に，1555年の4月，友人の狩りに誘われた折に出会った，と伝えられている．5月の薔薇のような紅の頬，くり色の髪の毛，もえでる灯心草の下に白くかたまる乳房の山——詩人の官能は激しく刺激され，心は恋の絆でしばられた．そしてマリーは，ロンサールの愛の歌に姿をみせる重要な3人の女性の1人となった．初期詩篇で《永遠のあこがれ》と歌われたカッサンドルや，詩人の晩年を飾る，秋の憂愁につつまれた優雅な女性エレーヌとともに．
　マリーに捧げられたロンサールの諸詩篇は，詩句は単純，調子は親しみやすい．そこには，もはや，かつて無知なる宮廷詩人たちへの挑戦のために用いられた，あのペダンチスムや気取りはない．ロンサールは変貌した．《堅いギリシャ》からもう一つのギリシャに．生の美しき日々に潤う感性と，激しく燃える青春の官能とが，例えば，軽やかに野を流れる田園詩のメロディや，甘美な悲しい紡綞の小唄をきくような《軟かなギリシャ》に．つまりかれは，青春を，短いゆえに尊く，はかないゆえに貴重な地上の幸福を賛えるのである．なぜなら，この詩人は，かれと同時代のさる哲人と同じく，人生の価値はその長さにあるのではなく，その短かさに，要するにその用い方にある，ということを知っていた，徹底したエピキュリアンであったのだから．

窪田般彌
1961年6月号

東京のフランス語 2

Giraud
Ami
Villon
etc.

　お茶の水近辺をもうすこしブラついてみよう．駅の表口を出て，水道橋の方へいく道にはいると，左側にジロー Giraud というコーヒー屋がある．奥に Yvette Giraud とかいうシャンソン歌手の巨大な肖像が鎮座している．大きな店でかなりの盛況ぶり．いつか，さる美しき Mademoiselle から「Giraud で待っていてね」とのおことばを賜り，キンキジャクヤク，約束の時間より 15 分も早くいって，文化人らしき青年男女がたむろする中に，やや広い空間を占拠して待っていたが，約束の時間を 5 分，10 分，15 分すぎても麗人はあらわれず，あとからひきりなしに押し寄せる文化人の波に抗しきれず，ついに退散したことがある．つくづくイヤな店だと思った．

　Athénée Français の前あたりにはマロニエ Marronnier というショウシャなコーヒー屋があるが，はいったことはない．その手前を左に折れ，狭い坂道をおりて行く．静かな，ひる休みの散歩にいいところだ．坂を下ったところには小さな公園もある．その付近の横丁には，Ami という平凡な，しかしなつかしい名のコーヒー屋がある．M 大学の学生のたまり場になっているらしく，2 階の一隅に陣どって討論会をひらいている人たち，ノートをひろげてせっせと勉強している女子学生の姿を見かける．学校が休みのときはすこぶる閑散で，ひとりで本を読んだり，ami あるいは amie としめやかに語りあうのに好適である．ただし，夜になると，ピアノの伴奏でシャンソンを聞かせてくれるから，甘い夢を破られて索然とする人もあろう．シャンソンはうまいのかまずいのか知らないが，歌ってくれる人は大へん感じのいい人たちである．

　C 大学の正門前には，ヴィヨンというコーヒー屋があった．ヴィヨンとは，Mais où sont les neiges d'antan?（されど，こぞの雪はいずこに？）の絶唱によって知られる 15 世紀の放浪詩人 François Villon のことだろう．しかし，いまどき中世の詩人では商売にならなかったらしく，別の名に変ってしまった．「こぞの雪はいずこに」と歎ぜしめるような美人がいたかどうか，それは知らない．

　お茶の水をふりだしに，東京のフランス語のカンバンを見てあるくことにしたものの，うらぶれた姿で，銀座，新宿あたりの盛り場をうろつくのも気がきかない．それに，たとえば，新宿の中央口を出て，甲州街道の通りに出るまで，400〜500 メートルのあいだにも，フランス語らしきカンバンをかかげた菓子屋，コーヒー屋，バーのたぐいはおびただしくある．記憶術などというものが今日ほど進歩していなかった時代に教育をうけた筆者がおぼえているだけでも，Bon, Elle, La Mer, Voix, Concert, Montparnasse, Papillon, etc. これらの店にいちいちはいってみる金もなければ趣味もない．どうしたものか，とある朝国電の中で考えていたら，飯田橋の近くの濠端に，「コルヌ」というカンバンが目についた．コルヌは Corne であろう．Corne は角（つの）だが，ちょっと変った名まえの店だ．

今野一雄

1961年7月号

☆ "世界の恋人" ☆ イヴ・モンタンの来日

Mesdames et Mesdemoiselles, soyez contentes !
——奥さま，お嬢さま方，およろこび下さい．
Voilà une bonne nouvelle pour vous !
——よいお知らせがございます．
Yves Montand va venir chanter pour vous !
——イーヴ・モンタン氏が来て，歌ってくれることになったのですよ．
Oh ! C'est formidable !... mais une question, s.v.p.. ——まあ！すてき！でも一つききたいことがあるの…
Pourquoi dites-vous seulement "Mesdames et Mesdemoiselles", Messieurs exemptés ?
——どうして，「奥さま，お嬢さま方」とだけおっしゃって，殿方を除外なさるの？

愚問ですな．「世界の恋人」とキャッチ・フレーズにうたわれては，男性たるもの，そっぽを向かざるを得ないでしょうからね．しかも，彼女から「ねえ，モンタン聞きに行きましょうよ」とねだられれば，Non！とはいえないその心情を察すればこそ，Messieurs exemptés となったわけです．

もっとも，Messieurs の中には，わざと——Montand? Quel est cet homme? モンタン？その男は何だね？などと，しらばくれるのがいるかもしれませんから，若干の資料を提供しておきましょう．スケジュールその他は本誌 ça et là 欄をごらん下さい．

ただ，彼が，「モンタンなんて，もうすでに一度日本をキャンセルした無礼者だ」などといったら，こうお答え下さい．彼は，映画に出演中は，歌えない人なのです．どうしてって？それほど，Montand は良心的な芸術家なのです．映画 "Chanson de Paris" でご記憶の方も多いでしょうが，あのすばらしく chic な演出は，もちろんモンタン独自のものです．Chanson の舞台で紗幕を使い出したのは，彼の独創なのです．有名な『パリのフラメンコ』の光線 lumière の使い方など，すばらしいでしょう．今度は演出家という名目でエフラーという人がついて来ますが，実はモンタンの舞台は皆彼自身の演出で，エフラーは日本語でいう舞台監督にすぎません．

では，モンタンはすごく器用な人だ…という気がしますね．ところが，彼はすごく無器用なのです．ある曲の出演がきまると，彼は夜，友人や楽団の連中を家に集めて振付けを研究するのだそうです．楽団の人たちに演奏してもらい，皆の意見をききながら，朝までかかって一つ一つの動きを決めて行くのです．それを何度も繰り返して舞台をつくりあげるのです．舞台の Montand は一見気軽で即興的に歌っているように見えますが，あれは実は長い苦心と正確な計算の賜物なのです．だから，彼は映画演技に集中するときは，歌わないのです．それが両立できないほど，彼は良心的な芸術家なので，だからこそ世界中の人に愛されるゆえんなのでしょう．もっとも奥さんの Simone Signoret はすでに "山の神" で，自分が寝ている間にできた振付けを朝見て，気に食わないと変えさせるそうです．幸か，不幸か，今度の来日にはシニョレは同行していませんが，「世界の恋人」にも，アキレスのかかとはやはりあるわけですね．

早稲田大学助教授　岩瀬 孝

1962年5月号

ベレー横町閑談集

京都大学教授　伊吹武彦

9　ベレー横町と題する以上，せめて一度はベレーについて語る義務がある．私は30有余年，一貫してベレーを愛用し，春夏秋冬，晴雨を論ぜず，喜怒哀楽を越えて，頭上にベレーをいただいている．口さがない京わらべは，〈伊吹のベレー〉〈ベレーの伊吹〉と称しさらに口の悪いのは，〈君のベレーのかぶりかたは，君の頭のハゲている部分をピッタリとカバーして過不足がないネ〉と，まるで収支決算書を検討した監査役のようなことをいう．なんといわれようと，私は意地のようにベレーをかぶりつづけ，ベレーとともに老いる覚悟であった．——であったと過去形を用いたのは，さすがの私も，ある時ベレー放棄を決意したことがあったからである．去年の10月，久方ぶりにパリを訪れて私はびっくりした．戦前のパリでは，しゃれ者が山高帽を用いているほか，たいていの男はベレーをイキにかぶっていた．老いも若きも，ことにカルチェ・ラタンにむらがる学生たちは，ほとんど例外なくベレー組であった．ところがこんど行ってみると，山高帽はもとより，ベレーがまったく姿を消して，みんな無帽——〈こぞのベレー，いまいずこ〉である．ただ一つの例外は乞食であった．ベレーは小銭をもらうのに，しごく便利にできているからである．郷に入っては，郷に従え．私はベレーが乞食帽になったことを慨嘆しつつ，持参のベレーをトランクにしまいこんだ．

10　乞食のはなしが出たついでに，愛すべきパリの clochards（ルンペン）たちについて語らせていただこう．clochards は戦前にも存在したが，近ごろはおどろくほどその数を増した．私の住んでいたカルチエ・ラタンのはずれ，Contrescarpe 広場のあたりには，昼夜の別なく，ボロ服をまとい，不精ひげをはやした連中がいた．彼らは，歩道や広場の中央にうずくまったり，寝そべったりしている．なにをするでもない．ただじっとそうしているのである．Contrescarpe 広場には，60歳ぐらいのベテランらしい clochard がいたが，いつも仰向きに寝て，口をあけて，なにを考えているのか，じっと空をながめていた．寒くなると，穴のあいたマンホールのフタの上に背中をあてて眠る．暖房用のスチームが，そこから漏れて暖かいのである．彼らは近所の住人たちとおなじみであるらしく，パン屋からはパンの端くれ，酒屋からはブドウ酒をめぐまれて露命をつないでいるから，通行人にうるさく付きまとうことはめったにない．しかし皆無というわけではなく，あるとき，日本の留学生が，clochard につかまった．〈朝めしを食っていないから 1 フランくれ〉という．日本学生は，〈僕も金はないのだ〉といってことわると，〈握手しよう．君はおれたちの仲間だナ〉といった．日本学生は〈Presque〉（まずネ）といい，握手して別れたという話

である．Presque とは名言であると，日本学生館では語りぐさになった．

11 しゃれ者のことを dandy と呼ぶのは，すでに時代おくれだと Marouzeau 教授は書いている．これは第二帝政時代の流行語で，英語を借用したところなど，当時としては大いに新しかったが，いまはすたれてしまった，というわけである．しかし Marouzeau 教授はさらに言葉をついで，18 世紀の末，Directoire（執政官政府）時代にはやった，おなじく〈しゃれ者〉の意の incroyable を使うのは時代が一そう古いだけに，かえって趣きがあると．つまり，単語は古いほどハクが付く場合があるということの例証なのだが，それはそれとして，〈しゃれ者〉のことを incroyable とはどういうわけか，故事来歴をしらべてみるとちょっと愉快である．革命下の Directoire 時代に，貴族の子弟たち――主として王党をもって任じる若者がしゃれた服装で都大路をのし歩き，〈C'est incroyable, ma parole d'honneur!〉（いやまったく，すばらしい）というのを口ぐせにした．そこで世間の人たちは，この連中を〈incroyable〉と呼ぶようになったのだという．ところが話はそれきりではない．この連中は，服装で人目につくことをねらったばかりでなく，発音も変わっていて，r の音を全部ぬくことにしていた．だから，先ほどのきまり文句も，〈C'est inc'oyable, ma pa'ole d'honneu'〉と発音したわけである．そうしてみれば，Marouzeau 教授の教えに従って〈しゃれ者〉を〈incroyable〉という場合，発音は [ɛkwajabl] としたほうがよいのである．

12 それぞれの専門によって独得の用語があり，しろうとが面くらうこと一再でない．先年 Barrault 一座が日本へ来たとき，私は数時間 Hamlet の舞台稽古を見せてもらった．Hamlet 役でもあり，同時に演出者でもある Barrault は，舞台を右往左往しながら，俳優の動きや照明の当てかたに注文をつけていたが，彼の指図のために〈patience noire〉という言葉がたびたび出てくるのが耳についた．〈Patience noire にライトを当てろ〉とか，〈Patience noire をもうすこし右へ〉とか．〈黒い忍耐〉とは松本清張の推理小説の題みたいだが，いったいなんのことなのだろう．字引を引いてもわからない．しかし，Barrault が〈Patience noire にライトを当てろ〉と命令すると，舞台奥に垂れた黒いカーテン（これが部屋の入り口になる）がカッと明かるくなるし，〈Patience noire を右へ〉と叫ぶと，その黒カーテンが右へ移動する．私は実物教育の原理によって，ちょうど赤ん坊が国語をおぼえるときのように，Patience とはどうやら入り口のカーテンのことらしいと推測はしたものの確信はなかった．そこで舞台稽古がおわったとき，直接 Barrault にたしかめると，Patience とはすべてドアのことで，登場する俳優はそのうしろで，自分の出番をじっと我慢して待つからそういうのだと教えられた．俳優でない私にその実感はないが，先客のある公衆電話やトイレットのドアはまさに Patience だと了解した．

1962年7月号

名士登場

僕の履歴書
吉田秀和

　僕の育った家では，いつも兄や姉の誰かがうたを歌うか，ピアノをひいていた．僕も小学生のころ母から ピアノの手ほどきをうけた．

　けれども 本当に 音楽が 好きだという 自覚は，高校にはいって1年もしたころやってきた．それでも音楽学校に転校する気にはなれなかった．僕は別に演奏家になりたいわけでもなく，自分に作曲の天分があろうとも思えなかったし，第一，僕は自分の音楽への愛を，全く自分流に形のあるものにしたいという夢を持ってたからだ．それと同時に，私は，自分の愛の土台には，技術と知性の結びついた仕事があるはずだと考えたので，音楽理論の個人教授をうけることにした．僕はまず和声学の問題を与えられた．それは算術の宿題みたいなもので，ひどく退くつで機械的な顔をしていたけれども，たまにうまくゆくと，そこから快よい音の流れが生まれてくるのだった．頭で考えたことと前もって計算されたものが一致すると，そこに官能的愉楽が生じる．そのことが僕を捕え，僕は何とかしてその過程を もっと はっきり 知りたいと 努力した．当時の僕は，そこに何か宇宙の予定調和みたいなものがあるような気がしていた．

　そのうち高校を卒業して大学にはいる時期が近ずいた．世界が音楽と音楽でないものとの2つにわかれていた当時の僕にとっては，日本の大学のどこにはいっても同じことだった．ただ「美学」科にはいる気は全然なかった．僕は方法と技術の精密な一致のないところに学問が あるはず はないと 思っていたので．

　ある日，僕は年上の友人で詩人の中原中也に相談した．中原の返事は「そんなら辰野のいる仏文科がいいよ．あすこは自分で勉強する学生を大事にしてくれるから」ということだった．そのころの東大仏文科の定員は何人だったろうか．とにかくその年は，志望者が定員より1名しか多くないというので，入学試験はなかった．卒業の時は，同期生は5〜6人だったように覚えている．

　僕は「自分の勉強がいそがしくて，とても手がはなせない」ものだから，大学の方はずいぶん怠けた．何しろ音楽の理論は実習が多くて，ひどく時間がかかった．それでも僕は，鈴木信太郎先生のマラルメとヴァレリーの演習を通じて，文学に対しても，僕が考えていた音楽に対する接し方と，同じものがあるはずだという暗示をうけた．問題は「考える」とは何か，だったのではないか？ 僕はヴァレリーの本をできるだけ集めてよみだした…

　14年もたったある日，僕は ある席で鈴木先生にお目にかかった．この怠け学生を覚えているはずはあるまいと思っていた僕は，先生から「音楽の吉田君でしょう」と声をかけられた．「先生のおかげで文学も 少々かじりました」といいたかったのだが，僕にはその勇気がでなかった．

1963年2月号

シャモニの休日

近藤 等

　物音ひとつしない，しいんと静まりかえった山荘は，今日もまた朝を迎えた．ここは，シャモニの町と谷を見下ろす，ムースーの南斜面の高地に建つ，わが友，ガストン・レビュファの山荘．

　私は寝室の窓を開き，ひんやりした朝の空気を胸いっぱいに吸いこむ．そして，眼前にそそり立つシャモニ針峰群に，日課のように眼をやる．この大障壁の彼方の，イタリア側は，すでに陽光に恵まれていることだろうが，シャモニの谷は，まだ朝もやにつつまれて眠っている．私は牛乳入れをぶら下げて，山荘から百メートルほど下にある農家のボゾンのところに行ってしぼり立ての牛乳を分けてもらってくる．そして，食堂からドリュの岩峰を眺めながら，黙々と朝食をし，居間のソファーに坐って，煙草をくゆらしながら針峰群を眺め，今日一日をどうして過ごそうかと考える．私の最も好きなひととき！

　いまは 5 月，シャモニの谷は燃え立つような若草のしとねにおおわれ，レビュファの所有地に咲く桜の花が故国をしのばせる．私はカメラをぶら下げて，樅林の間を当てどもなく歩いて行く．そしてプラの村までやってくる．ここから見上げるドリュの岩峰と，氷雪をまとったエギーユ・ヴェルトは，より高く，そしてより困難なものを目指すアルピニストの理想を象徴しているかのようだ．そして村の礼拝堂の尖塔も，山と高さを競うかのように突き立っている．山と神との出会い！

　この 1 年余をフランスで生活した私は，本拠をパリにおいていたのは当然だが，どちらかといえば暗く陰気なパリの町よりも，陽光さんさんと照り輝くシャモニの方が，山の好きな私には性に合った．そして，パリで本を仕入れてきては，明るいレビュファの山荘で，読書に時をすごすのがたのしみになった．

　当然のことながら，シャモニは，フランスの中で，私が最も好きな場所になった．シャモニがすばらしい山々に囲まれているということが，その一つの理由であるのはいうまでもない．シャモニから眺めるモン・ブラン連山とシャモニ針峰群のように，雪のおだやかな山波と，鋭い花崗岩の針峰群が，渾然一体をなして展開しているながめを望み得るのは，アルプス広しといえども，シャモニしかない．

　それにしても，私がシャモニが好きなのは，この町が，«山を愛する» という，一つの力強いきずなによって結ばれている人たち，時代の流れにつれて，登山者ばかりでなく，多くのスキーヤー，ツーリストを迎えるようになった今日でも，かつて，ジャン・ジャック・ルソーが，サヴォアの人たちについて，彼の『懺悔録』の中で「サヴォアの人たちは，私が知るかぎりの住民の中で，最も善良で，人ずきのよい人たちだ」と書いているように，この言葉がピッタリと当てはまる，善意にあふれた人たちから形成されているからなのだった．

1963年5月号

ヴィル・ダヴレーの日曜日　井上 究一郎

　日曜日によくヴィル・ダヴレーへ行った．
　森の白樺，池の柳，いまも残る
　コローのアトリエ，画家の記念碑
　それらをめぐって気楽に散歩した．

写真(上)　コローの傑作を生んだ池と森
写真(下)　コローのアトリエの跡

口絵に寄せて

ヴィル・ダヴレーの日曜日

井上究一郎

A peine reste-t-il assez de jour pour voir,
Corot, ton nom modeste écrit dans un coin noir.

残っている，夕あかり，暗い片すみに書かれたあなたの，
コローよ，つつましい名がやっと見わけられるほどの．

テオフィル・ゴーチエのこの詩句ほどルーヴルのコローに見入るたそがれを私の心に喚起するものはない．あのときからカミーユ・コローは私の心におそらくはこののちも変わるまいある確信のようなものを与えてくれた．ゴッホだのピカソだのとゆれ動いた心の年齢は去った．それからである，私はコローの人間と制作の秘密とに興味をもちはじめた．彼は風景を描いてはいない．それを「思い出」すことしかしないのである．『モルトフォンテーヌの思い出』『ヴィル・ダヴレーの思い出』というふうに．J.-F. ラファエリがある日，ヴィル・ダヴレーの白樺にかこまれた小さい草地で無心に描いているコローにこっそり近づいた．若い友の驚いたことに，老巨匠の描景はそこの「牧場」ではなく，全くそこには見えない「池」だった．

そのヴィル・ダヴレーは，生涯孤独の彼が父からゆずり受け死ぬまで魂のいこい場とした小さい別荘のあったところである．パリ郊外サン・クルーとセーヴルとの間にある何ともいえない静かな小さい町．バルザックが住んだ（そしてのちにそこでガンベッタが死んだ）レ・ジャルディ荘のあるのもここ．コローの壁画にかざられたひなびた教会，そして彼のかずかずの傑作を生んだ美しい池と森．

この隠れ家は1817年に彼の父が買った．徒刑囚団の老隊長だった人が18世紀末にオペラに出る若い女優をかこうために建て，ひそかに『マノン・レスコー』の感傷を癒やしたところだという．父は商店の地味な勤め人，母はパリのバック通り125番地でモードの店をきりまわしていた．ロワイヤル橋に向かいあったセーヌ河岸のかどにその店はあったらしい．私は偶然近くに宿をとっていて，かつての Chez Mme Corot, marchande de modes の看板に隣っていたとおぼしいあたりの「テルミニュス」というカフェでよく軽い朝食をとった．そして日曜日によくヴィル・ダヴレーへ行った．森の白樺，池の柳，いまも残るコローのアトリエ，画家の記念碑，それらをめぐって気楽に散歩した．アトリエはコローの死後有名な出版主の Lemerre が買ったがいまは誰のものだろう．『ヴィル・ダヴレーの日曜日』——そのころそういう題の小説がつつましい売れ行きを示していると新聞にのった．ここに住むある精神病の哀れなアヴァンチュールをとりあつかったものだった．

年々のひとり旅はここからはじまって，またここにかえった．残された巨匠の手帳の1ページ (1855年) には読まれる，

 Ville-d'Avray—18 avril au 15 mai.
 Marcoussis—15 mai au juin.
 Sologne et La Ferté. […]
 Bretagne—du 26 juin au 26 juillet.
 Genève—5 août au 5 septembre. […]
 Ville-d'Avray—15 septembre.

『ヴィル・ダヴレーの日曜日』——ときどきあてもなく口にする，いまも私は．この小説の作者は誰だったのか．

1963年6月号

串田孫一　フランス博物記

蟷螂　la mante
<small>かま　きり</small>

　今日は蟷螂を3匹見つけた．外には秋を深める風がさわぎまわって，欅の葉もいそがしく散る．蟷螂はもう草むらに棲むのが辛くなって来た．自分のからだよりも柄の大きい蟬を相手に，すばらしい格闘をやってみせた元気などはまるで嘘のようである．

　蟷螂の1匹は，風で開いてしまった回転窓から，たぶん偶然家の中へはいって来た．そしてこれもまた偶然置いてあった花瓶のキンモクセイによじのぼる．すでに匂いはかすかになったが，これが生きている植物であることにはまちがいないので，そこで休んでいることに決めた．

　気力というものがほとんど残っていない．だから，すばらしい威力を発揮できるあの前足がむしろ滑稽である．Ses pattes antérieures: longues, renflées, pourvues d'épines et de crocs aigus,...

　人間は老いて後に信心深くなる人もいる．行く先が何となく不安になって来る．蟷螂はあの卵嚢から生まれ出るとほとんど同時に，祈るような姿勢をとる．何という信仰心の篤い虫なのだろうと思う．しかし，多くの人間がそうであるように，蟷螂も姿は祈っているように見えても，心は別なのだった．オガミカミキリなどという名前をつけられていることを知らずに，残忍な行為を人に見せてしまう．

　人間は都合よくあれこれと考えたり感じたりするので，自分たちはいくらなんでもこんなことはしないと思って安心をする．そしてときどき気まぐれに，虫を助けたりして，自分の罪を帳消しにしようとす

蟷 螂　la mante

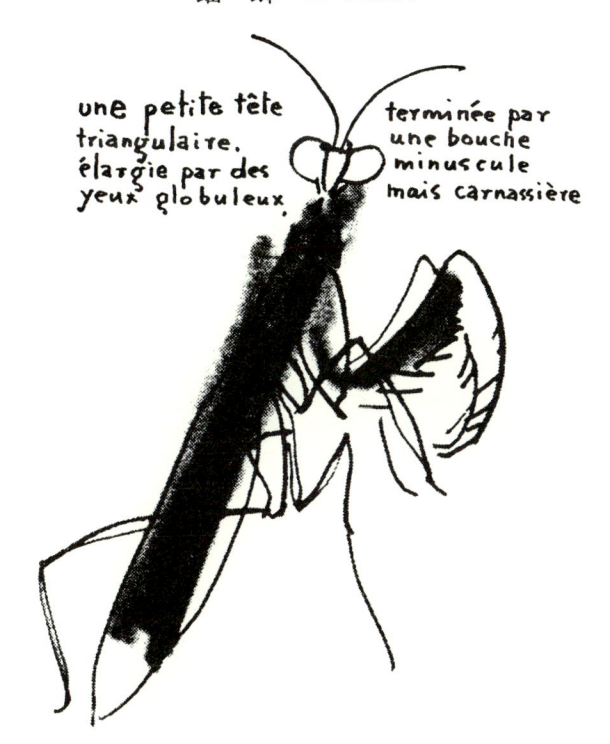

une petite tête triangulaire, élargie par des yeux globuleux,

terminée par une bouche minuscule mais carnassière

る．
　私はキンモクセイの上と，蓋をしめるのを忘れていたピアノの上と，書棚のへりで見かけた 3 匹の蟷螂を，ピアノの上に集める．老いさきの短かいこの 3 つの命に音楽をきかせようとしたわけではない．写真機にフィルムが少し残っているのを思い出したからだ．うまくとれれば晩秋という題にしよう．

1964年11月号

随想

ラフカディオ・ハーンとネルヴァル

明治学院大学助教授　入沢康夫

ぼくが生まれたのは山陰の松江市で，同じ町内にラフカディオ・ハーン(へるん)の旧居や記念館があった．あたりには堀ひとつへだてた城の北側で，旧藩時代の武家屋敷が並ぶなかにひとつだけ混った瀟洒な洋風の記念館は，子供の心にも一種のエキゾチスムをかきたてる風情があった．あの前庭でよく遊んだものだ．

ところで，このハーンが英米におけるジェラール・ド・ネルヴァルの最も早い紹介者のひとりだったことは存外知られていないようである．たとえば最近セヌリエが完成した詳細な文献目録でも，19世紀には，ドイツにはいくつかの研究があったが，英米ではアーサー・シモンズのもの (1889) をのぞけばネルヴァルに触れたものがないとされている．

だが，ハーンは 1884 年にニューオーリンズ・タイムズ・デモクラット紙に "A Mad Romantic" という評論を書き，ネルヴァルをかなり詳しく紹介していた (そして，この評論の翻訳はすでに戦前の岩波文庫「東西文学評論」に収められている)．ここには，ポオとの比較や，彼の狂気についてなど興味深い見解が示されていて『怪談』の著者がこのフランスの詩人に寄せた親近感は十分うかがえるのである．

やがてハーンは日本に来て，いくつかの学校で文学を講じたわけだが，さてどうだろうか，当時の学生で，ハーンの口からネルヴァルの名を聞いた人はなかっただろうか．これももう半世紀以上も昔のことなのだから今となっては確かめるすべもないのかもしれないけれど…．

フランス歌曲の難しさ

名古屋大学教授　新村　猛

両3年来，古沢淑子さんとそのお弟子さんたちにたびたび接して，フランス歌曲を聴く機会に恵まれるようになった．小松清さんと同席したことも二三度ある．

そうした機会がたび重なるうちに，声楽というものの難しさ，とりわけフランス歌曲の難しさがだんだんわかってきた．

この2つのものの難しさは，むろん別々に切り離すわけにゆかないけれども，声楽の難しさは歌手自身がさまざまの条件に左右されやすい，きわめて微妙な楽器を兼ねているところからくると考えてよさそうだし，フランス歌曲の難しさは，その上に，もう2つばかりの原因をもっているように思われる．

そのひとつは，フランス語を，よく，正しく発音することが至難であるという，私どもがみずから経験している事実である．幼少の頃にフランス語の発音の正しい手ほどきを受けることがないままに，妙齢と称せられる年頃になって始めて，しかも怪しげな発音をする私ども日本の大学教師から文法本位のフランス語を伝授されるにすぎないお嬢さんたちに，フォーレやドゥビュッシの歌曲がうまく歌えるはずがない．うまく歌えなくても，それは決して古沢さんの責任ではなくて，私どもの責任だと思う．

もうひとつは，フォーレ，ドゥビュッシ，ラヴェルなどの歌曲の詞の部分をなす原詩，つまりフランス文学の一様式 (パロール) について学習が十分されていないらしいことである．そして，この面では私どもにも応分の寄与をすることができそうに思うのである．

随想

旅への誘ひ
―― ロッテルダムにて ――

東京芸術大学教授　小松　清

7月6日，下の方にたくさんの湖沼を見おろしながらアムステルダムの空港に着いた．バスに乗って約1時間半，緑の草原を走る．所々に牛や羊が群れ，風車もある．運河は地面よりも高い．午後6時頃ロッテルダムに着き，フラールディンゲンのデルタ・ホテルに行った．ホテルはできたての近代建築で，冷房のある室には高い広い窓かけが下がって室を暗くしていた．それを少しあけてみると，夕日が一ぱいさしこんで来て，室の中が暑くなった．眼の前には洋々たるマースの大河があり，それに無数の入江がつづき，色とりどりの船が一ぱい浮かんでいる．そして赤紫と金色の夕日の中を純白な巨船が夢のように音もなく過ぎてゆく．対岸にはシェル，カルテックス，エッソなどの巨大な石油工場が林立している．ここはヨーロッパ最大の港で，世界の涯から船が来ているのだろう．しかし静かな川の流れが入江につづく辺を眺めていると，ボードレールの「旅への誘ひ」が頭に浮かんだ．

翌日，音楽の用事を果たしに街に出た．街の中は活気にあふれ，戦争の大爆撃のあとはほとんど見られなかった．あとで新聞記者との会見の時わたしは答えた．詩人ボードレールは百年前にここで「旅への誘ひ」を書いたらしいが，空から見た平和なたたずまいと地上の力とが新しく調和して，ここをもう一度旅路の目標にしていると思うと．

その夜更けに町の中心にある塔に上って見た．町の灯は緑や青のダイヤモンドを撒いたように眼の下にひろがり，末は遠くトリスタンとイズーの船が帆をあげた北海の方に消えていた．そして気がつくと街の中まではいって来ている入江が澄んだ鏡のように空の闇を映していた．今まで想像したこともないような景色だった．

形ばかりのフランス語

東北大学助教授　大木　健

学生時代に，私はある印刷所でアルバイトをしたことがある．昭和23年ごろのことである．最初の仕事は，使用ずみの活字をもとのおき場所にもどす作業だった．それぞれの活字のおき場所をおぼえなければならず，裏返しの文字がついた活字の頭を見ては，そのおき場所の方へ手が動いて行く習慣がついた．そしてある日，学生らしく何かの本を読もうとした時，私はガク然とした．私はそこに文章を読みとって行く力をうしなっていて，右手があらぬ方へ動き始めるという結果しか起こらなかったのである．その時はとうとう1行も読めなかった．

教師をしていると，これに似た経験をすることがある．教科書の下調べをしながら，「ここはこういうふうに説明しよう」と考えて読む癖や，例文をさがす癖がついているために，自分のための読書をしている時にも，考える必要のないことを考えてしまって，いっこうにはかどらない．逆に，そういう雑念なしに読み進んだあとで，「何かよい例文を見落としたのではないか」などとケチな反省をしたりする．読書としては，実にあわれな姿というべきである．これも，私のフランス語が未熟で，活字ばかりを追いかける形ばかりのフランス語であるためであろうか．

1964年12月号

アンドレ・ピエール・ド・マンディアルグ
——オートバイに乗ったシュールレアリスト——

生 田 耕 作

週刊誌「エクスプレス」L'Express の最近号の報道によれば，パリでは，若者たちのあいだに目下オートバイが大流行だという．ホンダ，スズキ，Harley-Davidson, Norton, Aer Macchi といった，フランス人の耳に聞きなれぬ外国製品が国産車をはるかに圧倒して人気を集めているのもひとつの特徴らしい．黒皮ジャンパーに防塵グラス，motocycliste の万国共通の服装にかわりはないようだが，その制服の胸にハーゲンクロイッツまがいの飾り模様が目立つというのは，フランス青年層の一部に鬱積した心情のひとつの屈曲した現われとして，考えさせるものを含んでいる．不気味に輝く鋼鉄の怪獣に打跨ったナチの残党が，安寧と繁栄の夢に酔い痴れたパリ市民の暁の眠りをかき乱して，けたたましい爆音とともに，古都の舗道をつっ走る…かつては圧制と反動のシンボルとして「悪」を代表した《逆十字》は，いまや，その機能を逆転し，硬化した社会にたいする覚醒剤として，「善」の役割を果しつつあるかに見える．「善」「悪」の意表外な弁証法．

ところで，この現代パリ風俗の新しい風潮の源として，「エキスプレス」誌の記者は，スチーヴ・マクィーン主演のアメリカ映画《La Grande Evasion》と，アンドレ・ピエール・ド・マンディアルグの近作小説『オートバイ』La Motocyclette の影響をあげているのが面白い．ハリウッド映画とカミナリ族の結びつきは無理のない取り合わせとしても，マンディアルグが現代フランス文壇において占める位置を知る者にとっては，後者の組み合わせは奇異の感を抱かせずにはおかないだろう．マンディアルグは今日まで，およそ時流から隔絶した高踏的な文学者として受取られてきたからだ．その立場から，現代フランス最高の作家のひとりとして，つとに文学通のあいだで最大級の評価をあたえられ，『黒い博物館』『狼の太陽』『大理石』『月時計』『海の百合』『燠火』など，小説・評論・詩の広い分野にわたる特異な作品群は，少数の熱烈な讃美者を一方に維持する反面，大衆から縁遠い《反動的》存在として，文壇の一部からは強い反感をもって冷遇されてきた．例えば次に掲げる Crapouillot 誌編の「現代人名辞典」Dictionnaire des contemporains, 1959 の項目などは，そうした否定的評価の代表的なものといえるだろう．

「奇を衒う目的のためには，わざと綴りを間違えまでする．名前からしてが，そうだ…（マンディアルグは Pierre を Pieyre と綴る．）

夢や，過去や，死などから，気取った，凝った作品の発想を汲みあげる．《超現実主義》のもっとも時代おくれな諸要素の集大成．

いうなれば，キリコあるいはマックス・エルンストの絵画の主題，20年代の産物．博物館行きのしろもの！…」

由来，洋の東西を問わず，批評家と名づけられる職業的売文の徒ほど不見識な人種はめずらしい．現代文学史，人名辞典の類から，《古さ》を理由に軽蔑され，もしくは《新しさ》のせいで敬遠されることが，文学の世界にあっては，未来の栄光の約束と見なしてほぼ誤りないことを，過去の数々の事例は，わたしたちに教えてきた．サド，レチフ，スタンダール，ロートレアモン，ルーセル，アルトオ…マンディアルグによって，最近のフランス文壇はまたひとつ重大な過誤の訂正を強いられる破目に追い込まれたわけだ．数年前《博物館行き》のレッテルを貼りつけられたマンディアルグの作品は，その後の歳月の経過とともに老いの皺を加えるどころか，しだいにその新鮮さを明らかにし，今日，最新型のオートバイに打ち乗って，ピガル広場を，サンジェルマン・デ・プレを颯爽と突っ走っている．…呆気にとられた批評家たちの寝ぼけづらを尻目に．

同時に，歴史の新しい照明のもとに，「気取り」は「芸術的洗練」に，「凝り」は「作家的誠実」に，「夢」や「死」など一見時代遅れのテーマは，日常的秩序を粉砕する「アンチ・テーゼ」に，すなわち「欠陥」は「長所」に，「悪」は「善」に，みごとな魔術的変貌を遂げはじめた…

1965年1月号

ノエル・ヌエット氏のパリ点描　ポン・ヌフ
（1965年8月号掲載）

ルオーの遺作 　Rouault

福永武彦

　私は9月末の某日，白水社の本田喜恵さんと一緒に，西洋美術館の倉庫でルオーの遺作を20点ばかり見た．ルオー遺作展は10月7日から開催される筈だが，それまで待ったのではこの原稿が雑誌に間に合わないというので，ほんの短い時間に慌しく瞥見した．夕刻だったし，私等が美術館に着いた頃から急に雨が降り始め，内も外も暗く，あまり良好な条件で見たわけではない．従って私の印象も，正確であることを保証しがたい．

　ルオーは1947年に，画商ヴォラールの遺産相続者に向って，自分の未完成作品の返還を求める訴訟を行った．その結果，翌48年に315点の作品がルオーに返却され，彼はその全部を警察の立会いのもとに焼いてしまったそうである．自分の不満な作品は，これを残すことをいさぎよしとしないルオーの頑固ぶりが，目に見えるような挿話である．そのルオーのアトリエに，彼の死後，300点以上の未完成作品が遺作として残っていたというのは，つまりこちらの方は，ルオーがまだ愛著を抱いていた，もしくは他日の完成を目指していた，ということになるのだろうか．

　ルオー遺作展には120点ばかり陳列されるらしいが，私がざっと見た範囲でも，必ずしも晩年の作に限られているわけではなく，さまざまの時代のさまざまの作品を含んでいた．例えば油絵やグアシュに限っても，ピエロもいればキリストもいる．娼婦もいれば聖女もいる．月光に照らされた聖書的風景もあれば，奇怪な異端の風景もある．結局ルオー

ピエロの顔

の全生涯にわたる本質的な仕事は，これらの未完成の作品の中に充分に看て取られるようである．

　未完成の，と私は書いたが，果してどれが未完成で，どれが完成したものか，俄にはきめがたい．見るからに部分が荒く残されているものは疑問の余地がないが，完成作と似たような構図を持ち，ほとんどどこがどうと指摘できないほど充足した作品もある．いや充足などと言えば，未完成のものも，やはりそれなりに充足しているのだ．そこにはルオーという画家の，内面的な浸透力といったもの

が常に感じられる．

　一体，詩や絵画などで，完成というのはどの時期を指すのだろうか．一般に完成はフォルムの問題で，作者がその想像のうちに願望している理想的形態が実現すれば，その時期がすなわち完成である．しかしそこでまた想像が働けば，理想像は後退し，作者はもう一歩踏み込んで行かなければならない．こういうことを繰返す限り，厳密な意味での完成ということは不可能に近い．韻文詩の場合には，フォルムが整えば，即ち規則が満足させられれば，一応の完成ということは言える．しかし自由詩の場合には，フォルムの制約はそれほど厳しくはないから，詩人は無限に削ったり附け足したりすることも出来るわけだ．絵画の場合でも，フォルムもしくは様式が一定しているような作風の画家では，理想像は比較的近くに見えているだろうし，極端に言えば，描き出す前に既に細部にわたって決定しているような画家も，いないわけではない．モチイフが浮べば，あとはただ描けばいい．

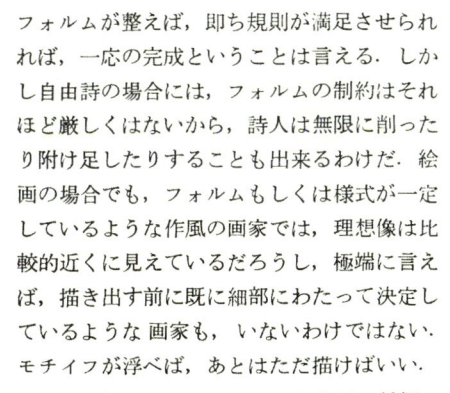

　それに対してルオーはまったく別の種類の画家である．モチイフもある．フォルムもある．しかし彼の想像の中の理想像は，彼が自らに対して厳しくあればある程，ますます遠ざかる．彼は自らの理想像と絶えず追いかけっこをしている．100行を書いて1行を残し，また新しく100行を書いて次の1行を残す自由詩の作者のようなものである．しかし天才が消し去った99行もまた霊感の息吹なしに書かれたのではないように，ルオーの未完成の作品は，画家の燃焼する全人格の表明でないことは決してない．未完成の作品さえも面白いというのは天才の証拠に違いない

逃　亡

が，ルオーの場合にそれは最もよく当てはまるだろう．

　ルオーは「芸術とは熱烈な告白である」と言っいる．ルオーの宗教的な作品は，彼の魂の燃焼以外の何ものでもない．彼は罪と苦悩との悲劇的な世界から，次第にステラ・ヴェスペルティーナの照らす世界へと歩いて行った．そのような画家にとって，告白は，たとえそれが未完の告白であっても，常に誠実な彼の魂の表現なのである．

　ルオーの遺作の中には，彼がある時期の記念として自分のために保存しておいた作品も混っているかもしれない．また，もう一筆補うことによって完成させようと考えながら，遂に果さなかった作品もあるかもしれない．私は専門家でないから，そういう区別はつかない．ただ私は薄暗い美術館の倉庫を出て，暗澹とした夕暮の空を眺め，偉大な芸術家が途切れがちの口調で呟いた，ごくかすかな告白を聞いたような気がした．祈りのような，ごくかすかな告白を．

《ルオー遺作展》10月7日→12月5日国立西洋美術館上野にて開催中．
　なお，写真は同美術館から提供された．

1965年11月号

映画シナリオ

『素直な悪女』 1956年

原題：Et Dieu créa la femme
監督：ロジェ・ヴァディム
出演：ブリジット・バルドー，ジャン＝ルイ・トランティニャン

Juliette : Non, je ne l'aime pas. C'est comme une maladie.

ジュリエット：愛してなんかいないわ．熱病だったのよ．

(1957年6月号)

『モンパルナスの灯』 1958年

原題：Montparnasse 19
監督：ジャック・ベッケル
出演：ジェラール・フィリップ，アヌーク・エメ

Modi : Je t'aimerai... Pauvre Jeanne... Pardon !

モディ：君を愛そう…かわいそうなジャンヌ…ごめんよ！

(1958年10月号)

『いとこ同志』 1959年

原題：Les cousins
監督：クロード・シャブロル
出演：ジェラール・ブラン，ジャン＝クロード・ブリアリ

Charles : Je sais... Je sais, mais je suis comme ça.

シャルル：それもそうだが…．僕はこういう男なんだよ．

(1959年10月号)

『太陽がいっぱい』 1960年

原題：Plein Soleil
監督：ルネ・クレマン
出演：アラン・ドロン，マリー・ラフォレ

Tom : J'imite votre signature et je signe vos lettres de crédit.

トム：君のサインをまねて，君の信用状にサインするさ．

(1960年7月号)

『勝手にしやがれ』 1959年
原題：A bout de souffle
監督：ジャン＝リュック・ゴダール
出演：ジャン＝ポール・ベルモンド，ジーン・セバーグ

Michel : Tu es vraiment dégueulasse !
ミシェル：君はまったくできそこないだ！

（1960年3月号）

『5時から7時までのクレオ』 1962年
原題：Cléo de 5 à 7
監督：アニエス・ヴァルダ
出演：コリンヌ・マルシャン，アントワーヌ・ブルセイエ

Cléo : On m'a fait un prélèvement, je crois c'est très grave.
クレオ：採血されたんだけど，とても悪いんだと思うわ．

（1963年6月号）

『突然炎のごとく』 1961年
原題：Jules et Jim
監督：フランソワ・トリュフォー
出演：ジャンヌ・モロー，オスカー・ウェルナー

Jules : Jim, aimez-la, épousez-la...
ジュール：ジム，彼女を愛してくれ，彼女と結婚してくれ...

（1964年2月号）

『かくも長き不在』 1960年
原題：Une aussi longue absence
監督：アンリ・コルピ
出演：アリダ・ヴァリ，ジョルジュ・ウィルソン

Thérèse : D'aucune chose...vous vous souvenez d'aucune personne ?
テレーズ：なんにも...誰のことも思い出さないの？

（1964年8月号）

さえら

[刊行物]

単行本

▶『フランス実存主義：カミュ「シジフォスの神話」矢内原伊作訳、カミュ「反抗的人間」佐藤朔訳、サルトル「自由と状況」（「存在と無」第4部より）；松浪信三郎『フランス実存主義概説』、「フランス実存主義用語解説」「フランス実存主義年譜」（450円、河出書房「世界の思想24」） ▶山崎正一『西洋近世哲学史3』（500円、岩波全書） ▶河盛好蔵『文学空談』（580円、文芸春秋社） ▶ロベール・ギラン『中国・これからの30年』井上勇訳（460円、文芸春秋社） ▶大谷文男『パリ特別許可留学生』（390円、文芸春秋社） ▶石川淳『西游日録』（1300円、筑摩書房） ▶ジュール・ヴァレース『パリ・コミューン』谷長茂訳（390円、中央公論社「世界の文学」25） ▶野田又夫編『市民社会の成立』（480円、平凡社「思想の歴史」7） ▶高階秀爾『マチス・ブラック』（680円、学研「世界の名画9」） ▶エミール・ジャム『経済思想史（上）』久保田明光・山川義雄訳（700円、岩波書店） ▶ラブレー『ガルガンチュワとパンタグリュエル物語』渡辺一夫訳・二宮敬編（390円、河出書房「世画文学全集III-4」） ▶竹田篤司『デカルトの青春――思想と実生活』（480円、勁草書房） ▶梅原龍三郎監修・林武、富永惣一『ルノワール』（1250円、河出書房「現代世界美術全集2」） ▶シモーヌ・ド・ボーヴォワール『或る戦後（下）朝吹登水子、二宮フサ訳（580円、紀伊国屋書店） ▶ピエール・クルティヨン『ルオー』柳宗玄・村上光彦訳（10,000円、みすず書房） ▶『ロダン・マイヨール』（480円、河出書房「世界の美術」30） ▶ロマン・ロラン『ペギー』村上光彦・山崎庸一郎訳（1500円、みすず書房「ロマン・ロラン全集16」） ▶『新ジュスチーヌ』渋沢竜彦訳（480円、桃源社「新サド選集1」） ▶アルベレス『現代小説の歴史』新庄嘉章, 平岡篤頼訳（850円、新潮社） ▶アンドレ・スーピラン『女医ソヴァージュの日記（上）』関義訳（340円、冬樹社） ▶バルザック『谷間のゆり、ウジェニー・グランデ』菅野昭正, 水野亮訳（480円、河出書房「豪華版世界文学全集」）

雑誌から

▶若林真『ドリュ・ラ・ロッシェルの評論集』文学界11月号 ▶渋沢竜彦『サド侯爵の真の顔』文芸11月号 ▶三島由紀夫『サド侯爵夫人――渋沢竜彦著「サド侯爵の生涯」に拠る――』文芸11月号 ▶ロベール・ギラン『七億の毛沢東たち』文芸春秋11月号 ▶対談・マルクーゼ、マレ『現代資本主義と労働者階級』展望11月号 ▶松田信『ヴィダル・ドゥ・ラ・ブラーシュの生涯と業績――地理学に貢献した人々』地理11月号 ▶入江美樹『パリの猫』婦人公論11月号 ▶朝吹登水子『愛と性の思索的行動者・ボーヴォワール』婦人公論11月号 ▶菅野昭正『虚数の劇〈ヌーヴォー・ロマンと描写の問題〉』季刊・世界文学第1号（380円、富山書房） ▶『純粋小説』群像11月号 ▶『ルオー・現代黙示録の騎士』芸術新潮11月号 ▶『ルオーの受けついでいる血脈』芸術新潮11月号 ▶『デカダンスと悲愴』『グロテスク』『松緑サルトルの成功』『1965年サロン・ドートンヌ』『アテネ座でサルトルの「アルトナの幽閉者」』『アラン・レネの新作「戦争は終った」』芸術新潮11月号 ▶瀬木慎一『在外日本作家の得失』芸術新潮11月号 ▶A・モロワ『現代文学の宿命』自由11月号 ▶『世界の巨匠・水彩素描展より・ユトリロ、モジリアニ他』みづゑ11月号 ▶柳亮玄『ルオーの夜明け――スュアレスとの往復書簡による』みづゑ11月号 ▶浜田徳昭『フォーレの「レクィエム」演奏比較』レコード芸術11月号 ▶『外国文学にあらわれた自殺；デュルケム「自殺論」』（現代のエスプリ）▶ジョルジュ・ルイ・ゴドー『むずかしい言葉』高村智訳、新日本文学11月号 ▶富永惣一『フォーヴィズムについて』世界11月号 ▶『ド・ゴールとアジア戦争』世界11月号 ▶柳亮『情愛の画家2・ジャン・プニイ』三彩11月号 ▶『イマージュ・デュ・プランタン――グロボワ氏の春画研究』三彩11月号 ▶ハーバート・マルクーゼ, セルジュ・マレ『現代資本主義と労働者階級』展望11月号 ▶石井好子『中老のドイツ人』潮11月号 ▶日高敏隆『フランスの動物学』図書11月号 ▶『外国文学の毒』座談会：江藤淳, 大岡昇平, 河盛好蔵, 白井浩司, 中村光夫；新潮11月号 ▶関口、園部、井上、見谷『フランス・スキー入門』スキーフレンド4

ふらんす

1965年12月号 ©
定価 ¥180 送料 ¥12

昭和40年11月25日印刷
昭和40年12月1日発行

編集者 千代忠央　発行者 寺村五一
印刷所 東京都新宿区神楽坂1丁目2番地　小酒井益三郎
発行所 東京都千代田区神田小川町3の24番地
電話（291）7811〜5；振替東京33228　白水社

研究社印刷

1965年12月号

IV
1966–1979

1959年，NHKテレビ講座「たのしいフランス語」が始まって以来，
フランス語学習はより身近なものになる．
音源形態も，レコード，ソノシート，テープ，カセットと次第に進化し，
『ふらんす』の広告にも音付き発音・会話教材が目立つ．
70年代に入ると，旅行者向けのデータを付した文学紀行・レストラン紀行など，
海外旅行時代に応じた新たな企画が試みられる．
【1966年1月号 180円　1979年12月号 380円】

白水社シートブックス

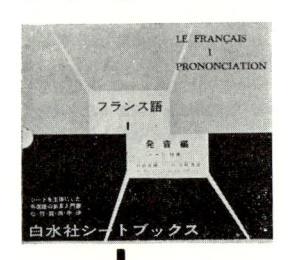

シート各10面　各シート判テキスト64頁
　　　　　　　ビニール装箱入

フランス語　各編 ¥1000

I　発音編　監修／前田陽一　著者／小林善彦
　　　　　　吹込／ミュレール, ラガッシュ
II　入門編　監修／鈴木健郎　著者／朝倉・渡瀬
　　　　　　吹込／マエス, ルファール
III　会話編　著者／福井芳男
　　　　　　吹込／ブロック, フクイ, 他.

フランス名文選

鈴木力衞編　　シート10面
　　　　　　各テキストシート判　¥1000

白水社レコードブックス

フランス旅行会話

ジャン・ゲノ作／安田悦子訳

LPレコード5枚
テキストシート判128頁
定価2500円

フランス国営放送局が外国人むけに放送したフランス語講座を, 日本人が活用できるようにテキストに説明・注をくわしく加え, レコードは放送テープを複製した. ヴァランチーヌがバカンスをパリですごす物語で, 読者は旅行に必須の会話を覚えると同時に, パリでのアバンチュールを彼女とともに体験することができる

実用初等フランス語

佐藤房吉・大木　健
泉田武二共著　　A5判　¥680

本書の特徴は, 文法の部と会話の手引きに分かれており, 発音はカタカナで示し, 文法の部には読章三編を添えて, 初学者の読解力の養成をはかった理想的なフランス語の入門書. 別売のレコードを併用すれば語学力はさらに充実する. (別売レコード／LP判・¥1200)

音の時代の始まりはレコードとソノシート.「シートブックス」の中では, 音がなくては始まらない「発音編」がもっとも長く版を重ねた. (1966年12月号掲載)

ふらんすと私

堀江敏幸

まかれた種をひろいつづける

　種別なのか序列なのかわからない，あの第二外国語という微妙な言い回しの選択肢のなかからフランス語をえらんだ大学1年生のとき，私は語学関係の雑誌をならべた書店の棚で，はじめて『ふらんす』を手に取った．初歩の初歩を教室で学んでしばらくした夏近くのことだったと思うのだが，初学者の興味関心をバランスよく満たしてくれる中身はもちろん，A5の判型といい，列車やバスの移動中でも開きやすくてやぶれにくいホチキスの中綴じといい，まことに得がたいつくりで，なによりどの頁にも色気のないのが好ましかった．風景写真や映画のスチール，そして瀟洒なカットをのぞけば，あとは圧しムラのある活版活字がならんでいるだけにしか見えず，いまだに一面的な紹介のされ方をしているあのフランス文化の「華」など，どこを探しても見当たらないのである．1980年代はじめの書店風景のなかにあって，それはまことに地味な存在だった．

　教科書以外の参考書として薦められるのはたいてい国営放送局が毎月出している講座のテキストで，ふしぎなことに，『ふらんす』を買いなさいという先生はひとりもいなかったから，いきなり現物に出会わなければ，購入するところまでいかなかっただろう．実際，そんな小さな語学雑誌に，日本のフランス文化を支えてきたと胸を張れるくらいの実績と歴史のあることがわかってきたのは，何世代か前のフランス文学者たちの著作を手に取るようになってからのことだ．印象に残った文章の初出を調べてみると『ふらんす』だったという事例が重なってくるにつれて，この雑誌の役まわりが，語学の教育雑誌ではなく，地域と言語の限定された総合誌であることが見えてきたのである．全体の頁数に限りがあるので，総合を目指せば目指すほど幕の内弁当式になって記事の多様性と深みの兼ね合いが難しくなるのだが，そんなことは百も承知の誌面づくりだったろう．

　歴史の重みとは，そういうものだ．読者として『ふらんす』に出会った時期があと10年遅かったら，活版活字に対する愛着はべつとして，文法のあれこれやほんのちょっとした読み物のありがたみを，私は享受できなかったはずである．どんな分野でも，初学者には，ひとつの物事が積み重ねからなっていることの道理がわからない．時間をかけ，ゆっくり育ててきた教養の一部としての簡潔さと，さっと眼を通しただけの，その場しのぎのできる有用な情報としての簡略さの区別がつかず，すぐに背をのばしたがる．電子の網を通してあまりにも簡単に情報が手に入り，学ぶことの源にある飢餓感が忘れられているいまこの時代に『ふらんす』を手に取っていたら，私は周囲に流されてそのほんとうの価値を見誤っていたかもしれない．

　そうならなくてよかった，とつくづく思う．80年の蓄積の，ほんの一部をまとめたこの精選集の目次を見るだけで，執筆者の質の高さと話題の多様性に，誰もが感嘆せざるをえないだろう．あとは「種まく女」として生まれたこの雑誌がさらに大きく根を張って，いつまでもつづいていくことを祈るばかりである．

鷲尾君の思い出
山内義雄

　小柄で，がっちりして，何ものをも寄せつけないといった感じの鷲尾君，ときどき体の不調をうったえながらも，おそらくわたしより長生きしてくれるものと安心していた矢先，とつぜん亡くなったという知らせをうけて愕然とした．告別式にも列しながら，今なお実感として受けとりかねている．

　はじめて鷲尾君に会ったのは，大正10年，わたしが京都での学生生活を途中で切りあげ，急に外遊されることになった杉田義雄先生の穴うめに外語に駆りだされたときのことだから，今からかぞえておよそ40年の昔になる．「鷲尾君という先輩がいる．ちょっと気むずかしい人だから，ことによると君と喧嘩をしかねない．だが君は，喧嘩をしに呼ばれたのでないことを忘れずにね」と親切に戒められたことをおぼえている．ところが，その鷲尾君とは，わずか1,2週間ですっかり仲よしになってしまった．たしか，フランス音楽の話がきっかけになってのことと記憶する．本来ならば「鷲尾さん」と呼ばなければならないほどの大先輩だったが，いつのまにか平気で「鷲尾君」と呼ぶようになり，鷲尾君も，そう呼ばれてニコニコしていた．鷲尾君が在外研究員としてフランスへ出かけたのは，わたしと友だちになってから半年ぐらいしてからのことではなかったろうか．どうせ置いて行くのだからと言って，ドビュッシー，ヴァンサン・ダンディー，ベルリオーズ，サン・サーンスなどの研究書を残して行ってくれた．

　わたしは，たしか鷲尾君がフランスから帰ってくるのを待たずに外語をやめたようにおぼえている．だが，早大，外語と立ちわかれても，週に3日はアテネ・フランセの教員室で顔をあわせていた．鷲尾君のフランス語の読みの深さは知る人ぞ知る．わたしは，それをいいことにして，何でも鷲尾君にきくことにしていた．「どこからそんな意味が出てくるのかね？」なんて突っこまれては，「カンだよ」といけ図々しくも答えてのけて，「だが，おなじカンでも，トンチンカンというカンがあるからね」なんてあっさりやられたことをおぼえている．なかなか辛辣な鷲尾君だった．本来ズボラなわたしと，きわめて緻密な考え方の上に立つ鷲尾君と，そのちがいが飛びはなれていたればこそ，かえって屈託なしにつきあえたのだろうと思っている．フランスから帰ってからの鷲尾君に学ばれた方方は，ますます精緻の度を加えた鷲尾君の学風をあますところなく酌みとられたことと羨ましく思っている．今は戦災で焼いてしまったが，従来行われていた品詞論一点ばりのフランス文法書を根本的に考え直した名著『フランス小文法』の準備されたのもまさにそのころのことだったと記憶する．せいぜい100ページ足らずの小冊子だったが，わが国においての劃期的なフランス文法書と言えるだろう．

　外語での停年が近づいたとき，わたしは鷲尾君にすすめて早大法学部に来てもらうことにした．そのとき，わたしは鷲尾君に条件をつけた．「じつは，君の学問を，早稲田の若い先生たちに植えつけてもらおうと思ってなのさ．だから，学生たちより，むしろ若い先生たちの相手になってほしいんだ．」

　だが「ああ，これは文学書ですか？わたしには文学がわかりませんでね」という鷲尾君一流の応待の前には，「ああ，フランス語ですか？わたしにはどうもフランス語がよくわかりませんでね」とさえ言いかねない鷲尾君を知らない人たちは，おそれをなして引きさ

がるよりほかに なかったらしい．こうして，わたしの企図していた鷲尾君の学問伝承がどうやら 実を 結ばずに おわったかと ざんねんがっていた折も折，たまたま鷲尾君の通夜の席上，ただひとり棺側に侍していた若い人の口から，じつは早大文学部に鷲尾君の学風を慕う何人かの優秀な学生がいて，たえず鷲尾君のあとを追って講義を聞きあるき，鷲尾君の停年退職後も引きつづき自宅へ押しかけて研究会をつづけていたということを知らされた．しかも，鷲尾君の急変をきいて逸早く駆けつけ，夜を徹して看病したのもまさにそうしたグループの人たちだったという．それほど学生たちに慕われた鷲尾君，これは今どききわめて稀なことだろうと思うにつけ，何とも羨ましいかぎりであると同時に，鷲尾君の早稲田に蒔いた種が，思いがけないところに見事に芽ばえてくれたことを思って，おどりあがって喜ばずにはいられなかった．

謹厳な鷲尾君には，いわゆる逸話めいたものと言ってはなかったろう．ただひとつ，これは又聞きの話だが，かつて外語で学生騒動のあったときの話．教授会の席上，万策尽きた校長が，教室に立てこもる学生たちを退去させるため，担任の教授たちに教室へ出かけて説得してもらいたい，聞き入れないときは引きずりだしても退去させてもらいたいと頼んだそうである．いやなお役目とは思いながらもみんな渋々出かけて行ったあとに，ただ2人動かなかったのがスペイン語の永田教授と，フランス語の鷲尾君．そして，鷲尾君の言い分というのが「事ここに到っては，説得ぐらいでおとなしく退去するものとは思われない．そのばあい，無理にもという校長の言葉だったが，腕力のないわたしにどうして学生たちを引きずり出せよう．さらに言えば，教師が学生を教室から引きずりだすということ自体，わたしには何としても考えられない．」

前にも言ったようにこれは又聞きの話だから事の実否は保証のかぎりでない．だが，鷲尾君だったら，いかにもそうあったろうと思われてたのしい．たしか一度，同君にただしてみたかと思うが，もちろん笑って答えなかったにちがいない．こうした挺子でも動かぬ鷲尾君の一面，それがともすれば同君をひとりぼっちにさせたらしい．だが，それも単なる気むずかしさのためではなかった．それは，おべんちゃらがきらい，徒党を組んでの栄達もきらい，いつも自分自身をごまかさずに見つめて 行こうとする人たちの 当然たどる道，まっすぐ貫いている一本の道，よそ目にはさみしく見えていながらも，結局選ばれた少数のよき弟子たちにとりまかれての静かな一生だったことを思えば，たしかにりっぱな生き方だったと思っている．惜しい人に死なれてしまった．

1967年6月号

Avez-vous lu Le Clézio?

学習院大学講師　豊崎 光一

　プルーストは，シャトーブリアンの魅力を語っておよそ次のように言っている．私がシャトーブリアンを愛するのは，2,3ページごとに必ず，彼のものでしかない叫びがくりかえされるからだ．地上には何物もなく，やがて私は死なねばならず，忘却が私を運び去るだろう——この叫びは，夏の夜のしじまを破ってくりかえされるふくろうの鳴き声のように単調であり，そしてそれと同じくらい真似のできないものである．それを聴くとき，ひとは詩人とはなんであるかを理解するのだ，と．

　プルーストは，この単調さこそ，あらゆる「詩人」を，真正の作家を際立たせる特徴だと言うのだが，ル・クレジオを読むとき感じられるのも，まさにそのことなのである．『調書』『発熱』『洪水』，そしてこの春出たばかりの『物質的恍惚』に至るまで，ル・クレジオは，いや増す明晰さをもって，つねに同じことを執拗にくりかえす．文字どおり海の揺り返しのような，この単調な旋律が耳を離れなくなったとき，読者はル・クレジオの魅惑にとらえられてしまったのだ．

　「ぼくが死んでしまうとき，ぼくの知りあいだったあの物たちはぼくを憎むのをやめるだろう．ぼくの生命がぼくのうちで消えてしまうとき，ぼくに与えられていたあの統一をぼくがついに四散させてしまうとき，渦動の中心はぼくとは別のものとなり，世界は自らの存在に還るだろう．」（『物質的恍惚』）

　「ぼくが生まれていなかったとき，世界は見すてられていた．ぼくが死んでしまうとき，世界は見すてられるだろう．そしてぼくが生きているとき，世界は見すてられているのだ．被造物がひとつのきらめきのように埋没する目くらめく深み，もろもろの運動を溺らせ，行為を幾千万，幾千億もの他の行為で蔽いつくしてしまう巨大な沼，何物もそこから抽き出すことはできず，何物もそこから救い出されることはできない無際限の平原．ぼくはいなかった．いかなる時，いかなる場所にも，ぼくはいなかった．」（『物質的恍惚』）

　「重要なこと，真実なことはこれなのだった，この永遠の夜，この沈黙，あらゆるものを埋没させる，この限りなく測り得ざるものなのだった．暗黒，暗黒なのだった．」（『洪水』）

　「生命とはこれなのだった，無へ向かってのあの絶え間ない下降，黒い樋に沿って流れるこの波，未知に向かって転がり落ちる球，自らの逃走，自らの消滅にほかならないこの球なのだった．すべてが落下しており，宇宙は，広大な，恍惚たる埋没にほかならなかった．」（『発熱』所収「歩く人」）

　「今こそは大地を地蟻に委ねるべきときだ．今こそは逆しまに逃避し，過ぎし時の諸段階をさかのぼるべきときだ．（…）次いで揺籃（ゆりかご）の時代が来るだろう，そして産衣に窒息し，われとわがちっぽけさに対する激怒で咽喉をつまらせて死ぬのだ．だがそんなのはまだつまらない．さらに遠くへ行かねばならず，血と膿とを横切って母親の腹の中にまで後退せねばならぬからだ（…）」（『調書』）

　これが，ル・クレジオの作品のいたるところに鳴り響いている主調低音である．ひとが生まれる前の世界と死んでしまったあとの世界，それは2つながら，「無時間の物質」が限りなく支配する世界だ．ル・クレジオの際立った特徴の1つである生命の白熱的，痙攣

的な昂まりが目指しているのは，まさしく，意識の死，物質の充溢と自足へ向かっての絶えざる下降，退行にほかならないのだ．「物質的恍惚」という言葉（『調書』では「物質主義的恍惚」と呼ばれている）が意味するのはこのことであって，それはいわゆる物質的繁栄や物神崇拝とはなんの関係もない．

そして，当然のことながら，この世界には歴史という次元がまったく欠けている．『嘔吐』と『異邦人』が『調書』や『発熱』の世界を思わせるのは確かであり，ル・クレジオの主人公たちがロカンタンとムールソーの後裔と感じられるのはかなり自然だが，今言った一点で，ル・クレジオはサルトル及びカミュと決定的に異なっている．ル・クレジオにとって「人間の唯一の偉大な思想は，自分が人間でないものでもありうるということを理解すること」なのだ．また，ル・クレジオにおける人間の物体への回帰という執拗な志向は，ロブ＝グリエの糾弾する自然の人間化の過程のまさに裏返しなのだが，ロブ＝グリエがこの過程のうちに悲劇的世界観の起源を見て，それを斥け，徹底的に物の外側にだけある眼差による描写をよりどころとするのに対し，ル・クレジオの物体への回帰の運動は，途上において物体の人間化と見分けのつかない表現をとり，ロブ＝グリエの排してやまないメタフォールに満ち充ちている．「大地が人間であるときこそ，大地が自然人形説から最も遠いときだ」という逆説を生きるル・クレジオは，「悲劇的なるものから離れてはならない」と書く．

「物質的恍惚」が実現される時が「時の絶滅という時」であり，全き沈黙である以上，その表現はあり得ず，そこへ向かう運動の表現があるだけなのは自明だが，ル・クレジオにとってはこの運動自体が不動性と同じものなのだ．「矢が不動を意味する」世界に具体的な表現を与えるために，ル・クレジオは独特の工夫をこらす．たとえば，『洪水』と『物質的恍惚』との，多くの点で一致する構成がそれだ．『洪水』ではプロローグとエピローグにはさまれた部分が主人公の13日間の遍歴を順を追って語り，『物質的恍惚』では生まれる前の世界についての序章「物質的恍惚」と死後の世界についての終章「沈黙」が，いわば生命とそのさまざまな悩みを語る中間の部分をふちどっている．ところが，『洪水』のプロローグとエピローグ（それぞれ「洪水」，つまり意識の崩壊の予感と完逐を語るもの）は，同時に，一息に，同じ文体によって書かれた1つの全体を，あとから2つに分けたものであり，『物質的恍惚』の序章と終章は，それぞれ根本的に同じ世界を同じ文体によって語ったものである（冒頭に引用した2つの文章を見よ）．これによって読者は，中間にあって一種の時間の流れないしは発展と見えた部分が，実はその見せかけにすぎず，自らの破壊そのものである運動がくりかえされているにすぎないこと，終わりははじめの中に，はじめは終わりの中にあること，従ってどこにも生成はないことを強烈な感覚として受けとるのだ．生成のないところにロマネスクがない以上，ル・クレジオの書くものは小説ではない．彼はまた，自分にとって「私」と「彼」とは交換可能の人称だと語っている．

かくて，「火の玉のように自分自身を軸にして回転する時間」こそル・クレジオの世界の時間なのであり，それを実現しているのは極度に具体的な感覚の雪崩，洪水である．すぐれて意識の器官である眼差がそこに支配する原理なのだが（「眼差は生命の本質的な徴である」），この眼差（意識）の真の源泉，従ってル・クレジオの世界にあらわれる主導的テーマすべての，真の，唯一の中心は太陽である．このことは，ル・クレジオについての第

1の明証事，文字通り火を見るよりも明らかなことなのだ．ここでそれについて委曲をつくすことはできないが，次の文章には太陽とその変貌に関するほとんどすべてが含まれている．

「ロックは，噴水のそばでよろめきながら，不安な気持で太陽を見つめた．彼方に高く，ただひとり空間にかかっている円球は恐ろしいほど白かった．それは空中を漂い，走り，そして奇妙な同心円がそのまわりを際限もなく泳いで，周辺部へ向かって波のように遠ざかっていた．無防備の地面はこの太陽の打撃に晒され，光の雪崩がこの世のものとも思えない激しさで落ちかかっていた．地上のあらゆる平らなもの，あらゆる屋根やあらゆるテラス，通り，下水溝の表被板，海，すべてが情容赦もなく傷つけられていた．まるであらゆる物体がこの眩ゆい眼差を浴びて溶け，少しずつ液体と化しているようだった．あと数年，いや数日，たぶん数時間もしたら，地表はいちめんぶつぶつと泡立ち，なにやら銀色の蒸気みたいなものになって，緩慢にけぶり，沼地にたなびき，空中にたちのぼっては消えてゆくだろう．そうなのだ，みんなが少しずつ星雲に化しつつあったのだ．ロックはまぶたを閉じたが，残酷な天体は網膜に印されたまま，黒い穴を錐のようにうがち続け，頭の奥にある血のヴェールを腐蝕し続けていた．

これこそ日々の病いなのだった．つまりは，日ごとの日射病だ．男たち女たちは辛うじて自分たちのあばら屋に身を避けていたが，日除けのうしろにいても，町の上に溢れ出しているこの攻撃のことを頭から追い払うことはできなかった．怖るべき平和が，漆喰でできた彼らの壁のすき間に滲透し，石と粘土の隅隅をはじけさせていた．大地は四方八方に裂け目を生じ，樹々はこの怪物の呼吸によってゆっくりと地面から持ち上げられていた．ど こにかくれようとも安全でいることはできなかった．(…)」傍点訳者（『発熱』所収「発熱」）

最後に，もう1つの長い引用によってこの小文を終わりにしたい．

「一軒のパン屋の前で，暖いパンとブリオシュの匂いがベッソンの歩みを止めた．その匂いは呼吸といっしょに彼の中へ入ってきて，体じゅうに唾液と胃液とをまさに潮がたかまるように溢れさせた．そのあと，腹の中に閉じこめられた匂いは苦痛となった．その匂いは動きまわり，拡がり，こわばり，十字を切った．ベッソンはウィンドーに近づいて店の中を見つめた．パンは眼の前にあって，かごに立てられ，蜜の色をした皮膚を視線に向かって差し出していた．まだ暖かく，よく膨れて，粉をふき，傷痕や火ぶくれのあるパンは，その強い薫りの寛衣をしすかに空中にたちのぼらせていた．皮の内部では，その肉は柔らかくて弾力があり，またぐんにゃりし，生暖かく，何千もの小さな気泡があいていた．金色で，全体に黄色が行きわたっているところなど，まるで火のあらゆる光輝とかまのあらゆる熱気が中に生きているようなパンは，果実さながらの輝きを放っていた．渇望のまととなり，中身の絹めいたひだを隠し，堅いと同時にとろけるような，ぱりぱりしていると同時にみずみずしいパンは，世界のすみずみにその良き味の波を投げかけていた．(…)まるで匂いの通路が逆になって，餌物を巣に引きこむように，ベッソンは自分が，知らず知らずのうちに，そのパンの中へ流れこむのを感じた．この燃えるような莢のまっただ中にベッソンは頭からもぐりこみ，溺れ，自分に拒まれなかったこの食物をのどいっぱいに呑みこんでいた．飢えの濃密な匂い，小麦粉とかすかな酵母の味が，まるで石が溶けてゆくように四肢を蔽いつくすのを彼は感じた．

その薫りは今や空いっぱいに満ちていた．町の通りという通り，家の屋根という屋根，雲，歩道のアスファルト，自動車のボディー，すべてがパンになってしまっていたのだ．それは脂肪を含んだ，膨れあがった笛，泡となって漂う柔かい山であり，中身や皮，重たい果物かごが今にも持ってこられようという食卓で十字の印を切りながら裂く皮，そこには空の高みからくだされる軽やかな祝福が入りこみ，それは恋する女のように蒼ざめて身をうちひろげ，自分を住み家とすべくやって来た聖霊に身を委ねるのだ．」(『洪水』)

こんな長い引用を敢えてしたのは，ル・クレジオの「物質的」世界の魅惑が，たとえ拙ない翻訳を通してであっても，ここにはっきりとうかがえると思うからだ．これに限らず，ル・クレジオのいくつかのページは，フランス散文の高峰の 1 つだとすら私は思っている．(彼自身は，自分の書くものを，既成のジャンルに関係ない écriture—記述，というか要するに書くことであり，その結果でもある—としてのみとらえているのだが．) そう，シャトーブリアンのように，アンドレ・ブルトンのように，生まれながらの名文家とでも呼びたくなる人がいるとすれば，ル・クレジオはその 1 人なのだ．ある批評家の言葉を借りれば，ル・クレジオは成年に達したときの贈り物として，この天与の文体という「ロールス・ロイス」をもらったのだ．従って，彼にとっての問題は，もはやこの車のすばらしいメカニズムの改良などではない．それに乗ってどこを走るかということだけなのだ．彼がこの超高級車を駆って，心地よげに「文学」の領域をドライヴしていると感じられることもままある．しかしほとんど常に，この車は『下へ，死に向かって』(というのが 63 年に NRF 誌に発表された短篇の題だが，そこには車を暴走させて死ぬ若者が出てくる．車とか列車，加速度という主題ないし契機は，ル・クレジオにおいて極度に重要である) 生成のない時間の中を走り続けているのである．

———————Brèves Nouvelles de France———————

LE GRAND PRIX CATHOLIQUE DE LITTERATURE A RENÉE MASSIP

Le Grand prix catholique de littérature, décerné par l'Association des écrivains catholiques et la revue « Ecclesia », a été attribué à *Renée Massip* pour son roman « Le Rire de Sara » (Gallimard). L'ouvrage couronné, qui parle de foi et de souffrance, est, selon les propres paroles de l'auteur, « un livre chrétien gai ».

Renée Massip est née à Arette (Basses-Pyrénées) le 31 mars 1907. En 1939 elle entra au secrétariat de rédaction de l'Agence Havas. Réfugiée à Lyon pendant la guerre, elle travailla pour « Le Figaro » et « Paris-soir » et collabora au mouvement « Libération » avec son mari, Roger Massip, actuellement directeur des services de politique étrangère du « Figaro ».

En 1963, le Prix interallié lui avait été attribué pour son roman « La Bête quaternaire ».

1967年6月号

『悲しみよこんにちは』とフランソワーズ・サガン
Bonjour Tristesse

朝吹登水子

1954年フランソワーズ・サガン Françoise Sagan が18歳の時に書いた処女作 « Bonjour Tristesse » という短い小説でデビュー，爆発的な人気をかちとり，世界的ベストセラーズとなったことは有名です．それ以後，彼女は，同じようなテーマと雰囲気をもった，同じくらいの長さの小説を飽きることなく書きつづけていますが，不思議にも，フランスだけでなく，多くの国でベストセラーズとなっています．その理由は何に原因するものでしょう？ サガンをけなす人は，安易で，軽く，大衆的だから…と言いますが，もしそれだけだったら，そのような小説は世界中にたくさんあるわけです．やはり，これだけ多くの愛読者をもっているということは，彼女の独得な魅力が，多くの青春をひきつけるからでしょう．

サガン的魅力…それをひと口に言えば，短くて簡素な，美しいリズムをもった文章，モーリアックが評するところの，「声を高めずに聞かせる術，一種の震動(ヴィブラシオン)，ほとんど透明に近いとまで言える文章，それにもかかわらず，それを通して読者に，生命の，つまり魂の鼓動を感じさせるもの」，人生に対する倦怠とシニスム，孤独感，繊細な男女間の心の動き，パリの雰囲気，紺碧の海と空ときらめく太陽の南フランスを背景にした恋，巧みな物語(レシ)の術，ということでしょうか．

サガンの小説の中には，社会や政治を論じる人物は登場せず，サガンの属する階層以外の人物も描かれていません．イデオロギーもなく社会参加の文学でもありません．ですから，彼女の描く人物たちの心の動きが主な流れとなっています．心理小説の部にはいるのでしょうが，私は，それに加えて，感受性(サンシビリテ)と雰囲気(アトモスフェール)の小説ともよびたいのです．

私がサガンの小説を初めて読んだのは，1954年，パリで勉強していた時のことです．それから十数年，私はパリで暮らしながらサガンの小説を翻訳しました．ある年，私はヴァカンスで東京に帰っていました．そして新しく出版されたサガンの小説を東京で読んだのです．それまでパリでサガンを読んでいた時には特に感じなかったことなのですが，この時，彼女の作品からパリの雰囲気がかげろうのように炎えあがり，私は突然パリへの郷愁に胸をしめつけられました．そして，つくづくとサガンの文章，それも雰囲気の具体的な描写なしに，ちょっとした何げない言葉で，巧みに雰囲気を創り出す彼女の才能をあらためて認めたのでした．

サガンの小説に出てくる登場人物たちの属する階層(ミリュー)はサガンの階層でもあります．物質的に恵まれそのモラルのわくの中に生きるブルジョワジー(セージェン)です．俗に十六区とよばれる階層です．十六区はパリの山の手を指し，実業家，医者，弁護士，公証人などが住んでいます．

サガンは実業家の父をもち，三人兄妹で，嫁にいった姉と，仲よしの兄がいます．彼女の両親の家はパリの屋敷町の十七区のマルゼルブ街にあり，私が初めて彼女にインタビューしたのはこの家でした．家といっても，パリでは皆アパルトマン（マンション）に住んでいます．このアパルトマンは堂々とした階

段のある大きな建物の中にありました．広大な客間，ルイ王朝風の家具，時代物の絨毯，立派なサテンのカーテン，いわば典型的なフランスのブルジョワの家庭でした．サガンの生れたのはパリですが，幼年時代は第二次大戦中だったので地方で過し，フランス上流家庭の女子教育の慣わしであるカトリック私塾で学びましたが「宗教心に欠けていて，努力が足りない」と退学させられました．終戦後パリに戻ってきた時も，東京でいうなら雙葉のようなオワゾー学院というカトリック系の私立有名校で勉強しましたが，大学入学資格試験(バカロレア)第一回に落ちました．その時，彼女は好きな南フランスで家族とヴァカンスを過しながら十月の再試験の準備をするかわりに，パリのマルゼルブ街の家に戻ってきて《Bonjour Tristesse》をタイプで打ったのです．この小説の主人公のセシルも，当時のサガンと同じ18歳，バカロレアに落第した女の子のヴァカンス中の出来事がテーマです．

天才少女，ラディゲの再現などとさわがれたサガンも，現在では30歳をすぎました．しかしバルザックの時代に年増といわれた30歳も，現代のパリでは Les enfants de trente ans, 彼女は青春の世代を代表するひとりです．ボーヴォワールは彼女の自伝の中で，サガンと一夕過した時のことを書いていますが，ある有名なレズのクラブで，喧噪(けんそう)な音楽を聞きながらサガンの取り巻連といた時，世代の差を感じたと書いています．ボーヴォワールはサルトルと共にサガンと何度か会い，食事をしたこともあるそうですが，サガンが大統領選でド・ゴールを支持すると表明した頃から会ってないようです．とはいえ，アルジェリア戦争中は，かの有名な知識人たちの「百二十一人宣言」(ル・マニフエスト・デ・サンヴァンテアン)で彼らと並んで署名しています．

私が『悲しみよこんにちは』の翻訳を終えた直後サガンにインタービューした時，好きな作家は？との問いに，ジャン・ポール・サルトルとシモーヌ・ド・ボーヴォワールです，と答え，カミュは？との問いに，サルトルのほうが好きです，と答えました．彼女の小説中，サルトルのとてもいい本を読んだ，という個所があり，またあるインタービューでは，知識人でもサルトルのような面白いひともいる，と言っていますが，サガンがサルトルと同じ6月21日に生れたのもおもしろい偶然です．

サガンが非常に好きな作家にプルーストがいます．彼女のペンネームのサガンはプルーストの『失われし時を求めて』の登場人物の名からとったもので，彼女の本名はフランソワーズ・クワレーズ Françoise Quoirez です．現在，彼女は，パリの社交界に出入りしていて，いわゆる花形的(ヴデット)存在であり，全パリで招待される華やかな芝居やバレーや映画の初日によく顔を見せ，彼女の仲のよい友だちである国立オペラ座の振りつけ師ジャック・シャゾと共に，前夫のロバート・ウェストフとよく外出します．

サガンは若い時，ずっと年上のギイ・シェレール(『ある微笑』の中のリュックとドミニックを思わせるような)を愛して，彼と結婚しましたが離婚，次に若くてハンサムなアメリカ青年ロバートと結婚，一人息子のドゥニが生れました．二度目の夫とも離婚，しかし離婚後も前夫と共同生活をつづけ，ヴァカンスも親子三人で送っているという，ちょっと風変りな生活をしています．

パリでは，現在大きな館に住み(それも多くの友だちのため，とサガンは言っています)，金のない友だち連に気前がよく，彼女をよく知る人は皆サガンの親切を讃えます．使用人の黒人が妊娠して辞めるというのをとめて，私生児の赤ン坊の養育費を出して現在

自宅に置いて育てているとも聞きました．このように大ぜいの友だちに囲まれ，華やかな生活をし，世界的富豪のロスチャイルド男爵家とも親しくつき合っているサガンではありますが，聡明な彼女が，その中で自己満足に浸っているとは思えません．彼女は，社交界や，ブルジョワジーの人々をプルースト的に観察しながら，その群像を掘りさげていこうとしているのではないでしょうか．

『悲しみよこんにちは』は，ブルジョワジーの父娘の家庭が背景です．サガンと同じようにカトリック私塾で育ったセシルは，遊び人で美男の若い鰥夫(やもめ)の父と大の仲よし．父とその愛人の女の子エルザと三人で，南フランスの美しい海辺の白い別荘でヴァカンスを過しています．そこへ，セシルの亡き母の親友で，理知的な美しい中年女性アンヌが父の招待に応じてパリから到着します．小説は，主人公セシルの父に対する愛情，アンヌに対する嫉妬，父とアンヌの結婚を邪魔しようと策略をたくらむ少女の心理がテーマになっていて，セシルを中心に，父，アンヌ，それから脇役としてエルザとセシルの夏休みの恋人シリルが登場します．

アンヌとセシルの会話

"Cécile, pourquoi vous levez-vous si tôt ici? A Paris, vous étiez au lit jusqu'à midi".

"J'avais du travail, dis-je. Ça me coupait les jambes."

Elle ne sourit pas : elle ne souriait que quand elle en avait envie, jamais par décence, comme tout le monde.

"Et votre examen?"

"Loupé ! dis-je avec entrain. Bien loupé !"

"Il faut que vous l'ayez en octobre, absolument."

"Pourquoi? intervint mon père. Je n'ai jamais eu de diplôme, moi. Et je mène une vie fastueuse."

"Vous aviez une certaine fortune au départ", rappela Anne.

(「セシル，あなたここでどうして早く起きるの？　パリではお正午(ひる)までベッドにいたのに…」

「私，勉強があったからよ」と私は言った．「だもんで脚が立たなかったの」

彼女はほほえまなかった．彼女は本当にほほえみたい時でなければほほえまなかった．誰でもがするように，礼儀ですることは決してなかった．

「そして試験は？」

「すべっちゃった」と私は快活に言った．「きれいにすべっちゃった」

「十月に受からなくちゃ駄目よ．絶対に…」

「なぜ？」と父が口をはさんだ．「この僕などは免状なんか一度も獲ったことはないぜ．だが豪勢な人生を送っているよ」

「あなたは最初にいくらか財産がおありになったから…」とアンヌが注意した．)

サガンは18歳の時に書いた作品とは思えないほど，繊細な心の動き，内面の独白をとらえて物語に巧みに織りこんでいますが，また一方，青春のもつ屈託のなさ，性急で解放的な新鮮な肉体の，悔いのない抱擁を見事に表現しています．サガンが大好きで毎夏ヴァカンスを過す地中海の海辺を，彼女は『悲しみよこんにちは』の背景に使っていますが，地中海の青い水が，読む者の顔にしぶきを立ててふりかかってくるようです．

A deux heures. j'entendis le léger sifflement de Cyril et descendis sur la plage. Il me fit aussitôt monter sur le bateau et prit la direction du large. La mer était vide, personne ne songeait à sortir par un soleil semblable. Une fois au large, il abaissa la voile et se tourna vers moi. Nous n'avions presque rien dit :

 "Ce matin...", commença-t-il.

 "Tais-toi, dis-je oh ! tais-toi..."

Il me renversa doucement sur la bâche. Nous étions inondés, glissants de sueur, maladroits et pressés ; le bateau se balançait sous nous régulièrement. Je regardais le soleil juste au-dessus de moi. Et soudain le chuchotement impérieux et tendre de Cyril... Le soleil se décrochait, éclatait, tombait sur moi... Où étais-je? Au fond de la mer, au fond du temps, au fond du plaisir... J'appelais Cyril à voix haute, il ne me répondait pas, il n'avait pas besoin de me répondre.

La fraîcheur de l'eau salée ensuite. Nous riions ensemble, éblouis, paresseux, reconnaissants. Nous avions le soleil et la mer, le rire et l'amour, ...

(二時に, 私はシリルの軽い口笛を聞いたので, 浜へ下りて行った. 彼はすぐ私をヨットにのせると, 沖のほうへと向った. 海は空っぽだった. 誰もこんな太陽の照りつけるさ中に出かけようとはしないのだ. ひとたび沖へ出ると, リシルは帆を下ろして, 私のほうをむいた. 私たちはそれまでほとんど何もしゃべらずにいた.

「今朝...」とシリルが口を切った.

「黙って」と私が言った.「黙って......」

彼は厚いズックの布の上に優しく私を仰向けに押し倒した. 私たちは, 汗にまみれ, 滑りながら, 不器用で, あせっていた. 船は私たちの下で, 規則正しく揺れていた. 私はすぐ真上の太陽をみつめていた. そして, 突然, シリルの命令するような, 愛情のこもった囁きが...... 太陽がはずれ, 破裂して私の上に落ちた......私はどこにいたのだろう? 海の真底に, 時の真底に, それとも快楽の真底に? 私は声高にシリルをよんだ. 彼は返事をしなかった. 彼は返事をする必要がなかったのだ.

それからは, 塩水のさわやかさだった. 私たちはいっしょに笑った. 茫然と, 気だるく, 感謝しながら...... 私たちには, 太陽と, 海と, 笑いと, 恋があった......)

『悲しみよこんにちは』の終りの文章

Seulement quand je suis dans mon lit. à l'aube, avec le seul bruit des voitures dans Paris, ma mémoire parfois me trahit : l'été revient et tous ses souvenirs. Anne, Anne ! Je répète ce nom très bas et très longtemps dans le noir. Quelque chose monte alors en moi que j'accueille par son nom, les yeux fermés : Bonjour Tristesse.

(ただ, 私がベッドの中にいるとき, 自動車の音だけがしているパリの暁方, 私の記憶が時どき私を裏切る. 夏がまたやってくる, その思い出と共に. アンヌ, アンヌ! 私はこの名前をとても低い声で, とても長いこと暗やみの中で繰り返す. すると何かが私の内に湧きあがり, 私はそれを, 眼をつぶったままその名前で迎える, 悲しみよこんにちは.)

サガンは美しい題名をつけると評されていますが, この Bonjour Tristesse という題があまりにも有名になったため, 当時のフランスのマスコミでボンジュール何々という言葉が流行したくらいです. これはサガンの好きな, 現代フランスの生んだすばらしい詩人 Paul Eluard の《La vie immédiate》(直接の生命) の中の Adieu tristesse, Bonjour tristesse からとった一句です. サガンの最新の小説《Un peu de soleil dans l'eau froide》(『冷い水の中の小さな太陽』邦訳出版準備中) の題もやはりエリュアールの詩の一句です.

1970年10月号

モーリアックの追悼

杉　捷夫

　フランス文壇の最長老のひとり François Mauriac (1885年生れ) が9月1日朝亡くなった．2日付の Le Monde に文芸欄担当のアカデミー会員 Pierre-Henri Simon が同僚であるこの先輩作家の追悼記事を書いている．題して《闇の中であかりが消えた》Une lumière s'est éteinte dans notre nuit. notre nuit (我等の夜) とは含蓄のある Mauriac 自身喜んで使いそうな言葉である．闇夜のたった一つの光が消えた，と読むのは行きすぎであろうが，いつも超一流の名を Pascal, Chateaubriand, Proust, Gide, Claudel 等を対話の相手として来た Mauriac が亡くなって，今後誰が彼ほどの権威を以て，フランス文学の本質のために (pour le génie littéraire de la France) 証言を続けるであろうか，という感慨をこめて，この題名は使われているのである．

　Mauriac はボルドー近郊の地主的ブルジョワの家に生れ，深く伝統につながり，終生カトリックを心の糧として，生き続けた．彼ほど，伝統の泉が，自分自身の内面の水脈につながることを，深く感じていた作家は少いであろう．それにしても，何という柔軟な精神・広い理解力の持主だったことだろう．小説論 (Le roman, 1928; Le ramancier et ses personnages, 1933) を初めとする，文芸評論，政治評論 (Journal 5 vol. 1934〜1953; Bloc-Notes 1958; Nouveau Bloc-Notes, 1961) 二冊の精神的自叙伝 (Mémoires intérieurs, 1959; Nouveaux Mémoires intérieurs 1965) がこれを証してい

(フランス大使館提供)

る．評論であるより先に何よりも香気の高い文学者の文章である．最後の二冊はフランスの偉大なモラリストの仲間に彼を加える手形になるものではあるまいか．

　詩集 Les mains jointes (合掌) でバレスに認められて文壇に出たのが1909年，Le baiser au lépreux, 1922; Le fleuve de feu, 1923 の新進作家から，やがて Le désert de l'amour, 1925; Thérèse Desqueyroux, 1927; Le nœud de vipères, 1932 でゆるぎない地位を確立した．人間の背負う悪の世界を飽きずに掘り返した作家と言えよう．彼の政治参加が (ド・ゴールの進歩面を助けたと，要約することができようか) 文学者を傷つけなかった，と私は信じる．Résistance 参加の記念碑である Le cahier noir, 1943 から次の一節を書きとめておきたい．"...le mépris de l'homme est nécessaire à qui veut user et abuser de l'homme. ... N'entrons pas dans leur jeu: ... Quoi que nous observions de honteux autour de nous et dans notre propre cœur, ne nous décourageons pas de faire crédit à l'homme: il y va notre raison de vivre—de survivre."

1970年10月号

□■江戸ッ子・パリッ子■□

脂饅頭

早稲田大学
田辺貞之助

　誰だったか忘れたが，友人のひとりがむかし Maupassant の《Boule de Suif》を訳したとき，Boule de Suif は全体で「売春婦」の意味なのに「脂肪の塊」と在来のように直訳するのはよくないと気づき，今は亡き辰野先生のところへ教えを乞いにうかがった．すると先生は即座に『脂饅頭(あぶらまんじゅう)』と命名された．

　江戸時代に，夜鷹と呼ばれて，路頭で売春した女がいたが，これは代価が24文．夜鷹そばとよばれたかけそばが16文であったのと比較して値ごろが想像できるが，この種の売春婦は岡饅頭とも呼ばれた．これに対して，隅田川下流の西岸の堀割りを船で流していた売春婦は船饅頭と呼び，代価32文であった．辰野先生はこの両者を思いうかべて「脂饅頭」という言葉を思いつかれたのだ．

　翻訳書の原題の翻訳は物によってはなかなかむずかしい．私が Théophile Gautier の《Roman de la momie》（ミイラ物語）の翻訳をしたとき，解説で作者の人と作品を紹介したが，そのなかで Capitaine Fracasse を「フラカス大尉」と訳した．すると，大先輩があれは「フラカス親方」と訳すべきではないかと注意してくれた．その後，終戦になってから原書を手に入れて読んでみたら，Capitaine とは兵馬と徴税の権利をもつ封建時代の郷士のことで，Capitaine Fracasse は芸名だとわかった．してみると，これをフラカス親方と訳すと，一座の座頭のことになってしまう．正しくは郷士フラカスと訳すべきであった．

　また『昼顔』La Belle du Jour の作者ジョゼフ・ケッセル Joseph Kessel に《La Fortune Carrée》という作品があるが，これをある有名な翻訳家が『大分限』と訳した．つまり大金持である．だが，ケッセルが大金持という小説をかくのは他の作品の傾向から推して変だと思い，原書を取寄せて読んでみたら，la fortune carrée は昔の帆船の最上の帆桁のしたにつるした大角帆で，その本は紅海を疾走して密輸に従事する快漢が主人公であった．

　さらにまた J.-K. Huysmans の作《En Route》は以前『途中』と訳されていた．それはフランス語で副詞句 en route は「途中」だからだが，これはまた se mettre en route （出発する）の en route とも考えられる．事実ユイスマンスのこの本は彼が自然主義一派から別れてカトリシスムに身を投じた最初の作で，だから『途中』ではなく『出発』としないと理屈にあわない．

　Emile Zola の『居酒屋』にしても，原題は《L'Assommoir》で「屠牛用の斧」を意味する．あのなかの居酒屋で非常に度のつよいアルコールを自製して，つくりたてのアルコールを客にのませる．すると，客が屠牛用の斧でなぐられたようにテーブルのしたへころげてしまうというわけだ．それで，この小説が有名になってから l'assommoir は「下等の居酒屋」という意味になったと思われるが，L'Assommoir の看板をかけた主人は下等の居酒屋のつもりでかけたのではなく，『屠牛用の斧』のつもりであったにちがいない．そうでないと，店がしぼんでしまう．私はこの本を訳したが，今でも居酒屋の主人の考えを尊重して，そういう題にしたほうがよいと思っている．だが，そうすると，さっきの話の『脂饅頭』ではないが，世間ではどんな本だかわからず，相手にしてくれないだろう．

　最後に，私は Gautier の《Une nuit de Cléopâtre》を訳したとき，『ある夜のクレオパトラ』とした．すると，読者からきみはフランス語の教師なのにフランス語の配列の規則を知らないのかとお小言をくらった．世の中はきびしいものだ．

1971年8月号

臓物料理妄談

渡辺一夫

牛豚の肝臓は、日本の一般家庭の料理材料として、比較的馴染まれてゐるやうだが、その他の臓物は、敬遠されがちなのではないかと思ふ。もっとも屋台式な「もつ焼き屋」「煮込み屋」などで食べられる正体不明なもののなかには、肝臓の外の臓物も沢山はいってゐる筈である。

牛豚の胃腑をフランス式に調理したものになると、日本では特別なレストランでないと味へないやうだが、フランスでは決して珍しくない総菜料理の一つである。

レストランの献立には、Tripe(s) à la mode de Caen 或は Tripe(s) à la Lyonnaise と出てゐる筈であり、前者は「カーン風」の胃腑煮込みであり、後者は「リヨン風」の胃腑煮込みである。カーンはノルマンディー地方の町、リヨンは中南部フランスの町である。Tripe は内臓一般を意味する語だが、料理の場合は、Gras-double 即ち牛豚の胃腑のうち食用に適した粘膜層の部分を特に指すやうである。その調理法は色々あるが、日本の家庭では、材料を入手しにくいことと、若干の臭気があることなどのために料理しにくいかもしれない。しかし上手に作られたものは、実においしい。脂も相当にあるが、ゼラチン質も豊かで栄養価も高い。

「カーン風」と「リヨン風」との差は色々あらうが、素人の私にも判ることは、「リヨン風」のほうにはトマトがはいってゐることである。私は、どちらかと言へば、こってりした「カーン風」のほうがすきである。

フランソワ・ラブレーの『第一之書ガルガンチュワ物語』(1534年) 第4章に次のやうな記述がある。

──二月三日の午後のこと、牛腑料理 Gaudebillaux をあまり食べすぎたために、ガルガメルは肛門が抜け出るほどの下痢を起した。そもそも牛腑料理と申すのは、肥満牛の脂の乗った臓物料理のこと。肥満牛と申すのは、秣桶なり二度刈牧場なりで丸々と太らされた牛のこと。二度刈牧場と申すのは、一年に二度も草の生える牧場のこと．．．．

これは、子ガルガンチュワを胎に宿した母ガルガメルが、あまり Gaudebillaux を食べすぎたために下痢を起し、その結果ガルガンチュワは奇怪な誕生をせざるを得なくなるといふ話の発端である。Gaudebillaux とあるのは、中部フランス地方の方言であり、Tripe 或は Gras-double の義だとのことだし、ラブレーの場合、「カーン風の胃腑煮込み」を指すと、一註釈者は記してゐる。従って、ガルガメルは、私の愛好する Tripe à la mode de Caen を食べすぎたことになる。何でも食べすぎたら体に悪いにきまってゐるが、それほど、この濃厚な料理はおいしい筈である。

同じ臓物料理だが、牛・豚・羊などの腎臓の串焼き (rognons à la brochette) や油いため (rognons sautés) も、私の大好物だが、日本では、これまたなかなか食べられない。私には、かすかにアンモニア的な（つまりおしっこ的な）匂ひのする程度の調理法によるのが一番おいしい。

臓物料理ではないが、豚の血と脂とを腸詰にしたブゥダン boudin も、フランスの平凡な総菜料理だらうが、日本ではほとんど食べられない。あんなおいしいものがどうして日本では拒否されてゐるのだらうか？ 昔初めてフランスへ行った時、ブゥダンがあまりおいしいので二皿目を註文してレストランのお上さんに笑はれたことを思ひ出す。寒い冬の夜だった。カルチエ・ラタンのサン・ミシェル通りを南へ下り、天文台並木通りあたりにあった小さなレストランでのことである。3年前に渡仏した折には、もうこのレストランはなくなってゐた。しかし、ブゥダンは、どの肉屋の店にも沢山ならんでゐた。だから、鱈腹食べたが、実においしかった。

(fév. 1971)

1971年4月号

スタンダール氏の食欲

東京大学　**冨永明夫**

1840年4月10日, 57歳のStendhalは次のような奇妙な文字を紙上に記しはじめる.
« God me donne le brevet suivant :
　　　Article premier......»
「神は私に以下の認可書を与え給う. 第1条...」以下23条にわたって, はなはだ虫のいい, そのくせ滑稽なまでに詳細な限定条項のついた「特典」が列挙されてゆく. たとえば, 特典者はさまざまな勝負事に腕の冴えを見せるが決して100フラン以上は儲けられない. 望みの人間に変身することができるが, それは年4回に限られる. 年に10人の人間を殺すことができるが, かつて話しかけたことのある人間には適用されない等々.

60歳にもなる男が...という感想もあり得よう. が, わがスタンダールはもともと意識的な enfantillage が大好きなのである.

さて, この奇妙な「認可書」の第16条は次のように始まる.「いかなる場所にあっても特典者が『私の食事をお願いします』と唱えると, 以下の品々が現われる. パン2斤, ミディアムのビフテキ, 羊腿肉(ジゴ)(同上), ほうれん草(同上)1皿, サン・ジュリヤン(葡萄酒)1本, 水差し1ぱいの水, 果物1個とアイスクリーム, およびコーヒー半杯(ドミ・タス)」

フランス人のメニューとしては変哲もないものだが(特に dessert 以降がまったく無性格なのは「定食」なるが故で仕方あるまい)ともかく相当旺盛な食欲ではある. 前菜ぬきでいきなり plat de résistance に入るのを俗語で sans avant と言うようだが, それにしてもビフテキとジゴ (gigot) を一ぺんに食べるのは少々重すぎる感じがする. 単に gigot といえばふつう羊の腿肉を丸ごとローストしたもののことで, これを1センチ半ぐらいの厚さに輪切りにしたもの2切れ程度が1人前, これに薄い塩味の haricot の類がつくのが定式である. スタンダールが idem (同上) つまりミディアムと指定しているように, 輪切りの中心部がうっすらと赤味を帯びているようでなくては gigot の値うちはない. 何の奇もない料理だが, それだけに肉の品質, 焼き加減が問題になるらしく, 10回食べて10回おいしいというわけにはゆかない. Gigot は格別の好物なので, レストランの carte に載っているとほとんど無条件に注文したものだが, Auvergne の奥 Conques の宿屋で食べたのはまさに絶品だった. ともかくミディアム (cuit à point) と指定したスタンダールに賛成である. おともの Saint-Julien もたいへん結構だ. これは Bordeaux の北西, Médoc 地方の同名の村に産する銘柄品である. まだほうれん草の件があるので, どっしりとコクのある, いかにも gigot に合いそうな赤だとだけ書いて先を急ぐ.

生涯いつも変らず好きだったのはほうれん草と Saint-Simon だけだったと, 一再ならずスタンダールは書いている. この幻の定食にも顔を出しているのは正直なものだ. 調理法については言及がないけれど, フランスで épinard といえば, バタでいためて裏ごしにしたすり餌状のどろどろしたものと相場が決まっている. はじめは食指が動かないが, 慣れるとそう悪いものでもない. それにしても, バタ沢山のねっとりしたあの味わいは, 肉2皿のあとでは少々濃厚すぎはしないかと, 他人ごとながら気になる. どうもわが作家は, もともと肥満体質のくせに重い食事が大好きで, アチドージス指向型のようだ. そういえば, パン2斤というのも多すぎはしないか. 2 livres といえば1キロである. 2 livres と書くからは, 少なくとも 1 livre では足りないという意志表示だろう. 57歳の食欲としては立派なものである.

ところで, この第16条にも, ちゃんと限定条項がついている. 以上の願いは24時間内に2回しか叶えられないのだそうだ. 2回しかというべきか, 2回もというべきか.

1971年5月号

コローの風景画

京都女子大学
杉本秀太郎

「ナポリの浜の思い出」（国立西洋美術館）→

　コローの風景画を，記憶のなかでよみがえらせ，いわば追憶として思いうかべてみると，青をうすく溶かした銀灰の大きな広がりがまずあらわれ，そのまわりからしずかに流れこむ少量の華やいだ紅殻色(べんがら)が，この広がりの全体に，うっすらとかさなりはじめる．

　私は固唾(かたず)をのんでその次の瞬間を待つ．いま私が想起していて，多少は発明をまじえているこの画面に対して，モチーフとしてはたらき，画面に対していわば見ごたえをあたえるものが，必ず次にあらわれねばならない．

　樹木．当然そうでなければならない．しかしその樹木は，一切の形容を枝払いされた樹木なのか，それとも，耐えかねるほどのことばの繁みに掩(おお)われた樹木なのか，一体どちらなのだろう．コローの画面に見いだされる樹木は，ヴァレリーが指摘したことがあるように，いつでもありうるかぎりの恵まれた生育条件のそなわった土地または風光のさなかに根を張り，繁っている．こうして，コローの樹木は，樹木以外のどんなものも含まず，可能なかぎりで樹木そのものに近づいた樹木になる．けれども，樹木をこのようにとらえ，このように描く画家の心のありさまを想像しようとすれば，ことばの森の繁茂をうながすおそらく最も根ぶかい原因を，つまり恋愛を，想像してみたくなる．コローの樹木は，押し殺された独り言のなかに養分を摂り，画面の下から天にむかって伸びはじめる．つまり，私の想起する画面のなかで，コローの画は樹木を熱愛している画家の誓文(せいもん)のような性質を帯びはじめる．

　私はコローの風景画を，スタンダールの描いた 2, 3 の場面の最良の挿画のように思ってながめていることがある．『恋愛論』の付録になっている習作風のごく短い物語『エルネスチーヌ』*Ernestine* は，恋愛の 7 つの段階の例証という見かけの下から，スタンダールのもっていた樹木崇拝の心性を，不謹慎なまでに露呈させている．あの近代人の典型に，ドルイド的とさえ呼びたくなるような聖別された自然との同一化の欲望があったのは，私には大へん興味ぶかい．

〈春の夕ぐれ，一日のおわりも直近い時刻，エルネスチーヌは自室の窓ぎわにいて，小さな湖と，そのむこうの森をながめていた．彼女が暗い夢想のとりこになったのには，おそらくこのじつに美しい風景が作用したのだろう．不意に，数日前にも見かけたあの若い猟人の姿が，彼女の目にとまった．今日も，湖をへだてたむこうの小さな森にいる．手には，しっかりと花束をにぎっている．佇立したのは，なんだかあたしのほうをじっと見るためみたいだ，と思っていると，花束にキスをしたあと，情のこもった，うやうやしい物腰で，その花束を湖畔の樫の巨木の洞(うろ)へ収めるのが，彼女には見えた．〉 (un soir de printemps, le jour allait finir, Ernestine était à sa fenêtre; elle regardait le petit lac et le bois qui est au delà; l'extrême beauté de ce paysage contribuait peut-être à la plonger dans une sombre rêverie. Tout à coup elle revit ce jeune chasseur qu'elle avait aperçu quelques jours auparavant; il était encore dans le petit bois au delà du lac; il tenait un bouquet de fleurs à la main; il s'arrêta comme pour la regarder; elle le vit donner un baiser à ce bouquet et ensuite le placer avec une sorte de respect tendre dans le creux d'un grand chêne sur le bord du lac.)

エルネスチーヌの窓から見える樫の木，森，湖，若い猟人とその手の花束を，コローの風景画につねに見られるように，かなりの遠景に置かれることによって単純化されている対象物として想像してみれば，コローの『モルトフォンテーヌの追憶』*Souvenir de Mortefontaine* と題されたルーヴル所蔵の風景画などは，微細な描写をきらったスタンダールの作品に不似合な挿画ではないだろう．

『パルムの僧院』にも，他のどんな風景画家——たとえばプッサン，コンスタブル，テオドール・ルソー，モネ，ピサロ，セザンヌではまったく釣合わないのに，コローなら，ふしぎによく似合う一節がある．ナポレオン軍に参加する直前のファブリスが，コモ湖畔のグリアンタの館から記念のマロニエをたしかめに行くところだ．彼は叔母のジーナ・ピエトラネーラにいう．〈ぼくの生まれた年の冬，母が自分の手で植えたマロニエのことを，知ってるでしょう，ここから二里ばかり離れた自家(うち)の森の大きな泉の岸に．ぼくはなによりもまずあの木を見に行きたかった．まだ春も浅い．よし，あのぼくの木に葉が出ていたら，それが一つの前兆なのだ…〉上巻，第二章 (Tu sais ce jeune marronnier que ma mère, l'hiver de ma naissance, planta elle-même au bord de la grande fontaine dans notre forêt, à deux lieues d'ici: avant de rien faire, j'ai voulu l'aller visiter. Le printemps n'est pas trop avancé, me disais-je: eh bien! si mon arbre a des feuilles, ce sera un signe pour moi…)

前兆とは意味ぶかいことばだが，あの若々しいファブリスにさえ，ジェイムズ・フレーザーが『金枝編』で描き出したような，手に宿り木の金枝をにぎり，森の王の位をうかがうネミ湖畔の蒼古とした若者の姿が，まぼろしのように付きまとっている．ここには，描いた森の一切に個体化した神格をあたえ，木立ちのなかに神々の息や足音を感じさせる風景画家コローが，スタンダールと共有している自然の感じ方がある．一口にいってしまえば，この感じ方は異教的であり，反都会的であり，近代に対するアンチテーゼとして意識されたときから，これは文明批評の方法となりうる．

しかし，コローが文明批評の一活動として風景画をかいた，などということはない．彼

は文明のさなかにいて，描いた画の示している感じ方によって，文明がのがれたがっているものの所在を示したばかりである．つまり，損傷をこうむらず，均質によって調和を保っているような，西ヨーロッパの自然を，コローはその風景画において再構成したわけだ——ある樹木は数十年老いさせ，ある坂道はその片側に並木を回復させ，ある林間の空地をもう10メートル拡げあるいは狭くし，柏と樫とを交代させることで．だから『ボボリの庭から見たフィレンツェ』*Florence vue des jardins Boboli*（ルーヴル所蔵）はすばらしい画面だが，どこかに魔術的な変形が感じられる．前面のボボリの木立ちは，サンタ・マリヤ・デル・フィオーレの美しい円屋根を，いっそうよく感じさせるべく，自然のために遠慮している．近代の風景画で，あるがままの自然とあるべき自然とを区別することなど，じつは些末のことであって，「自然」という観念には，ジャン＝ジャック・ルソーのことを思い出せばよく分るように，驚きと喜悦とが，はじめに混入している．

コローは，こうして自然を構成し直したのだが，しかし彼の描いている樹木の姿は，画家の勝手な発明ではない．この点は，コローにかぎった話ではなく，画家が物を描き分けていた時代には，一地方の松柏の枝ぶりと隣りの地方の同種の木の枝ぶりとを，画かきはきちんと描き分けていたものだ．私はフィレンツェのサンティシマ・アヌンツィアータ寺のアンドレア・デル・サルトのフレスコ連作中の1枚に，この世のものとも思えぬほど繊細な，やさしい枝ぶりの楡の若木が描かれているのを見たとき，その前日に，トスカナの野で同じ姿の木を見て茫然としていなかったとしたら，あんなにやさしい木は画家の空想にすぎないと思ったかもしれない．ウンブリアには，もはやフィレンツェで見た樹相はなかったが，ウンブリア画派の作品には，その地方の樹相がきちんと描き分けられているのだった．わが国に例をとるなら，長谷川等伯の墨画『松林図』（六典一雙屏風，東京国立博物館蔵）の松の枝ぶりは，京都東山の妙法院，智積院の裏山一帯にしか見当らないもので，芦屋の浜，三保の松原はおろか，洛西にさえ，また別の枝ぶりの松しかない．おそらくこういう実地検分の心覚えが，とくに敬して知識(science)という名で呼ばれた時代が，ヨーロッパにも，日本にもあった．江戸近世の随筆類から，この種の記載を省いたら，値打ちは大はばに落ちてしまうだろう．コローは，ヨーロッパで，そういう時代のさいごに位置していた人だ．彼が大へんな旅行家だったことは周知のことである．『シャルトル大聖堂』の路傍の木は，パリ近郊にはたしかにあっても，ほかには見られぬ姿をしている．

コローの風景画には，通俗的なところがない．通俗とは何か．ケネス・クラークは「明暗および色彩の異常に甲高いコントラストによって，怠惰な人，無関心な人の目を突然に惹きつける仕組み」をもっている風景画は，通俗的だといっている（『風景画論』佐々木英也訳，岩崎美術社，136ページ）．クラークによると，こういう通俗はクールベの風景画の通弊である．正当にも，私たちは，風景画をながめてしばらく心を放とうとするとき，クールベを採らず，コローを選ぶだろう．ヨーロッパの人々も，同じ心にちがいない．

ただ，この上なく残念なことに，コローの再構成した自然は，画中から出てヨーロッパの人々の都市生活の内外に，巧まざる人為の綾をなしてひろがっていて，その表われ方には，かつての日本にあった侘び，さび，しおりに近いものがあるのに，いまの私たちの日本は，人々が争って樹木をおろそかにする貧しい国である．

1971年9月号

Vin の味　Paris の味

版画家　駒井哲郎

Paris で美味しい vin を飲んだ記憶はあるけれども，美味しいフランス料理を食べた記憶はほとんどないので困ってしまった．

最初にフランスへ行った時は往復とも船旅で Messageries Maritimes の客船だったから，食事は Classe Touriste であっても，僕には一応立派なものには思われた．vin は飲み放題でいくらでもおかわりが出来たから，食事のたびに銘柄もない安酒が結構たのしみで良く飲んだ．船では食事ごとに menu が各自にくばられるから研究熱心な人なら 30 日の旅の間にフランス料理の名前など実際に即して可成り覚えられるだろう．現在の飛行機の機上食は料理というより弁当のようなものだから雲泥の相違である．船旅のおかげで Paris に着いてから 1 人で街の食堂で食事するのにも，最初のうちは hors-d'œuvre から fromage まで注文しなければいけないような気がし，もちろん酒も頼んだので，金がかかって仕方がなかったが，artichaut の食べ方など船の中で教えてもらったのでずいぶんたすかった．

今から 16, 7 年前のパリはまだ buffet froid や caféterie はあまりなく，僕は主として労働者や店員などが昼食をするとこへ出入して倹約していた．といってもフランス人並に食事していたら忽ち破産しただろう．そういう食堂ではぶどう酒を頼まないで水だけで食事をしても決して嫌な顔はしない．水も金を取られる eaux minérals ではなく carafe に入れてある水道の水である．そんな食事をしていると給仕さんがかえってほめてくれたりした．だんだんフランス料理から話が遠ざかってくるが食堂へ出掛けている間はまだ本当に節約になっていないので，いよいよコンロを部屋に持ちこんで自炊をすることになる．それも米を炊いたり，すき焼をしたりするのは面倒なので肉と野菜を買って来てスープまがいのものを作りあとは pain complet (栄養がある) や beurre (非常に美味しい) ですませるのである．食堂は割高だけれど食料品は新鮮で安いからとても倹約出来るのだ．果物も pamplemousse, orange など大変安い．1954 年頃の私費留学生は外貨の割当が非常にきびしかったので当時の留学生は皆大いに倹約して勉強していたらしい．僕たち画学生も hôtel の自室で自炊しているものが大半だったように思う．だから有名料理店などにはめったに行かなかった．しかし vin が上等で安く美味しかったから粗食にも我慢できたのだろう．自炊で鱈腹食べてから街の café へ行き如何にも美食をしてきたように digestif を注文してゆっくり味わうのもたのしかった．一度 Quartier Latin の café で Calvados を頼んだら cave から古びたびんを持って来て口あけを一杯ついでくれた．それはスコッチなどよりずっと美味しく，いつも行く食堂の Calvados とは違って琥珀色だった．もちろん値段もそんなに高くなかった．日本でも料理屋へ入るのは気おくれするほうだし，フランス語も曖昧なのであまりほうぼうの料理屋へは行けなかったが，野村二郎先生と滞在期間が同じだったのでいろいろとお世話になった．二人で Les Halles の附近の小料理屋で明け方近くまで飲んだり食べたりして非常にたのしかったことを思い出す．料理の名前など全く覚えていないのでこの欄で食通振りが発揮出来なく誠に残念だ．

1971年9月号

■ことばの背景 (29)

松原秀一(慶応義塾大学)

チェス

Le Jeu des échecs

ヨーロッパで現在行なわれているチェスは，印度からイスラム世界を通って中世に伝わったものである．日本の将棋も印度(天竺)から中国を経由して渡来したもので，起源は同じものである．多くの将棋が伝来した中で小将棋が今の形になって残ったと言う．印度の将棋はチェスと同じく8行8駒64目の盤で，4人の棋士が相向う2人ずつ組んで2組で争う．駒を動かすにはさいころ dé を振る．印度やビルマの駒では王は象に乗っている．象戯と書くこともあったのはここに由来するのかもしれない．

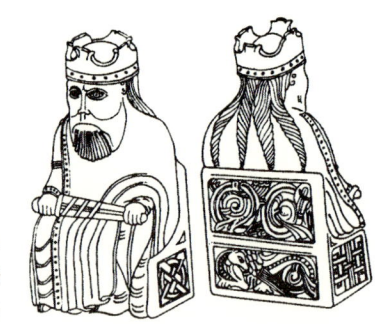

ローマ時代にも LUDUS LATRUNCULORUM, LUDUS CALCULORUM と言われる盤上に駒を進める遊びがあるが，遊び方は全く伝わっていない．伝説ではトロイ攻囲戦下にパラメーテース Palamède が考案したことになっている．彼はすごろく jeu de l'oie, さいころ dés から貨幣 monnaie まで発明している．

チェスの歴史については，H.J.R. Murray *A History of Chess* (Oxford, 1913, 1962) が古今東西のチェスを論じて詳しい．900ページの大著である．著者は英語辞典 O.E.D. で有名な James Murray の長男で数学者であった．84歳の時に続篇として *A History of Board Games other than Chess* (Oxford, 1952) を出し1955年に歿している．もう少し手軽な参考書としては，R. C. Bell, *Board and table games from many civilizations* (Oxford, U. P. 1960, xxiv+208 pp.) が便利である．

チェスがヨーロッパに入って来たのは十字軍の直後であるらしい．Pépin 王が764年に Maussac の修道院にクリスタルの駒を寄進した例がよく引かれるが，これは13世紀に書かれた聖者伝中の記事で後世の伝承である．中世武勲詩中「曲り鼻のギョーム」をめぐる物語のそもそもの発端は，ギョームの曾祖父 arrière-grand-père である Garin de Monglane が，同じ歳で誕生日も同日のシャルマーニュとチェスの上から争う事件であるが (Enfance Garin)，この部分は14世紀に書かれたので，正史上のシャルマーニュの伝記にはチェスは全く出てこない．第14回十字軍を率いた隠者ペトロ Pierre l'Hermite は，アンティオケア Antioch 攻略の際 (1097-98) 軍使としてアンティオケアに乗り込んだところ，トルコの将軍 Karbuga はチェスをしていたと言う．一方アラゴンでラビであった Moïse Saphardi は，1106年にアルフォンゾ六世を代父としてキリスト教徒 Petrus Alphonsi となり，ラテン語で Disciplina clericalis を著わし東方の説話を西欧に伝えたが，この著作中，騎士の七芸として水泳，騎馬，槍，拳斗，鷹狩，詩作とチェスをあげている．チェスは中世以後フランスで広く好まれ，

Catherine de Médicis は熱心な愛好家であったし，Henri IV も Louis XIII もチェスを好んだ．17世紀末のコンデ侯は Chantilly の館に Académie des échecs を開き，今でもシャンティイの博物館には，棋譜がいろいろ残っている．フランスでチェスがはやったのは18世紀で，Voltaire や J.-J. Rousseau もチェスを好んだ．二人共弱かったそうである．ディドロの『ラモーの甥』は，今もコメディ・フランセーズの前にあるカフェ La Régence で，大勢がチェスをやっているところで始まる．この作品中にも出てくる André Philidor (1726-95) は不世出のチェスの天才で，当時の名手 Légal と争い，17歳の時には Légal に負けなくなり，18歳の時はチェス盤を見ずに同時に二面を指し，このことがディドロの百科辞典にのるほどであった．フィリドールは作曲家であったが，オランダに演奏旅行に行き帰りの旅費に困ってチェスとチェッカー jeu de dames で金をかせいだことから，チェスで身を立てることになったと言う．1748年にオランダに再度行き，チェスの本の予約を取ってイギリスで Analyse du Jeu des Echecs を出版し，433部が売れた．この時オランダでイギリス公使であった Lord Sandwich は10部申込んでいる．このサンドウィッチ卿 John Montagu は食事をしながらもチェスが出来るようにと発明したサンドウィッチに名を残したが，チェスばかりしていたわけではなく，探険旅行に理解があり，キャプテン・クックを援助したりもしている．Cook は南大西洋で見つけた島に，サンドウィッチ諸島の名をつけているほどである．Philidor はプロシャ王 Frédéric II がチェスをやるときいて1750年にベルリンに行き，目隠しをして同時に三面を指し，全部勝つ妙技を披露している．

La Régence は革命後もチェス愛好家の溜りとなり，1836年には La Bourdonnais がここから Palamède と言うチェス新聞を出し始め，1841年 Saint Amand に受けつがれた．La Bourdonnais は当時のイギリスの名手 Macdonnel と1834年の春，夏，秋と3回対局し，勝っているが，棋譜は伝わらない．ナポレオンも La Régence に通い，今も店内にナポレオンの使った大理石のチェス・テーブルがあるが，あまり強くはなかったそうである．メトロノームの発明者 Maelzel が，1809年ウィーン Vienne の Schönbrunn 城を司令部にしていたナポレオンを訪ねて来た時，彼の自動人形(実は人形の台の下に隠れていた Allgaier) に負けている．コンピューターにチェスを指させるのは今では珍しくないが，チェスを指す自動人形はヨーロッパ人には魅惑があるものらしく，中世の物語にも見える．有名なのは13世紀散文の『聖杯探索物語』中ペルスヴァルが無人の城で出会う純銀のチェス盤であろう．3回負けたペルスヴァルは窓から象牙の白黒の駒を河に捨ててしまう．

Echec は「王手」の意味でここから「失敗」の語となる．「詰み」は mat といい，英語の Checkmate も同根で，ペルシャ語起源である．

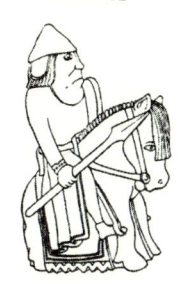

1831年，イギリスルイス島で発掘された12世紀の駒．(左ページ：キング／上：クイーン／下：騎兵)

1972年11月号

◆夢にうかんだ詩のかけら◆◆◆◆◆◆◆◆

私 の 詩

京都女子大学　大槻　鉄男

　フランスの詩に私がなじんだのは，フランス語を習うまえ，昔の中学校の上級生のころ，だから正確に言えば，それはフランスの詩ではなかったのだが，私にとっては，それが私のフランスの詩であった．

　大学に入って，初めて，フランス語の発音を習いはじめると，私はそれまでに日本語で覚えていた私のフランスの詩を，フランス語で暗誦することにした．

　私の日本語のフランスの詩の出処は，もっぱら，春陽堂版「荷風全集」だった．荷風の作品のなかから，フランスの詩を見つけてきて，私の日本語のフランスの詩のストックをふやしてゆくのが，私の楽しい遊びだった．

　それは，たとえば，つぎのようにして紹介されていたのだ——

　「…其が重き瞼の下に，眠れりとも見えず，覚めたりとも見えぬ眼の色は，癲煙毒霧を吐く大澤の水の面にも譬ふべきか．デカダンス派の父なるボードレールが，

　Quand vers toi mes désirs partent en caravan,
　Tes yeux sont la citerne où boivent mes ennuis.

『わが欲情，隊商の如く汝が方に向ふ時，汝が眼は病める我が疲れし心を瀾す用水の水なり．』と云ひ，又，

　Tes yeux, où rien ne se révèle
　　De doux ni d'amer,
　Sont deux bijoux froids où se mêle
　　L'or avec le fer.

『嬉し悲しの色さへ見せぬ汝が眼は，鐵と黄金を混合たる冷き寶石の如し．』と云ひたるも，この種の女の眼にあらざるか」．

　また——

　「詩人ヴィニイの墓，ゴンクウル兄弟の墓にも，吾は已に崇拝の涙を濺ぎ終りて，ゴオチエが「詩」の像の前には

　L'oiseau s'en va, la feuille tombe,
　L'amour s'éteint, car c'est l'hiver ;
　Petit oiseau, viens sur ma tombe
　Chanter quand l'arbre sera vert.

　　鳥は去り，葉は落ちて，
　　冬にしあれば，戀もさめたり．
　　小鳥よ．梢青からん時，
　　來りて歌へ，わが墓に．

の名句をも三誦したり」．

　そしてまた——

　「然し，連日の秋雨に腐り果てた心は夜が來やうとも，酒に酔はうとも，如何して浮き立つ力があらう．狭い室の机の上の燈火は幾程心を拮り出しても妙に薄暗く見えるし，酔った心は却って思はずともの事ばかりを思ひ返す．

　かう云ふ晩である——バルコンに滴る雨がわけもなく人を泣かせるのは．ヴェルレーヌの詩に，

　Il pleure dans mon cœur
　Comme il pleut sur la ville ;
　Quelle est cette langueur
　Qui pénètre mon cœur ?

『巷に雨の濺ぐが如く，わが心にも雨が降る．如何なれば，かゝる悲みのわが心の中には進入りし．…』と云ふやうな意味が歌はれてゐる．」

　私はこうして荷風に導かれて，いくつかの詩を，私の詩とした．さて，どの詩が《夢にうかんだ》か，うかばなかったか，それは内緒のことだが．

1971年12月号

ブルゴーニュの白い冬

佐々木涼子

晩秋から冬にかけてのディジョンは真っ白だと言うと，パリで冬を過ごした友人たちは，雪が降ればパリでも冬は白いと言って笑う．だが彼らは知らないのだ，ブルゴーニュ地方の冬が，雪の降るよりずっと早く，まず連日の濃霧で始まるということを．街中の灯りから遠い郊外をドライブすれば，その霧はまるでミルクのように濃く白く，いつもより一層丈高く思われる巨木の木立ちの一本一本が，目の前ほんの数メートルになってから突然に姿を現わす．その白くかすむ巨大な姿が真近く迫っては通りすぎるのを次々に目で追っていると，昔見た西洋の怪奇映画の出だしの部分が思い出されて，恐しいのは交通事故よりもこの世ならぬ怪物の出現だという気がしてくる．いつのことであったか，学生寮の4階に住む友人を訪ねた昼下り，階段の踊り場からふと見降した時など，地面は白く半透明な流れの底に沈んで見えず，杉の木々が亡霊のように上半身だけを浮かび上らせて，ゆるやかに絶え間なく流れ続ける白い流れに太い幹を洗われていた．その踊り場は全階を通して壁面のひとつがガラス張りになっていたものだから，そのガラスに額をつけて外を見ていると，自分までが霧の中に支えもなく浮かんでいるように，頭の中や心の中が白いものでいっぱいになったように感じたものである．

そんな濃霧の幾日かのあとに，今度は信じがたいほどに晴れ上る晴天がやってくる．窓の外では陽光が反射し合って，昨日までの不透明な白さとは別の結晶質の白さが目に痛い．一瞬雪かと見えて，それとも違うこの白さは霧氷（givre）である．夜の間に気温が下ると，大気中の水蒸気が氷滴になって，屋根や芝生，木の葉の一面に付着し，まだ気温の低い午前中などは，雪の降ったあとと同じような外観になる．ただ雪と違うところは，たとえば一本の木を丸ごと覆うのではなく片面だけ，つまり夜の間に風に正面から吹かれた面が特に白いことと，外側だけでなく細い枝から針葉樹の葉の一枚一枚にいたるまで残らず真っ白になっていること，そしてその白さが雪よりもはるかに硬い輝きを放っているくせに，けっして積もらないことである．

この霧氷に覆われた木々を初めて見たとき，私は反射的にクリスマス・ツリーのことを思った．私でなくても誰でもそうだろう．窓の外に立ち並ぶ針葉樹は，あの装飾用のクリスマス・ツリー，それも綿のぼた雪をのせたものではなく，本格的に銀の砂で化粧されたクリスマス・ツリーにそっくりなのである．それからしばらくして，私は，偶然，辞書でgivrerという動詞を見かけた．そしてこの言葉が，クリスマス・ツリーに装飾用のガラスの粉を振りかけるという意義を持っているこ

とを知ったのである．そうとすれば，私が永年雪化粧だと信じていたあのクリスマス・ツリーの白い粉は，実は雪ではなくて霧氷だったということになる．それを知ったとき，私は世の中がクリスマス・ツリーでいっぱいになったように嬉しく心豊かな気分になった．私の部屋には特にそれらしい飾りは何もなかったが，ノエル (Noël) も間近という頃のことである．

　やがて雪が降る．だがそれも格別の大事件にはなりようがない．濃霧があって，霧氷につつまれた日が続いて，先駆けのようなその白さが雪と共に定着するわけである．一度降った雪は簡単には融けず，融ける前にまた次の雪が降る．雪合戦もできないような，握ってもさらさらとくずれてしまう乾いた雪である．これから3月，遅ければ4月に入って雪が融けるまで，長い長い冬が続く．

　この長い冬を人々はどうやって過ごすのだろうか．いくら美しいとは言え，戸外を長時間歩きまわる勇気は出ない．せいぜい観劇か音楽会である．秋から春までを文化芸術のシーズンとして，見もの聴きもののスケジュールを間断なく組むようにしたのは，この寒い国の人々が，厳しい冬に耐えるために考え出した生活の知恵であろう．そして大小のパーティが相次ぐのもまたノエルを中心とするこの季節である．

　そういう冬のパーティと言えば思い出す料理に，フォンデュ (fondue) がある．代表的なものはサヴォワ風フォンデュ (Fondue savoyarde)，フォンデュ・スイスと呼ぶこともあるようだが，名前の起こりはチーズを溶かして食べるからだろうか．グリュイエール (gruyère) とかエマンタル (emmenthal) とか呼ばれる，大きな穴のある，一見石鹸の塊りのようなチーズを粉末にして，白ブドウ酒と共に鍋に入れ，それにレモンの汁や胡椒，キルシュ酒などの香りを加えて，滑らかに溶けるのを待ち，長いフォークの先に2,3センチ角のパンをつけて，それに溶けたチーズをからませて食べる．準備も調理も簡単だし，何よりも卓上に火と鍋を持ち出して煮えるのを見ながら食べる楽しさが小人数のパーティに向いているのだろう，ひと冬の間に少なくとも2,3度はお目にかかる料理である．

　このフォンデュを食べるときのこつは，決して急がないということだ．見たところはきれいに溶けたようでも，チーズと白ブドウ酒が完全に混り合って独特の香りを放つようになるにはかなりの時間がかかる．放っておいては下の方がすぐに焦げついてしまうから，常にかきまわしながら時々試食してみておしゃべりしているのが良い．食べ頃というのは，チーズにねばりが出て，パンにからめても糸を引くようになったとき．フォークをくるくると回してつやつやとしたクリーム色の熱い

Dijon の Rude 広場

塊りを口に入れ，あとから良く冷えた白ブドウ酒を一口呑む，これはチーズの好きな人には忘れられない味である．それと，フォンデュのもうひとつの楽しみは終り方にある．最後までパンでからめとってしまっても構わないのだが，そこをちょっと我慢して鍋に少量残しておく．鍋の内壁や底に残るチーズが軽く焦げて狐色のクラッカーのようになるのを待って，フォークの先ではがして食べるとおいしいのである．あるいは少々行儀の悪いことであるのかもしれないが，ひとつの鍋に5,6人がフォークをつつくというフォンデュがそもそもあまりお上品な料理とは言えないように思うし，私はと言えば，フォンデュに参加したときはいつもこの最後の楽しみを放棄しなかった．

フォンデュとはその名の示すごとく"溶ける"ことに関係がありそうだから，このチーズのフォンデュが正統的なものではないかと思われるのだが，今では卓上の鍋料理の代名詞になっているようなところもある．どこであったか，メニューに中国風フォンデュというのをかかげてあるレストランもあったし，ある婦人雑誌のフォンデュ特集にはすき焼もその一種として紹介してあったから，あるいは日本の方がフランスよりもフォンデュの豊富な国と言えるかもしれない．

そのフォンデュのひとつにブルゴーニュ風フォンデュ (fondue bourguignonne) というのがあって，名前が郷土愛をかきたてるのか，ディジョンの人々にさかんに好まれていたようである．卓上に鍋を持ち出して，長いフォークを用いるところは同じ，ただしこちらは壺に似た深目の鍋に油を入れ，牛肉を2, 3センチ角に切ったものを揚げる．下調理としては塩・胡椒するだけ，衣もつけず粉もまぶさずに揚げたものに，マヨネーズ・ソースにケチャップやパセリと玉ねぎのみじん切り，あるいはにんにくなどを加えたたれを数種用意しておいて，各人の好みに合せて食べるのだが，特に凝った味とも思えない．このフォンデュは，実はその名に反してブルゴーニュの産ではないという説もあるが，私の見るところ，あの複雑な味わいのソースを得意とするブルゴーニュ料理としては，味覚の点で少々お粗末という気がした．ただ，この料理にはおもしろい習慣がある．フォークの先にさした肉片を油の中に落とした人には，罰として(?)隣席の人が頬にキスをするのである．隣りにかわいい女の子がすわっていようものなら，男の子は食事の間中そのチャンスを期待して胸をわくわくさせていることもできるわけだし，実際にキスが繰り返されることはないとしても，それを種にして笑いは絶えないということになる．そんな雰囲気が楽しいからだろうか，ディジョンの学生たちはよくブルゴーニュ風フォンデュでパーティを開いていた．

フォンデュで頬をほてらせて戸外へ出ると，空気は痛い程に凍てついている．白い冬に夜がおりると，あたり一面紫色の燐光を放ったようになる．忘れられないブルゴーニュの冬である．

（筆者　東京大学仏文学博士課程，2年間フランスに滞在された．タイトル下のカットの鍋は，フォンデュ用のもの）

1973年2月号

魔法の地理学 2

ネルヴァルとヴァロワ地方
（口絵・カットとも）

稲 生 永
（立教大学助教授）

Gérard de Nerval

《とある劇場から私は外へ出た》というのが，幻想の詩人ジェラール・ド・ネルヴァル Gérard de Nerval (1808-1855) 晩年の佳作短編『シルヴィー』 Sylvie の書き出しである．この作品は，ネルヴァルを再び狂気の発作がとらえはじめた時期に，精神の晴れ間を縫うようにして書き上げられた珠玉の夢幻的作品で，のちにマルセル・プルーストに多大の影響を及ぼしたことでも知られる．1853年のはじめから書きはじめられ，同年8月15日の『両世界評論』誌に発表，さらに1854年1月刊行の短編集『火の娘たち』 Les Filles du Feu に収録された．

一枚の新聞 ところで『シルヴィー』の主人公は，ひとりの女優に熱をあげ芝居小屋に通いつめているのであるが，彼は劇場を出しなに閲覧室で一枚の新聞に目をとめる．心をひきつけた記事というのは，《Fêtes du Bouquet Provincial — Demain, les archers de Senlis doivent rendre le bouquet à ceux de Loisy.》「田舎の花束祭—明日サンリスの射手はロワジーの射手に花束を贈る予定」（第1章「失われた夜」入沢康夫氏訳）という見出しのものであった．ここで注目すべきことは，一片の記事から，主人公の過去が一度によみがえってくる点である．《言葉はしごく簡単だったが，私の心にはそれまでとはまったく違った一連の感慨が呼びさまされた．それは長い間忘れていた田舎の思い出，幼い日の素朴な祭りの遠いこだまだった．》（同）プルーストにおけるプチット・マドレーヌのように，新聞記事によって想起された回想は，主人公が帰宅しベッドに入ってからも，夢現のうちにさまざまな連環を生みだして，心の故郷の懐しい情景を一つまた一つ，夜の闇の中に美しく織りあげてゆく．村の美しい少女シルヴィー，城の乙女アドリエンヌ，弓の大会，ノネット川とテーヴ川のせせらぎ，月の光の下古城の庭での輪舞と民謡...

失われた時を求めて 《夢うつつの境で見た，この思い出によって，すべてが私には明らかになった．一人の女優へのとりとめもなく希望もない恋心，夜ごと芝居のはじまる時刻になると私をとらえ，眠るときまで私からはなれないこの恋は，青白い月の光をうけて開いた夜の花，白いもやにうっすらと濡れた緑の草の上をすべっていった薔薇色とブロンドの幻，アドリエンヌの思い出から芽生え

ていたものだった．[...]女優の姿の下で修道女を愛しているのだ！… そしてもしこれがまったく同一の女性だったとしたら！──そこには人の気を狂わさんばかりのものがある．》(同・第3章「決心」)つまり，ふとよみがえった回想をとおして主人公は現実世界の物理的な時間および空間の制約を一気に超越するばかりでなく，失われた時を求めることによって，事物の裡に秘められている深い真実を的確に把握することができるのを悟ったのである．夜中にめざめた主人公は，この真実をたしかめるべく，ロワジーの花束の祭りに加わることを思い立つ．

人間的時間　時刻を知ろうとするが，部屋に飾られたルネサンス時代の見事な振り子時計は，2世紀このかたねじを巻かれたことのない代物で役に立たない．もっとも，この時計は時刻を知るために買ったものではなかった．大切なのは現実の物理的時間ではなく，想像力の世界を支配する《人間的時間》le temps humain とでも呼ぶべき絶対的な時間なのであるから．さて午前1時に目をさました主人公は，2時ごろパリを発ち，駅馬車を駆って一路8里はなれたロワジーめざし陰うつな夜のフランドル街道を北上する．ルーヴル Louvres, オリー Orry, ラ・シャペル la

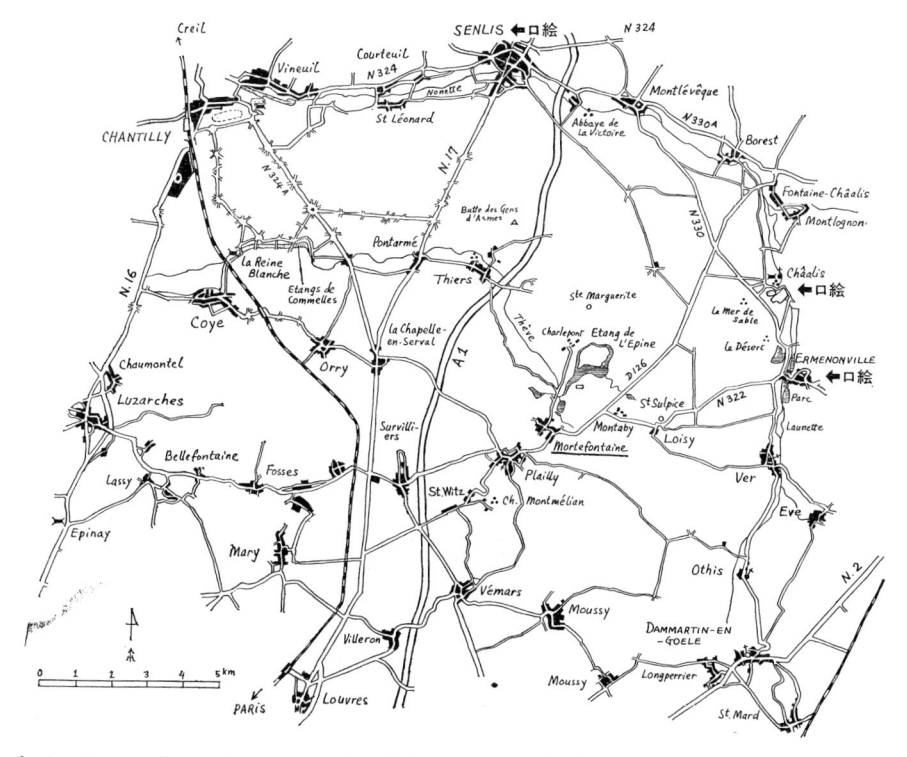

交通　① 国鉄 SNCF，パリ北駅 Paris-Nord 発近郊線．シャンチイ Chantilly 下車 (41 km, 所要時間 20〜50分)．シャンチイ駅前からサンリス Senlis 行バス (autocar, 12 km, 20分)．
② パリ市ポルト・ド・ラ・ヴィレット Porte de la Vilette (メトロのスタリングラッド Stalingrad 下車)からエルムノンヴィル Ermenonville, シャーリ Châalis 行バス (約 50 km, 1時間 30分)．

Chapelle の村をとおり，つまり今の国道17号線のあたりの旧街道を進むことになっているが，このあたりからネルヴァル独特の魔術的地理学が介入しはじめるのである．ロワジーが現実の Loisy ならば，ルーヴルをすぎてしばらくしてから，右手に折れてサン・ヴィッツ St Witz, プライイ Plailly, モルトフォンテーヌ Mortefontaine, モンタビー Montaby を経て行けばよい．それなのに作品中ではわざわざ回り道をしている．そればかりではなく，作中のモンタニー Montagny は現実のモンタビーの村ではなく，どうやらネルヴァルが幼少時母方の大叔父アントワーヌ・ブーシェ Antoine Boucher のもとで過ごしたあのモルトフォンテーヌに当たるように思われる．こうして魔法の地理のなかでは，現実の空間と時間が切りきざまれて再構成されるのである．

ヴァロワ Valois の里　その上さかのぼるのは主人公あるいは作者個人の過去だけではなく，《千年以上もフランスの心臓が鼓動》しつづけてきたヴァロワの過去全体なのである．ゴール・ローマ時代，メロヴィンガ朝，カペー王朝を過ごし，ヴァロワはまさにフランスの揺籃の地であった．しかも澄んだ泉に神秘主義が黒々とした影を落とし，霧深い森はルソーのような孤高の夢想者にふさわしいものであった．遊園地の歓声につつまれたシャーリ Châalis の僧院の廃墟や，死んだように鎮まりかえった古都サンリス Senlis の町並みに立って，『シルヴィー』の世界を思い起こすと，たちまち眼前にありし日の幻が鮮やかに浮かびあがり，われわれは自分が正に過去に生きているのに気づくのである．

たとえ Roissy-en-France の新国際空港から飛び立つ怪鳥コンコルドが，この平穏をかき乱すようになっても，やはり想像力の魔法は生きつづけることだろう．

シャーリの僧院の礼拝堂の廃墟

1973年5月号

対　談
岡本太郎さん
との1時間

聞き手
安 堂 信 也
（早稲田大学教授）

シュルレアリスムとパリ大学の間で

安堂　岡本先生はフランス人と同じようにフランス語をお話しになる，どういう風にしてそんなにおなりになったのですか．

岡本　ご存じのように，私が若いころの日本の文化一般，芸術というのはなんか大人だけがわかるものであって，若者は深い芸術の問題なんかには関係はない，わからない，なんでも渋好みみたいなものが深いものだというようなことで，私は非常に芸術の面では絶望していたわけですよ．フランスはそのころは新しい芸術運動がパリを中心に豊かになった時代で，そこでこそ自分のほんとの情熱を見出だせるのではないかと思ったわけです．しかし，フランスに行く以上はフランス人になってしまうことだと思ったのですが，私は子供の時から，道があるとすれば絵を描く，美術家になりたい，あるいは文章を書くとしたらフランス語でフランスの作家になる，大変だけれどもそうする以外にないと感じたわけです．それでパリに行ってあるいは再び日本に帰ることがないかも知れないと，そう思ったわけです．

安堂　いつごろですか，おいでになったのは．

岡本　昭和4年に日本を出たわけです．

安堂　その時おいくつでいらしたんですか．

岡本　18でした．

安堂　そうするともう語学的には中年でいらしたわけですね．

岡本　あれが6つ7つで行ったとしたら日本語は全然だめになっていたでしょうね．

安堂　でも，あんまりフランス語がご流暢なんで，私はもっと小さいころからおいでになっていたものだと思い込んでいたんですけどね．

岡本　パリに行きまして，フランス語を自然に身につけるようにしたんですけれども，多少は勉強もしました．初めのうちはチョコチョコ日本人ともつき合ったんですけども，1か月ぐらいしてから藤田嗣治の下宿に行った時に下宿の人とパッとしゃべったらがっくりしちゃって，「どうしてそんなにフランス語ができるのか」みたいなことを言われて，それから半年ぐらいしてからでしょうか，日本人の中では，私が一番フランス語がうまいのだというようなうわさが立っちゃってね，私は少なくとも2〜3年はかけなければいけないのじゃないかと思ったのですがね．それから，パリの郊外の小学校と中学校を少し混ぜたような，そこでずっと寄宿生活をしまして，そこで，数学から唱歌から――その時習った唱歌をいまでも覚えているよ．

安堂　それですっかり言葉は出来上ってしまったわけですね．

岡本　そうですね．それからすぐ今度はソルボンヌへ行って，哲学を聞いていたんですが…

安堂　ボーザールへおいでになったのでは…

岡本　ボーザールには行かないです．ボーザールなんてばかにしていましたからね．

安堂　ちょうど1929年ころに向こうにおいでになったわけですね．すると，シュルレアリスムが一段落したような時代ですか．

岡本　一段落というより，シュルレアリスムが盛んになり出した時代ですね．1931年ころに抽象絵画ね，ジャン・アルプとかカンディンスキーとかモンドリアンとかロベール・ドローネとか，ああいう連中といっしょに芸術運動をやったわけです．私が21歳ぐらいですね．それでもぼくはほんとうの対等の友だちだったんです．

安堂　戦前のフランスのもっともよい時期をあちらでお過ごしになったわけですね．

岡本　その前にまたいい時期があるんですよ，1920年代というのがね．30年代というのはちょっと深刻な時代なんです．31年の夏あたりから少し深刻になって来ましたね．それは，1929年にウォール街の経済恐慌があって，フランスに響いて来たのが1931年の夏からです．それから景気がずっと落ちて来た．それから人民戦線が出て来る，レオン・ブルムですね，それからスタビスキー事件とか，いろいろな人民戦線が起き上がるような状況が出来たんですね．そんなことがあって割に深刻な時代でした．1920年代というのはパリの一番無責任と言えば無責任と言えますが，遊び呆けた時代でしたね．第1次大戦が終わってからいろいろな意味で許された時代で，30年代というのはちょっと厳しい時代でした．

安堂　そのころ芸術家というのは大体モンパルナスやモンマルトルあたりに集まっていたわけですね．

岡本　モンマルトルではなくてどちらかというとモンパルナスですね．それから，やがてまたモンパルナスから消えてしまう時代ですね．大体モンパルナスで，モンマルトルは古かったですね．とにかく私だけがズバ抜けて若かったんですね．あの時分はパリへ行くなんということは滅多に出来ない，外国に行くなんということの出来ない時代で，行く人にしても相当の大人が行っているわけですね，30を超えなければ行けないような状況だったわけですね．それが，ぼくだけが一段と若かったわけですね．そうすると日本だと若者に対していろいろと日本の大人たちは保護者的な態度に出ますね．ところが向こうへ行くと，逆に一種の嫉妬心かなんか持ってね，若くてフランス人の中に溶け込んでいるということで，特にフランス人といっしょになってやっていたでしょう．日本人というのは日本人でしか固まらない．ぼくはそれを抜けちゃってフランス人とつき合ったというだけで非常に嫉妬深く見られてね．それからもう一つは，ご存じのように，いまの日本もそうだろうけど，おやじが有名だとあの息子はばか息子じゃないかというぐらいのことを，見返しとして悪く解釈したいわけですよね．そういうこともあって随分誤解されたんで，ぼくは日本人とつき合うということに全然意味を感じなかったし，特に画家とつき合うということは——日本人同士というのはいまでもそうらしいけれども，ひどい悪口の言い合いなんだな．それでパリ大学に入って，そこで哲学をやった．哲学の中には，戦後はちょっと変わったけども戦前は4つのポイントがあるんですね．心理学，社会学，哲学史，哲学，この4つの試験を受けなければいけないわけですね．ぼ

くはその心理学と社会学から始めたわけです．それを勉強してずっとやっていたんですが，それからいろいろと友だちが出来て，しまいには美学，美術，ぼくはその間に同時にまた抽象絵画をやっていたんだけど，向こうの画家たちの仕事にも虚(むな)しさを感じて来たし，つまり，美学なんというものは一体なんだ，それよりも人間が生きているということがどういうことかというむしろ根本問題をつかみたいと思ったわけです．それで社会学，それの一番具体的なのは，社会学ではあるけれどももっと具体的なドキュメントその他によって問題展開するのは，これは民族学であって，ぼくは民族学のほうに行ったわけです．ほんとうに学生になって，試験を受けたわけですよ．

安堂　片方で制作をなさりながらですか．

岡本　勉強のほうに中心を置いて，絵のほうは少しずつ描いていたわけですけど．民族学の試験の時は半分近く落ちましたがぼくはパスしました．

フランスよ，永遠にさようなら

岡本　それで，ぼくはフランスにずっといたかったし，まだ知りたいことやつかみたいことがうんとあったのですが戦争になってしまった．ジョルジュ・バタイユやなんかも，「われわれはフランス人だ，お前は日本人だ，しかしわれわれは角のパン屋さんとか弁護士とか会社員とかいうものよりはもっとお前とはつながりがあるし密接なんだ，一体なんだ」ということを言っておったのですけれども，ところがある日，ソルボンヌの中庭でいつも出会うはずの連中がいなくなってしまった．それはヒットラーの軍隊が国境を越えてパリに近づいて来た段階で，みんな軍隊へ軍服を着て参加した，いままでの弁護士とかパン屋さんだとかと同じ格好で行ったわけです．それで日本人としてフランスの軍隊に行くわけにはいかないし，たった一人に自分がなった時に，「あっ」と思ったのは，日本に帰らなければならないかということが一つと，それ以前から，たとえば，別な研究会，悲劇の研究会というのをやっていたんです．ギリシア悲劇とか中世の悲劇とか，それこそえり抜きの専門家が来て話し合う，そういう会にも毎回出ていたわけですよ．その時，日本の悲劇について聞かれると，こちらは日本に絶望して日本を18歳の時に出た人間ですからなんにも知らない．それでも，なんとか日本の悲劇を調べなければいけないと思ったが本が1冊もない．それで，一遍日本に帰って日本を知ろうと思ったのです．そういう問題があって，最後までフランスに止まろうと思ったけれどもドイツ軍に征服されたパリにいてもしょうがない，その時にはほんとうにヒットラーの軍隊というのは嫌悪(けんお)していたし，否定していたからね，そういうファシズムの下にいるパリにはいられっこないし，日本ではちょうどその前の年に母親が死んだんですよ．そうすると，おやじが一人でいるのはかわいそうだということと，日本を知りたいというその3つのところにちょうど大使館から「日本に引き揚げろ」という命令が出て，「これが最後だ」ということで，その4つの条件が重なって「じゃ日本に帰ろう，しかしその代わりフランスにはアデューだ，もうこれで決別だ」ということで，マルセイユから船に乗って永遠のさようならをしたわけです．「また来るかも知れない，しかしその時はもうフランス人としてではなくて，ただ外側から来る．いままでいっしょにやって来た友だちがヒットラーの軍隊によって殺されているかも知れない，おれだけが日本に帰るのだ，もうこれはフラ

ンスを捨てたということになる，おれはまた日本人に返る」そう思ってね．その時に日本の有名な画家ですが，ぼくがマルセイユから船が出る時に初めて涙を流したんです．その時に同情して「また戦争が終わったら来たらいいんだよね」なんてことを言うんだ．「そんなけしからんことはない，ここで一遍さようならをした以上は永遠のさようならだ」と誓ったわけです．実際にもそうですよ．フランスに行けばなつかしいし，友だちに会うから親しくするけれども，ぼくはフランス以外の所にぼくの生きがいがあり，たとえばオリエントとかメキシコとか中南米のほうに逆に自分の根源的なものを発見するような気がするので，フランスに行っても面白くないし，ロンドン，ニューヨークに行っても全く虚しい．

安堂　ただ，決別なさっても岡本さんを作り上げたひとつのファクターは絶対にフランスですね．

岡本　それはそうです．だけどフランスに対して責任を取らなかったということ，自分の命を賭けなかったということで，もうフランスとは決別ということです．だから，それはフランスで得たものというのは絶大ですよ．たとえばフィロゾフィーというものは日本にはないでしょう．日本でもぼくは子供の時から両親が禅だとか仏教などをやっていたから多少フィロゾフィックなものにはふれたけれども，実際日本にはフィロゾフィーというものはないですよ．哲学というものは学問体系としてはあるかも知れないけれども．

安堂　思想はあるけれども哲学はないとよく言いますね．

岡本　思想と言ってもあれがはたして思想と言えるかどうかということですね．思想というのは貫くから思想なので，日本人には貫く思想というものがないですよ．日本人でそれを貫いた人というのはほとんど見たことがないですね．みんな時代が変わればスーッと変わる．戦争中には国粋主義だったのが戦争でひっくり返ると進歩派になり，それがまたどうかするとコロリと変わる．それですぐ悔い改める．悔い改めるところにぼくは思想なんかないと思います．思想はほんとにヨチヨチした時分からずっと貫くものだと思う．ぼくが小学校1年の時に4つ学校を変えたのは全部先生との戦いだった，1年を2度繰り返しているんです．東京のドまん中で4つ学校を変えたが全部先生との戦いでした．たった1人で，組織もなければヘルメットもなければゲバ棒もない，イデオロギーなんということも全然知らないヨチヨチしている時です．それがいまでもズッと続いております．私は悲しい存在ではないけれども非常にトラジックな存在です．なぜかというといつでもアンチテーゼを出していますからね．戦争直後からぼくは随分言われた，「あなたみたいなことを言ったりやったりすると，ヨーロッパではどうか知れませんが，日本ではだめにされますよ，消されますよ」と，何遍言われたかわからない．絵だってそうですよ，ぼくの描くものというのは絶対売り絵になるものは描かないし，好かれる絵は描かないし，非常にこれはトラジックな状況ですよ．

安堂　座れない椅子なんか作るのじゃありませんか．（笑い）

岡本　あれはトラジェディーのコンデンスされた状況だと思うのですよ．

日本を客観視するということ

安堂　お話を少し変えて，芸術家としてフランスをご覧になったお話をいま伺って，なんとなしにわれわれにもつかめるような気

がするんですけれども，そのほかのお楽しみではフランスはどうですか.

岡本　全然ないんです.

安堂　お酒はお飲みにならないんですか.

岡本　お酒は飲みます．そうだ，食べ物はうまいな，それとぶどう酒のうまさ，この楽しみはありますね．だから夜は歩きますよ．食い物の魅力，あとは寂しいなあ，昔のとおりだし，昔の思い出が浮かび上がって来る楽しみはあるけれども，また寂しさもありますね．だからぼくはそんなに長くパリにいたいとは全然思わない．ただ，昔の名残りがなつかしいということと，まだ生きておる友だちが何人かおるので，それと会う程度です．お遊びというのはないな.

安堂　最後に，昔と違ってパリへもいまでは簡単に行けますね，そこで，向こうに行って何かを得て来ようと思う人，あるいは向こうに行ったきりになろうと思う人，そういうことを考えるような人たちに何か忠告というふうなことでもございましたらひと言おっしゃっていただけませんか.

岡本　ぼくは，やはり向こうに行ってほんとうの意味でフランス人になってしまうというのなら別ですけれども，日本人としてかっこういいからとか，向こうのほうがなんか日本よりもしゃれているから，かっこういいからというような気持ちで行くのならぼくは意味がないと思うのですよ．行けば行くほど自分を失うと思うのです．随分そういうのがいますよ．抽象芸術運動の時だってどこへ行ってもぼくは一番若かった，しかも日本人でね．そういった意味ではちょっと珍しい存在だったわけです．そういうように向こうの中に，向こうのエリートの中に日本人でどうしてぼくだけが受け入れられたのか，いまでこそ日本人というとなんか世界中から優れたなんかと思われるかも知れませんけれども，あの当時の日本というのは遠いどこかの国でそれほど関心がなかったのに，ぼくはその中でいつでも若い日本人として対等に扱われたということは実に不思議なことで，それは，ぼくのほうに溶け込もうという気持ちがあったからで，かっこうだけ溶け込んで自分を甘やかしていたら絶対にほんとうの意味では溶け込めない，虚しくなる．ぼくの経験から言えば，日本人は日本で生まれて日本人という意識がこれっぽっちでもあるならば日本人になるべきだと思うので，向こうのかっこうや向こうの伝統というものを身につけないで，ほんとうに血を流すような生活をしないで向こうの人にはなれないのだし，ぼくみたいにその中に飛び込んでいながら，ヒットラーがはいって来た時には突然ひとりになったというような経験がある以上は，ぼくは，向こうで見て来たり聞いて来たりすることはこれはいいし，むしろそこで日本を客観視することによって新しい日本を作っていくということを考えるべきですね．しかし，客観視するのはいいけれども，そのためにはフランスだけに溶け込まないで，先進国なんというようなところでやらないで，むしろアフリカだとか東南アジア，中近東，それから深い所で日本とつながっているメキシコあたりの文化に触れるということは大事で，その前に崇(あが)めるところの西欧文化にまず触れて，その反対側にあるところのもっともっとわれわれに緊密なオリエント，アジアの文化というものをその時点から見直すと自己発見出来るのじゃないかと思うので，そういう意味ではひと目ヨーロッパを見ておくということは，コンプレックス解除のためにいいことじゃないかと思います.

安堂　どうもありがとうございました.

1973年9月号

フランス語は明晰な言語か？

大橋保夫

I

明晰ならざるものはフランス語にあらず

Ce qui n'est pas clair n'est pas français.

これはリヴァロル Rivarol (1753-1801) の『フランス語の世界性について』(1784) にある、あまりにも有名なことばです。彼の名は、この一句によって不朽となったと言ってもさしつかえないでしょう。言語は人間それぞれの文化的アイデンティティの核心をなすものですから、自分の母語に愛着を感じ、その美点を讃えるのはごく自然な感情です。しかしながら、フランス語の明晰性はけっしてフランス人のひとりよがりではなく、世界的に定評があるところです。

フランス語の美しさや明晰性を讃えた名句を並べることは容易です。またフランス人が自分たちの言語を磨き上げるために数百年に渡って重ねてきた努力や、現在も行われている厳しい国語教育について読んだり話をきかれる機会は少なくないでしょう。ところが、そのようなことを知ってフランス語を勉強しているとき、だれでも一度は疑問に思うのは、「それではフランス語の明晰性とは具体的にどういう点にあらわれるのか？ 一般に言語の明晰性とは何か？ フランス語は、ほんとうに明晰な言語なのだろうか？」ということです。そして、これらの疑問に対しては、納得のゆく答えはなかなか得にくいのです。

「論理的語順」とは何か？

Rivarol はフランス語の明晰性を、つぎのように説明します。

Ce qui distingue notre langue des anciennes et des modernes, c'est l'ordre et la construction de la phrase… Le Français nomme d'abord le sujet du discours, ensuite le verbe qui est l'action, et enfin l'objet de cette action : voilà logique naturelle à tous les hommes…

「フランス語と古今の他の言語との相違点は、語順と構文にある… フランス人は、まず文の主語、つぎに行為を示す動詞、最後にその行為の対象（目的語）を述べる。これこそ、あらゆる人間に本来そなわる論理である …」

そして、多くの言語が感性のもとめに応じてこの論理に即した語順を乱していることを述べた上で、こう続けます。

La syntaxe française est incorruptible. C'est de là que résulte cette admirable clarté, base éternelle de notre langue.

「フランス語の統辞法は不抜である。フランス語の永遠の基礎をなすこのみごとな明晰性は、まさにそこに発するものである。」

まことに明快そのものと言うべき文章です。しかし、その明快さは表現だけであって、内容を考えると、むしろいたずらに混乱を招くものであるかも知れません。

フランス人が「論理的語順」ordre logique, もしくは「直接語順」ordre direct と言うとき、その実体はこの＜主語―動詞―目的語＞の順序のことであるのがふつうです。この語順は、世界の言語の中でさほど珍しいものではありませんから、Rivarol がフランス語をもってこの語順をまもる唯一の言語であるかのように言うのは、正確ではありません。しかしそれは今回の主題ではないので、

ここでは取り上げないことにしましょう．かんじんな問題は，はたしてこの語順が普遍的論理に直接対応し，ほんとうにフランス語の明晰性の根底であるのかどうかということです．

「論理的語順」は普遍的か？

Rivarolがこの語順をもってフランス語の特色とするとき，それに対比される代表的な言語はギリシア語，ラテン語，ドイツ語などです．ここではラテン語を例にとることにしましょう．

「犬がクレオパトラにかみついた」は，フランス語では

　　Un chien a mordu Cléopâtre.

であって，語順は動かしようがありません．もし un chien と Cléopâtre を入れかえて

　　Cléopâtre a mordu un chien.

とすれば「クレオパトラが犬にかみついた」になるわけです．ところがラテン語では

　　Canis Cleopatram mordebat.

がいちおう標準的な語順ですけれども，もしクレオパトラに起こった事件であることを強調して述べたいなら，

　　Cleopatram mordebat canis.

と言うことができますし，同じく，犬が「かみつく」という事件が起こった，ということに力点を置くつもりなら

　　Mordebat Cleopatram canis.

とも言えます．極端に言えば，この3語の順序を入れかえてできる6通りの文がいずれも可能であり，かんだのは犬で，かまれたのがクレオパトラであることはかわりません．名詞の語尾に文法的役割を示す格変化があって，Cleopatramという形が使われているかぎりそれはどこにあっても目的語であり，同様に canis は主語であるわけです．もしもクレオパトラの方が犬にかみついたのなら，名詞の形をそれぞれ Cleopatra と canem にかえて

　　Cleopatra canem mordebat.

などと言わなければなりません．

格変化がなく，日本語の助詞のような手段ももたぬ言語の場合，位置だけで主語と目的語との違いを明らかにするには，たしかに動詞をその間に置いて分離するのが，もっとも明瞭です．フランス語だけでなく，英語も中国語もこの語順をとるのは，けっして偶然ではありません．ところが，ラテン語にせよ日本語にせよ，語尾変化や助詞で主語と目的語との区別を示すことができるのですから，語順を固定する必要はないわけです．しかし，このようなタイプの言語でもっとも普通の，安定した語順をいうなら，それは＜主語―目的語―動詞＞です．そして，詳論は省きますが，それには当然それなりの理由があるわけです．とにかく，さきに述べた＜主語―動詞―目的語＞の語順が合理的であるのは，主語と目的語が形態の上で区別できないフランス語という枠の中においてであって，もしそれが普遍的論理にかなうように見えるとすれば，それはまさに，思考が言語に影響されることを示す例なのです．

さきのフランス語の文とラテン語の文をもう一度くらべてみましょう．Un chien a mordu Cléopâtre. の伝える情報は，冠詞の機能を除いて，すべて Cleopatram mordebat canis. に含まれます．後者はその上に，可能な他の語順との対比から，話者が何に力点を置いているかという情報を伝えます．フランス人は，そのような主観的情報が排除されることをもって明晰であると考えるかも知れません．しかしローマ人なら，このフランス語の文では自分が何を伝えようとしているのかがはっきりしないから曖昧だと言うでし

ょう．要するに，いわゆる ordre direct をもって普遍的論理とし，フランス語の特権的明晰性の基礎と考える議論は，自国文化を価値基準として他の文化を評価する自民族中心主義 ethnocentrisme そのものなのです．性数の一致についても同様で，たしかにフランス文法の体系の中では，それがある方が単語の関係がはっきりして明晰性に役立つと言えますけれども，他の言語と比較するとなると，簡単に結論は下せません．それぞれの言語にそれぞれ異なった手段があり，かつそれは他の要素と結びついて有機的体系を作っているからです．個々の項目だけを取り上げて他の言語と比較考量しても，この場合は意味がありません．もちろん，諸言語の文法体系の間に明晰性の差が全然ないと断言するのは行きすぎですが，証明できるような明確な差を見出すことはできません．Rivarol は雄弁ですが，その説は根拠が薄弱です．

単語の意味は明晰か？

フランス語は，一つ一つの単語の意味がはっきりしている，ということも，俗によく聞くところです．しかし，はたしてそれは事実でしょうか？ 初歩で，「父」le père，「母」la mère，「本」le livre，「花」la fleur とやっている段階では，単語の意味が明晰かどうかなどは問題にはなりません．しかし少し勉強が進むと，フランス語の文は単語の意味を的確につかむのが難かしいと思うようになります．たとえばごく簡単な La vie est chère. という文を「生命は大切である」と訳すと，あにはからんや「物価が高い」という意味であったりして，いったいどのように辞書を使えばよいのだろう，という疑問さえ起こります．それを越えてフランス語の明晰性を理解するまでには，かなりの勉強が必要です．

フランス語の辞書を見て気がつくことは，見出し語の数が英語やドイツ語の辞書にくらべてずっと少ないことです．厳密に言えば，単語という概念も規定が困難ですし，語形成やその他の文法事項との関係を無視して異なる言語の単語数を比較することは，あまり意味のあることではありません．しかしそのことを十分考慮しても，語彙の少ないことはやはりフランス語の著しい特徴です．フランスの代表的劇詩人で，もっとも完成度の高いフランス語を書いたラシーヌ Racine の戯曲が，それぞれ 1500 語前後の異なる語数で作られ，シェクスピアの半分以下であることは，やはりフランス語のこの性質を裏づけると言えるでしょう．

そのかわり，当然のことながら，一つ一つの単語の守備範囲は広くなります．そうなれば，単語の意味がつかみにくくなり，文意が曖昧になるのは避けられないようにも思われます．辞書をみても，sens の 1 語に「感覚，分別，方向，意味」，raison に「理性，道理，理由，割合」，rayon に「光線，半径，車の輻，棚，売場」というようにいろいろな語義があって，フランス語の単語の意味は，それ自体けっして明晰とは言えないことがわかります．

語義の抽象性

フランス語の語彙が少ない理由の一つとして，語義の抽象性をあげることができます．それと明晰性との関係を考えてみましょう．

ごぞんじの通り，上衣を「着る」はフランス語では動詞 mettre を使います．ズボンを「はく」も，帽子を「かぶる」も，バンドを「締める」も，メガネを「かける」も，すべてふつうは mettre です．しかも，この mettre という動詞は，衣服を「身につける」

というよりも、「ある場所へ、そこになかったものをもってくる」という、はるかに広い一般的な意味をもっています。たとえば、鉛筆を mettre sur la table と言えばテーブルに「のせる」ですし、mettre dans la boîte なら箱に「入れる」で、mettre dans le livre なら本に「はさむ」になります。衣服について mettre を使うのは、その広い意味の具体的な適用例の一つでしかありません。

こう考えてくると、日本語とフランス語との意味の取り扱い方の基本的な違いがわかるでしょう。日本語は、感覚にとらえられる具体的な動作の違いに着目します。なるほど、上衣を「着る」のとズボンを「はく」のと、メガネを「かける」のとバンドを「締める」のとは、具体的な動作そのものとしては、まったく異なります。それを、対象物のあり場所の変更（服装品の場合、その行き場所を表示しないのは、それが当然のこととして決まっているからです）という形で等質のものとしてとらえるのは、抽象的な思考能力の操作の結果です。極端に言えば、フランス語の mettre son pantalon と日本語の「ズボンをはく」とは、同一の行為に対して使われても、動詞そのものの意味は別なのだ、と言ってもよいでしょう。

したがって、mettre son pantalon と言ったとき、「ズボンをかぶる」だの、「ズボンをかける」だのというような意味には絶対になりません。（もし「ズボンを頭にかぶる」という必要がある場合には、表現をかえるわけです。）そうなれば、感覚でとらえられる動作を示す「着る」、「はく」、「かぶる」、「締める」、「のせる」、「入れる」…を使いわけても、抽象的な位置変更の観念を示す mettre を共通に使っても、聞き手はまったく同じイメージの再現が可能です。

このように考えて来た場合、mettre の守備範囲が広いからと言って、意味が曖昧になると考える人はないでしょう。抽象化によって、感覚性・即物性は落とされます。このような語義の抽象性は、とくに日本語と対比するときに目立つフランス語の基本的特徴の一つであって、それを十分に理解しないと、フランス語の明晰性はつかめないのです。

具体的で、かつ細かな差異に対応する異なった言語形式のある方が、的確で明晰な表現ができると漠然と考えられがちなのですが、単純にそのような結論は下せません。われわれは、無限に多様な世界を、言語によって整理しています。それは一種の多重的・動的な分類体系であり、分類である以上、同一性と差異との組み合わせで成り立っています。多様性・個別性の方向に進むのでは、混沌は増大します。表面的多様性を越えて、一般的な、つまり共通性の高くて了解しやすい枠組みで規定することによって明晰性が増すとするのが、フランス人の基本的な姿勢です。フランス語の抽象性とは、必要な差異のみを明確に取り出し、なるべく一般性の高い枠で整理しようとする態度のあらわれです。フランス語の明晰性は、このような原理の上に成り立っているのです。

今回はおもに、明晰性が、文法にせよ語彙にせよ（音声についても同じですが）、辞書や文法書に集約されるコードとしての言語体系そのものの性質ではないことを述べました。問題はそのコードの使い方にあるわけです。来月は、それをさらに詳しく考えてみることにしましょう。

II

無用の情報は明晰性をそこなう

「蛙の腹にはヘソがない」という文を仏訳

してもらうとします．La grenouille n'a pas de nombril au ventre. というのが，まず大多数の学生諸君の答えです．ところがこれはまちがいで，このフランス語だと，蛙は腹にはヘソがないけれど，背中か頭のテッペンか，どこか別のところにはあるようにきこえるのです．

正解は La grenouille n'a pas de nombril. です．つまり日本人にとっては，「腹には」があれば，問題のヘソのあり場所である蛙の腹のイメージが具体的に頭に思い浮かんでハッキリしこそすれ，「背中か頭にはあるのか？」というような疑問は，ふつうはおこりません．ところがフランス人は，au ventre と言うかぎり，au dos, à la tête など，潜在的にそれと並び，選択の対象になりうる他の項目と対比して，文中で au ventre という要素が果たす役割を考えるのです．これはけっして，上の文だけに限られた現象ではなく，一般的な問題です．それは記号行動，くだいて言えばことばとものとの関係についての，日本人とフランス人との，かなり基本的な態度の違いを示す例なのです．これは明晰性の問題，とくにこれから述べる単語の使い方に，大いに関係があります．

個別性と一般性

先月号には，フランス語の明晰性が文法や個々の単語の定義そのものにあると考えるのは正しくなくて，むしろそのようなコードをいかに使うかという方に注目する必要があることを述べました．そして，言語は外界の多様な事象を整理する役割をもっているので，事実の微細な差異に即応する表現形式が必ずしも明晰なのではなく，一般性の高い用語の使用によって明晰性を高める方向があり，フランス語はそれを特徴としていることも記しました．

先月は mettre という１つの単語をいかに使うかを取り上げましたが，今回は逆に，１つの事物を出発点にして考えてみましょう．

ファーブル J.-H Fabre (1823-1915) の『昆虫記』Souvenirs entomologiques に Le Cercéris tuberculé「コブフシダカバチ」という一章があります．コガタハススジゾウムシをとらえ，それを麻痺させて生きたまま保存し，幼虫の餌にするその習性をファーブルは子細に観察し，みごとな記録をとどめています．さてこのテキストの中で，主題になっている昆虫がどう呼ばれているかを調べてみると，その種名 le cercéris tuberculé が出てくるのはただの１回で，上位の分類単位である目の名 l'hyménoptère もしくは属名 le cercéris で呼ばれるのが約20回あり，そのほか十数回は le ravisseur「人（虫）さらい」，le délicat chasseur「巧みなハンター」，l'adroit investigateur「うできの探索者」，le savant tueur「かしこい殺し屋」というような名詞が使われています．属性を示すこれらの呼びかたも，単にコブフシダカバチだけに適用されうるものでないことは言うまでもありません．したがって『昆虫記』では，コブフシダカバチという特定の種が，ほとんどつねに，それよりずっと一般性の高い名称で呼ばれているわけです．これはけっしてファーブルの特色というわけではなく，フランス人に共通の単語の使い方です．

なぜ一般性の高い単語を使うか？

まず第１の段階として le cercéris tuberculé という種名を取り上げましょう．これはたしかに輪郭がはっきりしています．しかしながらフランス人でも，この名を聞いたとき，それが実際に何を指しているのかがわかる人

はほんの少数でしょう．鳥なのか，魚なのか，昆虫なのかも，場合によっては動物なのか植物なのかもわからぬ人が多数であろうと思われます．つまり，よく考えてみると，le cercéris tuberculé という語の明確さは動物分類学の体系そのものの性質にほかなりません．また，情報を受け取る側にコブフシダカバチそのものについての知識がなければ，それは単なる音もしくは文字の連続であって，記号としての役割は果たせないのです．

これは，言語生活一般についての重要な問題です．つまり，われわれがすべて同じ範囲の知識を同じように整理してもっているならば，コミュニケーションは容易であり，明晰性の問題もずっと単純になるはずですが，実際はそうではありません．送り手と受け手の間の相違を前提にして言語生活を考えるとき，明晰性の問題意識が生ずると言ってもよいでしょう．

第2の段階として，コブフシダカバチを，上位の分類単位である l'hyménoptère という名で呼ぶ場合を文例に即して考えましょう．

Le drame commence pour s'achever avec une inconcevable rapidité. L'hyménoptère, se met en face avec sa victime, lui saisit la trompe entre ses puissantes mandibules, l'assujettit vigoureusement...「悲劇は，幕が上がったとたん，思いも及ばぬ早さで終わってしまう．翅膜類（コブフシダカバチ）はえものと向かいあい，強力な顎で相手の鼻をつかみ，ぐいと押さえこむ...」

ゴブフシダカバチの狩猟の対象がもっぱらコガタハススジゾウムシ le cléone cophtalmique（鞘翅類 les coléoptères の1種）であることは前に述べられているので，ここでは膜翅類と鞘翅類との区別さえ明らかにされれば，誤解の余地はありません．むろんここで le cercéris tuberculé という詳しい名を使うことも可能ですが，この種名は，いまの場合に必要のない情報をたくさん含んでいます．膜翅類に含まれる種の数は10万以上にのぼりますが，その中の1種コブフシダカバチだけを取り出すための情報は，すべてここでは余分であるのみならず，むしろいま必要な区別は何かをわからなくします．さきに述べた le cercéris tuberculé が使われている唯一の例は，まさに，フシダカバチ属 le cercéris に分類される他の種からコブフシダカバチを区別している個所であって，そこでは le cercéris という属名が必要であるうえ，他の種と区別するための形容詞 tuberculé がはっきり存在理由をもっています．つまり，与えられた文脈 contexte の中で，情報伝達のために必要な弁別は何かをはっきりつかまえて，その弁別は表示するが，無用な弁別は含まない単語を用いる，というのがフランス人の用語法です．

『昆虫記』の別の章では，同じコブフシダカバチが la bête と呼ばれています．いままでの説明で，それがどういう状況で使われているかは，想像がつくでしょう．bête は人間以外の動物を指す語です．その文章では，まさに観察する人間 l'homme とその観察対象であるコブフシダカバチとの関係が問題になっている場所でこの語が用いられています．

第3類として，le ravisseur と le meurtrier とがどう使われているかを調べてみましょう．

On voit le ravisseur arriver pesamment chargé, portant sa victime entre les pattes.
「誘拐者がえものを足にぶら下げて，重そうにやってくる」

On voit l'abdomen du meurtrier se glisser sous le ventre du Cléone, et darder vivement à deux ou trois reprises son stylet venimeux à la jointure du prothorax.

「殺し屋の腹部はゾウムシの腹の下にすべり込み，2度3度その毒針を胸の連結部にはげしく突き刺す」

これらの単語を相互に，または同類の他の単語，たとえば l'adroit investigateur と入れかえることはできません．それぞれの場合に，いまコブフシダカバチのどの属性を取り上げているのかが，これらの用語で示されているからです．

ここで le cercéris tuberculé を使えばどうなるでしょうか？　昆虫―膜翅類―スズメバチ科―フシダカバチ属―という分類学の体系が頭に浮かぶでしょう．このドラマ―生態の描写には無用な情報です．フランスの古典劇では，本筋に関係のない要素はできるだけ排除することになっていました．ことばの使い方も同じで，これは「フランス的明晰」la clarté française の重要項目なのです．

語義と文法

語義の明晰性は，一面ではたしかに概念と単語との間に固定的な一対一の対応関係があることによって成立します．つまり，どのような文脈の中にあっても同じ意味になるような単語の使い方を理想とするわけですが，このような明晰性は，テクニカル・タームのような，適用対象や項目が限られた領域においてしか実現ができませんし，また人間の生理的能力から言っても，コミュニケーションの効率から言っても，知的生産性から言っても，それを一般化することは合理的ではないのです．

無限に多様な森羅万象を対象としなければならない自然言語では，要素の数を限り，またそれらの間の関係をアナロジーで処理しなければなりません．そこで多義性，文脈，比喩などの問題がおこってきます．いままで述べてきたように，一般性の高い語で個別的具体的なものを指すことが比較的自由に行われるフランス語では，単語の勉強にせよ，本の読解にせよ，一対一対応のモデルで考えるのではだめです．

どうしてもまず，一つ一つの単語の意味だけではなく，それが潜在的にもっている他の単語とのいろいろな関係を十分に知らなければなりません．実は，概念の切り取り方とともに，それらの関係こそが「文化」と呼ばれるものの本質的部分を構成しているのです．

つぎには，単語の意味を文脈の中で把握する訓練が必要です．辞書レベルでの文脈――たとえば le sens unique といえば sens は「方向」で，les cinq sens では「感覚」で，un sens profond なら「意味」だというような――が必要なことは言うまでもありませんが，それよりも論説全体の中での意味の把握の勉強の方が難しく，また大切です．それが本当の意味での読解力であり，また厳密な意味で「教養」と呼ばれるもののもっとも重要な部分です．

比喩の問題を取り上げる余裕はありませんが，ここに述べてきたことの応用として，フランス語では時計やテープレコーダーの動きをなぜ marcher「歩く」という動詞で表わすのか，フランス語では Vive la liberté！と言うのはごくふつうなのに日本語で「自由万歳！」とは実際にはまず言わないのはどうしてか，というような問題を自分で考えてみて下さい．語義の抽象性と比喩成立の可能性との間に密接な関係のあることがわかるでしょう．

ここで取り扱ってきたような，一般的な単語を具体的なものに結びつける使い方ができるのは，数（単数・複数）や性（男性・女性）という範疇や冠詞をもっているフランス語の

文法構造と密接な関係があることに，すでに多くのかたは気づいておられると思います．文法の時間のはじめに形態だけを習うこれらの基本的事項が，フランス語では意味の取り扱いにどのような関係をもっているのか，考えなおしてみて下さい．

文脈と状況

このようにフランス語は，文脈依存性という自然言語の特徴を積極的に活用する言語です．ところで，文脈と言うとき必ず同時に考えられるのは，「状況」situation です．

公園で乳母車を押している若い母親のところへ後から3歳くらいの男の子が駆けよって来ます．それに気づいた母親は Ça y est? と声をかけます．子供は Ça y est. と答えます．この問答だけでは私たちには何のことかわかりません．しかし，その子がいま公園の un urinoir から出てきたところであることを知っておれば，私たちにも「ひとりでチャントオシッコができたかい？」「うん，できたよ」という意味であることがわかります．

会話では，このように状況に依存することは非常に多いし，またその特定の状況の中で意味が通じればそれでよいわけです．

文脈は，聞く人読む人がだれであっても，いちおうみんなに共通のものと理解できますが，状況はそうではありません．したがってフランス人は，状況依存性に対しては非常に慎重であり，それがフランス語の明晰さと言われるものの重要な支えになっています．

状況の中には，心理的状況も社会的状況もすべて含まれますが，その中で最大のものは文化でしょう．日本人どうしが自分たちの文化に依存して効率よく行っているコミュニケーションが外人にわかりにくいのは当然ですが，それでは世に言うフランス語の明晰性と日本語の難しさを，世界における両国文化の流通度の違いに帰してよいでしょうか？

それも否定できぬ要因ですが，ほかに大切なことがあります．フランス人は，人間の文化的背景の多様性をよく知っていて，依存すべき要素と依存すべきでない要素とを区別することになれており，その知識自体がフランス文化の特性になっているのです．フランスの古典主義文学とか，フランス語の世界性は，それが具体化した形だと言えるでしょう．

おわりに

要約すれば，フランス語の明晰性は，人間それぞれの言語的文化的コードの多様性を前提とし，すべての人に共通の部分だけを使って確実なコミュニケーションを成立させようとする努力の結果として成立したものです．

近年フランス人の書くものが目立って読みにくくなったのは，この共通コードの尊重というフランス人の言語生活の暗黙の前提が，個性に対する圧迫，打破すべき体制の象徴と認識されるようになった結果であり，また他方，知的生活の技術化によって，古典的な語彙の制約の中では遂に処理が困難となってきたからです．いずれにしても，記号に対する人間の態度は文化の核心的部分です．フランス語の学習を通じてそれをよく考えていただきたいと思います．

1974年4月号・5月号

ぼくとフランス語

高橋邦太郎
(共立女子大学)

　ぼくがフランス語に興味をもったのは小学校3年くらいの時であった．東京の下町，浅草の蔵前というところ，現在の国技館に近い，まことに庶民的な区域であった．当時の町名は北富坂町というまことにゴミゴミした一角であったが，同じ町内に蘭学の大槻家が大きな邸を構え，そこに大槻如電が住んでいた．いまこの名を知っている人は，もう多くはないと思うが，日本の洋学の編年史をはじめて書き，これを『新選洋学年表』と題して世に公にした人であり，新村出編『広辞苑』にものっている磐渓の二男 (1845–1931) で，『言海』の著者大槻文彦の兄である．

　この人がどれほど学識があったか知る由もなかったが，町の人々からエライ学者だという噂で，子供心にも尊敬していた．しかし至ってシャレた風柳人で，洒脱で raffiné であった．しかも，銭湯が好きで，毎日手拭をぶらさげて湯に入りに来た．ぼくが如電に接したのは，入浴中であり，人つきあいのいい如電は子供たちとも親しく口をきき，心優しい老人と思われ，これが「洋学」というものにあこがれをもつゆかりになったのかもしれない．

　おやじは，どう考えたのかしらないが，小学3年生のぼくに外国語を習わせることを思いつき，精華小学校の担任の伊藤安吉先生という人について A・B・C を学ばせた．考えてみると明治時代の小学校教員は，「聖職」であった為か，非常に優れた人材がすくなくなかった．伊藤先生はフランス語，ドイツ語がかなりよく出来た．

　ともかく，ぼくは七面倒な動詞の変化も大して苦もなく一応覚え込めた．しかし，3か月ほどして，精華小学校は廃校になり生徒は二分されて，ぼくは育英小学校に配属され，伊藤先生も地方に転勤になってしまって，ぼくのフランス語の学習も，惜しくも中絶せざるをえなくなってしまった．

　中学を出るまで，あこがれはもっていたがフランス語とは余り縁がなかったが，活動写真で，フランス物が沢山入った時代なので，Sarah Bernhardt の *La Dame aux camélias* をはじめ喜劇役者 Max Linder, *Zigomar* の中のジゴマ役に扮した名優 Arquillère などにうつつをぬかし，更には Pathé 会社のカラーフィルム（といっても現在のカラーとはちがって一枚一枚手彩色したもの）で Versailles の宮殿などの美しさに魅せられ，なおまた，永井荷風の『ふらんす物語』，上田敏訳『海潮音』などを耽読して，どうしてもフランス語を修めたいと考え，東京外国語学校仏語部の入学試験を受け，中学同窓の石川淳と一緒にパスした．大正6年 (1917) で，今から57年前のことである．

当時の東京外国語学校は今の学士会館のところにあり，共立女子大学の真前にあった．建物は神田の大火のあとに急造されたバラックであった．

教官陣は実にすばらしい先生ばかりで滝村立太郎，重野紹一郎，井上源次郎の諸先生が揃っておられた．滝村教授の発音の優れた点は山内義雄さんがうけついだといってもいいであろう．パリ留学中に永井荷風を上田敏に引き合わせたのは，実にこの人であった．また，重野教授は滞仏十余年の粋人でぶどう酒の鑑定で鳴らした人で Belle Epoque を身に泌み込ませていた．井上教授はリオンの生糸輸入業の会社の支店長から Grenoble 大学に学び, piano をよくした人で, Molière と Correspondance commerciale とを同時に教えられる人であった．ぼくは残念ながら病気で2年留年し，大正11年 (1922) に卒業した．就職する友人たちもいたが，井上先生のすすめに従って進学することに決め，東京帝国大学仏文科に入った．ここには辰野隆，鈴木信太郎，山田珠樹の諸先生がおられ，実に楽しくフランス文学の講義を受けることが出来て，本当にうれしかった．——ただし，卒業してみたら不景気の極で，待っていたのは「失業」であった．

しばらく細々と文筆業でくらしたり，フランスに1年ほどいて，帰ってからN・H・Kに入った．太平洋戦争にかり出され当時の仏印サイゴンで終戦，フランス軍の捕虜となった．この時ほどフランス語が役に立ったことはない．

1975年1月号

中原中也 1
●仏訳日本現代詩の試み

春宵感懐

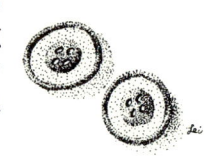

訳・**大槻鉄男**（京都大学）
イヴ=マリ・アリュー（京都女子大学）

> 春宵感懐
>
> 雨が、あがつて、風が吹く。
> 　雲が、流れる、月かくす。
> 　みなさん、今夜は、春の宵。
> 　なまあつたかい、風が吹く。
>
> なんだか、深い、溜息が、
> 　なんだかはるかな、幻想が、
> 湧くけど、それは、摑（つか）めない。
> 　誰にも、それは、語れない。
>
> 誰にも、それは、語れない

　一フランス人にとって，日本現代詩にわけ入るために，中原中也が我々に示している道以外の道があろうか．朔太郎も含めて，他の詩人たちにあっては，フランスあるいはフランスの詩の影響は，つねに多少の違和感を与え，あるいはわずかながらもスノビスムの色あいを帯びているように思われるのに，中也の場合は，彼の日本の教育の影響とフランスの影響とのあいだに，矛盾あるいは断層がほとんど感じられない．たとえば，『在りし日の歌』の「夜更の雨――ヴェルレーヌの面影――」は，現代日本のこみいった風景をよく表現しているが，同時に私がフランス人としてヴェルレーヌの人柄にかんして，あるいは彼の時代について想像しうるイメージをもよく現している．そして中也の評論を読むと，これはフランス人が日本語で書いているのではあるまいかと思うくらいだ．

　中也の特徴の本質をなして，彼をわれわれフランス人に奇妙に近いものにしているように思われるのは，彼のすべてのものをからかう態度である――詩そのもののなかで詩を問い直すこと，自己自身を問い直すこと，自己自身を問い直すことを問い直すこと，等々…ところでこのすべてのものをからかう態度は，決して，虚無主義，厭世主義，あるいは宿命論には通じず，社会的で同時に哲学的な論難の手立てとなる．日本人として珍しいことだが，中原中也は，思想と巧みにたわむれるときも，思想をもてあそぶときでさえも，思想にも，言葉の隠された有効な力にも絶望してはいない．彼は，この世で，ひとつの声が，人間が何かを言うこと，何かをすることをさまたげながら人間を支配していることを決して疑わなかった，「摑（つか）めない」，「誰にも，それは，語れない」「示かせない」声，われわれの歌と誇りを惨めにするが，われわれを呼ぶ声が．中也の声は日本ではあまりにも甘ちょろい歌のように聞かれている…そうなると私の心に聖書の言葉がうかぶのだ，「聞

Emotion d'un soir de printemps

Cesse la pluie, souffle le vent.
Les nuages passent, cachent la lune.
Messieurs Dames, ce soir, est un soir de printemps.
Très tiède, souffle le vent.

Je ne sais quel soupir profond,
Je ne sais quelle lointaine vision,
S'éveille, et pourtant, insaisissable.
A quiconque, indicible.

C'est une chose à quiconque

く耳のある者，聞くべし」．私にとって，もし，耳をそばだたせる中原中也の声がなかったならば，日本の詩の数えきれない声を聞く理由があっただろうか．

とはいえ，この本質的な声を隠した独自な声，これをいかに翻訳すべきか．この声にいかにして註釈と翻訳の二重の破壊を恥知らずに強いうるのか．

小林秀雄は「中原中也の思ひ出」のなかで書いた，「この生れ乍らの詩人を，こんな風に分析する愚を，私はよく承知してゐる」

翻訳者は，どれほどはるかに，それを意識していることか．

　　　　　　　　＊

「春宵感懐」《 Emotion d'un soir de printemps 》，このように訳された表現は，フランスの読者に，日本の伝統的なイメージ，たとえば浮世絵伝説を思いうかばせるだろう．フランス人は春の宵にどんな感懐も感じないというのではなくて，われわれはそれを言外に含ませるほうを好むだろうし，われわれには「春宵」《 Soir de printemps 》だけですでに十分すぎるほどである．それだから，「感懐」のこれ以上に正確な訳語を求めないことにしよう．いずれにしても，中也がこのあまりにも詩的で，日本の美術品みたいな雰囲気を，皮肉な仕方でこわしているのだから，このように表題を訳してもよいであろう．

この詩では中也の句読法をそのままに用いることはできない．われわれはそれでも，これらの詩句の独特なリズム，息切れのした，あるいはびっこをひくようなとは言わなくとも，かなりぎくしゃくしたリズムを表現しようと試みた．

雨が，あがつて，風が吹く．
　雲が，流れる，月かくす．
みなさん，今夜は，春の宵．
　なまあつたかい，風が吹く．
Cesse la pluie, souffle le vent.

ことだけれども、それこそが、
いのちだらうぢやないですか、
けれども、それは、示(あ)かせない…

かくて、人間、ひとりびとり、
　こゝろで感じて、顔見合せれば
につこり笑ふといふほどの
　ことして、一生、過ぎるんですねえ

雨が、あがつて、風が吹く。
　雲が、流れる、月かくす。
みなさん、今夜は、春の宵。
　なまあつたかい、風が吹く。

Les nuages passent, cachent la lune.
Messieurs Dames, ce soir, est un soir de printemps.
Très tiède, souffle le vent.

18歳のころの中也

最初の4行の問題は，あまりに忠実に語を逐って訳しすぎて，描写の調子の単調さをフランス語に持ち込んでしまわないことである．それで1行目と第4行目で主語を倒置し，2行目，3行目を普通の順序におく．これで全体が活気づく．1行目では，この倒置は単なる主語動詞の倒置としてではなく，« Vienne l'été, nous serons heureux » あるいは « Chantent les oiseaux, notre cœur est joyeux »（「夏がくると，私たちは幸せだ」，「鳥が鳴くと心がはずむ」＝que [si, quand] les oiseaux chantent...）におけるように仮定，あるいは時を示す接続詞を省いた接続法の節と受け取られうる．なにがなし，夢幻的な，束の間の春の宵の雰囲気は，このフランス語の構文の二義性と似合うのではなかろうか．「みなさん」は訳しにくい．講演や公式の演説のまえでなら « Mesdames, Messieurs » と言うが，この詩の3行目の子供っぽい雰囲気では，町の店や酒場で挨拶に使う

> Indicible, et pourtant, justement,
> N'est-ce pas p'têt'la vie?
> Et pourtant, inexplicable
>
> Ainsi, les hommes, seul à seul,
> Sentent avec leur cœur, et s'ils se regardent,
> Se sourient gentiment, c'est tout,
> Et avec cela, passe donc leur vie!
>
> Cesse la pluie, souffle le vent.
> Les nuages passent, cachent la lune.
> Messieurs Dames, ce soir, est un soir de printemps.
> Très tiède, souffle le vent.

m'sieurs dams という話語にまではせずとも，もう少し格式ばらない Messieurs Dames で訳そう．

　3行目で，原詩が2つの違った言葉を用いているところを soir ひとつを繰り返すことによってこの詩句のわれわれには子供っぽいと思われる調子を強調する．

なんだか，深い，溜息が，
　　なんだかはるかな，幻想が，
湧くけど，それは，摑めない．
　　誰にも，それは，語れない．

誰にも，それは，語れない
　　ことだけれども，それこそが，
いのちだろうぢやないですか，
　　けれども，それは，示かせない…

Je ne sais quel soupir profond,
Je ne sais quelle lointaine vision,

S'éveille, et pourtant, insaisissable.
A quiconque, indicible.

C'est une chose à quiconque
Indicible, et pourtant, justement,
N'est-ce p'tet'la vie?
Et pourtant inexplicable...

　第2，第3ストローフの主要な問題は，「それは」を文字通りに繰り返して訳すと，フランス語の文章がひどいものになってしまうということである．日本語では，この感懐のつかみにくさを，そのさからいがたい実在感を強調しつつ表現するために，「それは」の反復が重要であることはよく承知しているのであるが．他方では，このストローフはわざと散文的になっていて，日本語ではそれを文章の弾みのよさが救っているけれども，フランス語に訳すとすっかり魅力をなくしてしまう．それでわれわれは，より文学的に（例え

ば, indicible, quiconque という語の選択)，また, 主語をぼかして訳す.

9 行目から 10 行目へ「語れない ことだけれども」と意味が続いているのを生かすために, 詩句の順序を変えざるをえなかった. 11 行目では, 話し言葉の文体と日本語の言葉の奇妙な順序をも表現しようと試みた. おそらく, 深刻でまじめな展開のさなかにこうした破調をはさむのは, ラフォルグの影響なのだろうか (中也はラフォルグの詩を翻訳している).

かくて, 人間, ひとりびとり,
　こころで感じて, 顔見合せれば
　にっこり笑ふといふほどの
　　ことして, 一生, 過ぎるんですねえ
Ainsi, les hommes, seul à seul,
Sentent avec le cœur, et s'ils se regardent,
Se sourient gentiment, c'est tout,
Et avec cela, passe donc leur vie !

第 4 ストローフでも, 詩句の順序, 感情の秩序を乱さずに日本語の構文の順序を正確に追うことはできないだろう. フランス語で, 15 行目のところで文法上の文を切り, この文を要約する言葉を 2 度繰り返すことによって, 原詩の構造を保つ.

われわれは, 「ほどの」という言葉に強い意味を読み取る, C'est tout (それだけのこと) と訳し, かつそれを « Et avec cela » で補う. « et avec cela » は, フランス語では, 多くの場合, 皮肉に, あるいは, 苦々しく, « Que voulez-vous de plus ! » (それ以上に何を望むのか) « De quoi vous plaignez-vous ? » (何の不足があるのか) というほどの意味を持つ.

13 行目の「ひとりびとり」は, あまりに数字的な « un à un » よりも, もっとセンチメンタルな « seul à seul » のほうを好む.

雨が, あがつて, 風が吹く.
　雲が, 流れる, 月かくす.
みなさん, 今夜は, 春の宵.
　なまあつたかい, 風が吹く.
Cesse la pluie, souffle le vent.
Les nuages passent, cachent la lune.
Messieurs Dames, ce soir, est un soir de printemps.
Très tiède, souffle le vent.

結末に, リフレインのように, 歌曲ふうに, 冒頭の詩句を繰り返す方法は, たとえば, ヴェルレーヌに見られる (« *Romances sans paroles* »『言葉なき恋歌』Ariettes oubliées「忘れられた小曲」, viii. Dans l'interminable / Ennui de la plaine / La neige incertaine / Luit comme du sable.「平原のはてしのないもの憂さのうちに　ほのかな雪が　砂のように光る」この方法は, 詩のなかに象徴的な時を導きいれ, われわれは感懐の深まりを, 自然がわれわれの内的な声と深い生命とで満たされるのを, 一層つよく感じることができる.

1977 年 7 月号

雑誌『ふらんす』と私

朝倉季雄
(中央大学)

雑誌『ふらんす』は 1925 年に『ラ・スムーズ』という名で創刊され，その後『ふらんす』と改名して今日に至ったもので，今年は創刊 50 周年に当たる．1925 年といえば，私は暁星中学校の生徒で，フランス語で旧制高校の受験を志していたころである．当時は白水社の『模範仏和大辞典』だけが学校指定の仏和辞典で，参考書もほとんどなかったから，この雑誌が文法・仏文和訳・和文仏訳を総合する参考書に相当し，中学校の売店に並べられていたせいもあって，私たちの何人かは創刊以来これを愛読した．

執筆陣は音に聞こえた先生がたばかりであった．主幹の杉田義雄先生は東京外国語学校フランス語科の主任で thème にかけては日本一と噂されていた．同じく東京外語の若手教官鷲尾猛先生は流暢な発音で学生を魅惑されているという評判であった．旧制第一高等学校の石川剛先生は厳格な授業振りで，内藤濯先生は一字一句もゆるがせにしない洗練された仏文和訳の授業でその名を知られていた．というのは，当時の暁星中学校は 1 学年 3 組で，学生数は 100 余り，フランス語で受験できる学校は官立高等学校が全国で 7 校しかなく，その他は外国語学校や仏文科のある一流私立大学の予科だけで，受験校がいちじるしく限られていたことから，先輩を通じてこうした評判がわれわれの耳に伝わったのである．早く教えを受けてみたい，あこがれの先生がたばかりであった．そして，記事を介して，諸先生と接する機会を持つことができるというのが，この雑誌の最大の魅力であった．

中学 4 年の時，私は杉田義雄先生の門をたたいて個人的にご指導を乞うた．同じころ，この雑誌の執筆陣が暁星中学校の校舎を借りて夜学を開かれたときには，直接教えを受けられるのがうれしさに，私も講習生に加わった．杉田先生から，正しいフランス文をつづるためには，文法にこだわるよりも中学 1・2 年程度の読本を徹底的に暗記しておくほうが効果的だ，いつもフランス語で考える習慣をつけることだ，と教えられたことは，50 年たった今でもよく覚えている．

私は旧制東京高等学校文科丙類(フランス語組)から東京帝国大学仏文科に進んだから，その後もこの雑誌を講読し続けた．そして，大学を卒業してから 6 年たって，私もまたこの雑誌に文法の原稿を送っては，あきのあるごとに掲載していただいた．1940 年 2 月号が「フランス文法覚書」の第 1 回で，それから戦争末期に刊行が一時中断されたことがあったが，1954 年 4 月号までで全部でちょうど 50 回掲載されたことになる．戦前はいわゆる純然たる語学雑誌で，戦後復刊当時はかなり程度の高い古文の解釈なども見られたが，それから次第に今日の体裁に移っていったのである．

今日では執筆陣も改まって，文法記事だけでなく，会話・映画・歴史・文学など，変化に富んだ編集が楽しい．軽妙な記事もあれば，多年にわたる研究をふまえた文学論もある．類義語の区別や語の用法をさりげなくに平易に説明しながら，筆者のなみなみならぬ語学力や真剣な研究の跡が窺える語学記事は，私にはことに興味が深い．actualités と「さえら」は昔からあったもので，これでひと月の間のフランス関係の知識はひととおり得られる．50 年来の愛読者として，この雑誌が今後いつまでもフランス愛好家のよき伴侶として発展し続けることを願ってやまない．

1975 年 1 月号

■役に立たない文法のはなし **10**

地名に意味を求めて

工藤　進
(明治学院大学)

　目黒に住み目白に通っていた人がいて，その人の定期券には，目黒―目白とあったのを笑ったことがありました．これはただ，黒と白との対比がおかしかったので，別にこの人が，毎日2つのお不動様の間を目を白黒させながら使い走りしているようだと思って笑ったわけではありません．

　地名には，少なくとも発生時においてある意味があったことは《地名の文法》で述べましたが，固有名詞はその性質上，他の名前と識別出来るものであるかぎり立派にその役目を果たすわけですから，普通名詞には必ず考えられる抽象化された概念，つまり意味というものに一向頓着せずにすむわけです．その結果，地名の本来の(語源的)意味が次第に忘れ去られるのは当然の成り行きで，その果ては，地名の中には誰もその元の意味を知らないというものまで現れてきます．

　このように名前と土地が直接的に結びついてしまった固有名詞と，《意味》を備え持ちながらそれを支える具体的な《物》を欠く抽象名詞とは，《名》，《概念》，《物》という普通名詞に考えられる3つの要素のうち一つを欠いているという点で相似ているのです．

　ここで乱暴な比喩を許してもらえるならば，ユダヤという民族の名称をもち，その思想，文化という意味・内容をもちながら，その民族と文化の基盤となるべき国土を持たなかったユダヤ民族は文法用語でたとえるならば抽象名詞的であると言えますし，国土があり多くの国民がいてもたいした文化を持たない国は，このたとえを使えば固有名詞的であると言えます．

　ところで母親を通して，この《抽象名詞的》ユダヤ民族に属していたプルーストが固有名詞，特に地名に関してかなり深い関心をもっていたということはなかなか面白く，意味深いものがあります．《失われた時を求めて》の中の，特に『ソドムとゴモラ』の巻では，ブリショ Brichot というソルボンヌの教授が，話者マルセルの興味を引いてやまないノルマンディやブルターニュの実際の地名やバルベック Balbec などという仮空の地名の語源を次から次へと解明してみせます．このブリショの語源学は時にはかなりの矛盾を見せたりしているのですが，これはむしろこの登場人物の背後の作者の，この方面に関する絶えざる蒐集とそれに伴う書き加えや書き直しを示すものと思われます．

　プルーストの語源学の知識がどのようなものであったかは，ブリショの語るそれぞれの説を，例えば『フランス地名辞典』(Dauzat-Rostaing 1963) などで引き合わせてみればある程度見当がつきますが，小説に盛り込むには少し場違いとも思えるこの語源の記述が，当時としては最新の知識に基づいたものであることは想像に難くありません．ところで話者マルセルにとって地名とはどのようなものなのでしょうか．《愛についての好奇心は土地の名前が私達に呼び起こす好奇心ににている．つまりいつも裏切られるのだが，それは再び生まれ相変わらず飽くことがない》 La curiosité amoureuse est comme celle qu'excitent en nous les noms de pays: toujours déçue, elle renaît et reste toujours insatiable. (『囚われの女』p. 151)

このような地名についての好奇心とは，文法的な言い方をすれば，«概念»を欠いたいわば言語的に不安定な状態の固有名詞に«意味»を与えて安定させようとする試みであると考えることが出来ます．この地名に«意味»を賦与するという試みのうち，最初に話者がしたことは，行ったこともない町を，その町の名前の語感だけで想像してみることでした．«私はパルムの町を，その名前の重い音節だけをたよりに想像してみていた» je l'imaginais seulement à l'aide de cette syllabe lourde du nom de Parme. (『スワン家の方へ』p. 463) これに続く Bayeux, Vitré, Lamballe, Coutances, Lannion, Questambert (sic), Pontorson, Benodet, Pont-Aven, Quimperlé といったノルマンディ，ブルターニュの地名についての詩的想像は，例えばランボーの母音の歌 Voyelles を思わせるものがあります．

この語感による想像が，リュジニャン Lusignan の蛇の妖精の話にみるような«土地の精»という観念に行きつくのにそう長い道のりはありません．«名前は，私達に実際の場所を指すと同時に(…)不可知のものを想わせるので，その双方を同一視せざるを得なくなる．その結果ある都市に存在するはずがないけれども，その(都市の)名前からもはや引き離すことが出来なくなってしまった一つの魂を私達はさがしに出かけるのである»(『ゲルマントの方』I, p. 12)

この魂とは固有名詞の精 fée であり，この妖精は«名前の底にひそんでいて，それを養っている私達の想像力に従って変貌する(…)しかしその名前が対応している実際の人物に私達が近づくと，その妖精はおとろえ(…)その人物から私達が遠ざかると復活するのだが，その人物のそばに私達がとどまっているとその妖精は決定的に死んでしまいそれと共に名前も死ぬ» (ibid. p. 12)

この語感にはじまり妖精に至る想像の動きは，昔，人が実際の土地との接触から，土地の凹凸あるいは水流を人格化しようとした心の動きと次の点で似ています．つまりいずれも地名と土地の間に«意味»，あるいは一つの関係をつくりだそうとしていることです．しかし例えばバルベックに行く前から，その教会などを強く想像していた話者にとって，実際にその町に«近づく»ことはその妖精を死なせる結果になるのであり，土地の精という時間と想像力の産物と，旅行あるいは接触などという土地を知るための理性的にして現実的な方法は当然お互いに反発しあうのです．この«土地の精»を殺すもう一つのものは，ブリショの口をかりて語られる地名の語源学ですが，この一見無力な学問も，地名の発生時の意味，現在は忘れ去られた意味を発掘することによって，地名の現在の«意味»の不在をふさぎ，地名という名詞としては不完全なものを補足しようとする魂胆を秘めたものなのです．しかしこの地名に«意味»を見出すための極めて合理的な方法も，語感，土地の精というような感性の産物とは所詮許容し合うことはなく，結局妖精は名前から放逐されてしまいます．«私は Fiquefleur, Honfleur, Flers, Barfleur, Harfleur などの名前の語尾にある fleur (花)をかわいらしいと思い，また Bricquebœuf の語尾の bœuf (牛)を面白いと思っていたが，ブリショから«fleur»は«港»(フィヨルド)という意味であり，«bœuf»はノルマンディ語で budh «小屋»という意味であると教わって以来，花も牛も消えてしまったのだ»(『ソドムとゴモラ』p. 497)

人名，例えば«ゲルマント»に対する話者の興味も，この地名の意味づけの試みとその展開に似た軌跡をたどっています．

1977年1月号

■これからフランス語を始める人々へ

メトロ・ブーロ・ドド
métro　　boulot　　dodo

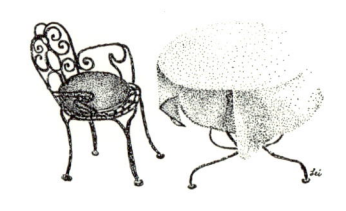

林田遼右
（立教大学）

「このように湯煎にかけることを，スペイン語ではバーニョ・マリア（マリア風呂）というのであった．火は強くてはいけない．鬆が入らないように，ごくとろく，優しく，それは，何故か，マリア風呂という感じとよく合っていた」

曾野綾子の『木枯しの庭』で主人公が茶碗蒸しを作るところの一節です．

スペイン語ってすてきだな．習ってみようかな，と思いました．

「バーニョ・マリア」という音と，「ごくとろく，優しく」という日本語が美しく響きあい，それに「マリア風呂」というイメージが重なり合い，未知の言語へのあこがれをかきたててくれます．

「たあいもない」とおっしゃるかもしれませんが，こうした感覚はとても大切だと思うのです．

私とフランス語とのつき合いも，たあいのないところから始まりました．

夜の丘の上に立って，下に点滅する家々の灯を眺めながら美しい女の人が言います．

「あれは私が生まれた町，メニールモンタンよ」

その女の人の名をギャランスといいました．ただそれだけのことなのに，映画館を出てきた時，「これは何が何でもフランス語をやらねばならない」と思いつめていました．その後パリへ行き，実際に Ménilmontant を歩いてみました．どうということもない町でしたが，今でもメニールモンタンと一人つぶやいてみると，自分の中にある何かが震えるような気がします．

ギャランスという名がなぜ美しく，メニールモンタンという町の名がどうしてこうもなつかしい響きを持っているのか説明はつきません．

しかし私にとって，フランス語を始める動機としてはそれだけで十分だったのです．

新しい外国語を覚えたいと考えている人は大勢います．しかし少なからぬ人が，外国語の習得は難しく，才能のある人にのみ可能であると考えています．

麻雀とかゴルフ，楽器の演奏とか習字など，人生の楽しみとみなされているものにも，習得にはそれなりの時間と努力が必要です．

いささかの苦しみは，楽しみを強めるための薬味なのですね．

フランス語だって同じことです．これぞ人生の楽しみの一つなのです．何も「なぜフランス語をやるのか」と深刻ぶることはないのです．山と同じように「そこにあるから」登ってみればいい．登ってみれば，心ときめく瞬間もきっとあるはず．そうでなくては人生はつまりません．

意外性に賭ける，あるいは意外性を求める——旅の楽しさはそこにあります．

とてもつき合いきれないと思っていたワグナーの音楽にある日急に感激する，一生無縁と考えていた邦楽が急に好ましく感じられる．人生は可能性と意外性に満ちています．問題はこうした貴重な出会いを逃がさないように，常に感覚を磨いておき，感受性をみずみずしくしておくか否かです．

外国語習得にコツがあるとすれば，これが唯一のコツではないでしょうか．

バン・マリー（フランス語で湯煎のこと）という音に興味を持つか，バーニョ・マリアという音をすてきだと感じるか，あるいは何も感じないか，それは各人の感覚の問題ですが，いずれにせよ，そうした音なりイメージなりがとびこんできた時に，すばやく反応するだけのアンテナだけは張っておきたいものです．

『フレンチ・コネクション II』というアメリカ映画を見た時のことです．

導入部で，アメリカからマルセイユにやってきた刑事がタクシーを降ります．タクシーのドアとその刑事の背中には，切り紙の魚が張ってあります．警察署の前はマグロの山．麻薬がマグロの腹にかくされているという情報で，警官たちが，抗議する漁師たちをしり目に片っぱしからマグロの腹をさいて，あたり一面血の海．

タクシーを降りるあたりから，私のレーダーは何かを捕えてピクピクしていたのですが，マグロの山のシーンで焦点がぴたりと合い，思わず笑ってしまいました．エープリル・フールのたちの悪い冗談にマルセイユ警察がひっかかってしまったのでした．

フランスでは「四月馬鹿」のことを，Poisson d'avril（四月の魚）というので，そこからきた洒落だったのですね．この表現は何となく記憶には残っていたものの，たとえ映画という絵空事にせよ現実の場面として，具体的な形で見たのは初めてだったので，私は人よりもはるかにこの映画を楽しむことができたと思っています．これは私がいつでもフランス人の生活や風俗習慣に対して興味を持っていたせいではないでしょうか．

フランスに初めて行った時，フランス人が犬に向かって，「おすわり」とフランス語で言っているのを聞き，そして犬がその命令を理解しているのを見てショックを受けました．「あ，代名動詞の命令形だ．2人称単数だ」というのが私の最初の反応だったからです．しかしショックのおかげで「犬でさえ理解できる言葉が難しいわけがない」という悟り(?)に達することができました．

私は疲れると時々，「メトロ・ブーロ・ドド」métro, boulot, dodo という韻を踏んだ文句をつぶやきます．「メトロに乗って，仕事に行って，あとは寝るだけ」という意味です．何とつまらない生活でしょう．

フランス語という驚きに満ちた新しい世界がここにあります．何も単語と文法だけがフランス語の世界ではありません．

あなたはアンテナさえ張っておけばいいのです．そのアンテナというか，レーダーに最初に捕えられるのが，フランス語の《音》だといいなとは思いますが，それは好きなスターでもよし，ぶどう酒でもよし，要するに，メトロ・ブーロ・ドドの世界に，何か新しいものが飛びこんできさえすればいいのですね．

マリア風呂的生活よ，さようならというわけです．

1977年4月号

ミシェル・フーコー　コレージュ・ド・フランスの

小池健男（筑波大学）

　1975年1月8日の夕刻17時15分，人の流れについてコレージュ・ド・フランスの8番教室にはいっていくと，座席数500はあろうかと思われる広い教室が，すでにほぼ満席の状態だった．第1回の講義が始まるまでまだたっぷり30分はあろうというのに，これはなかなかたいした人気だなと感心しながら空席を探して，どうやらうしろの方の席に腰を落ち着けることができた．聴衆はなおも続々と詰めかけ，またたく間に通路までびっしり人がすわりこみ，窓にも腰かけた学生が鈴なりというありさまになったが，なおよく見ると驚いたことに前方の講義机のまわりまで若い連中がすき間なく床に腰をおろしているのである．念のために言うが，「…のまわりまで」ということは，教授用の椅子の両わきはもちろんのこと，そのうしろまで，つまり椅子と黒板の間にまですわりこんでいるということであり，要するにすわれるところにはぜんぶすわっているということである．さらに驚きを禁じえなかったのは，かなり広い講義机の上にカセットテープレコーダーが所せましと並べられていたことであって，これはいずれもまわりにすわりこんでいる連中が持ちこんだものであることが様子からわかった．教室内は暖房に加えて人いきれで熱気むんむん，私の席は幸い窓ぎわだったために，細めに開けた窓からの1月の冷い外気に救われる思いをした記憶がある．

　フーコーは定刻の17時45分きっかりに黒板横の入口から颯爽と姿をあらわし，すわりこんだ若者たちをかき分けて席に着いた．颯爽というのは単なる修辞ではない．長身で姿勢がよく，年齢は50歳前後，髪の毛はほとんどないが血色もいいし，いかにも精力的という感じなのである．着席するなりセビロの上着を脱ぎ捨て，黄色のハイネック姿で開講の辞を述べ始めたが，マイクの音量が気になるとみえ，自分で机の下のアンプを調整して聴衆にこれぐらいでどうかなどと問いかけたり，聴衆もそれでOKなどと応ずるあたり，雰囲気はのっけから教授と聴衆の呼吸がぴったり合っているという感じである．

　講義のテーマはLes anormaux つまり規準から外れた者についてであり，具体的にはレプラ患者，乞食，貧窮者，精神病者，同性愛者など，人から嫌われながらも昔は一応一般社会の中でふつうの人間と共存を許されていた者が，政府の権力によってしだいに社会から分離され，排除され，やがては完全に隔

コレージュ・ド・フランス

離されるに至った歴史的経過を，実例にもとづいて論述するもので，このテーマは7年まえのフーコー来日の折りのFM放送「狂気と社会」を録音して繰りかえしきいたことのある私には，共通点もあって比較的わかりやすいように思われた．フーコーといえば難解の代名詞みたいなものだが，それは著書に関してのことであって，講演や講義のさいにはそれほどむずかしいことを言うわけではないというのがFM放送を通じての私の予測だったが，この予測はだいたい当たったように思う．フーコーの発声はきわめて力強く歯切れがよく，話はよどみなく進むがけっして早口というわけではないし，ときどき冗談を交じえて聴衆を笑わせたりするなど，こうした席でのフーコーはまことにサービス精神旺盛である．

講義の半ばにひとりの若者が講義机のそばから立ちあがってカセットの交換をしようとした．それをきっかけにカセット組が一斉に立ちあがったが，フーコーは笑顔でうなずき講義を中断，全員のカセット交換がすむのを待って，さあこれでよしと講義を再開するというぐあいで，まるで気心の知れた者どうしの集会といった気分である．私はすっかりこの雰囲気になじんで，難解な哲学者の講義をききにきたのだという固苦しさから完全に解放されることができた．それに写真で知っていたのとそっくりなフーコーの容貌，みごとな禿げ頭，ぎょろ目，不敵な微笑をたたえた面魂にはどことなく怪物的なおもむきがただよっていて，眺めているだけでも飽きないほどのおもしろみがある．

第1回の講義に大いに気をよくした私は，2回めからは開講1時間まえに行って前の方に席を占めることにした．つごうのいいことに，そのころ近くの音声学研究所に通っていたこともあって，帰りがけにゆっくり歩いてくると，ちょうど1時間まえに到着できるのである．おかげでそれからはかなり前の方の席でライヴ版フーコーをじっくりと聴講することができた．実を言えば私は，むずかしいことはもともときらいなほうだし，かつてパリでパンのように売れたという『言葉と物』を理解することからはるかに遠く，パリの読者層のレベルの高さにただただ感心するばかりだったのだから，フーコーの講義に継続して出席するつもりはなく，ただこの著名な学者の講義をのぞいてみようという程度の好奇心から出かけて行ったのだったが，第一印象がたいへんよかったのと，時間と距離の好条件に恵まれたために結局最後まで続けて出席する気になったのである．最後までといって

も，この講義は4月の第1週で終わったから全部で3か月，回数にして10回余りである．表面的にはフーコーは，「1年を3か月で暮らすいい男」ということになるが，その著作に引用されている厖大な資料を見れば，あとの9か月の研鑽のすさまじさが偲ばれるのである．

　私はここでフーコーの講義のすべてを御紹介しようと思っているわけではない．ましてフーコー論を展開しようと企てているわけでもない．ただコレージュ・ド・フランスの講義の一端を見聞録の形で御報告しようとしているだけなのだということをおことわりしておく．一般に連続講義というものは，しだいに聴講者の数が減っていくものだが，フーコーの講義の場合は聴講者の数はいっこうに減らなかった．ただ年配者の姿がしだいに目につかなくなったが，これは30分以上もまえに行っていなければ座席がないという状態が続いては無理もあるまい．聴講者はしたがってほとんどが若者ということになる．

　あるときの講義のテーマは，「19世紀の怪物について」であった．「19世紀の怪物とは何か？それは法である．法という怪物である．人間の姿をした怪物，日常生活のなかの怪物，それは法である．学校や教区など，それが怪物なのである．規則のなかに，制度のなかに，社会のなかに怪物が住んでいるのだ．君主制と教会という2つの頭を持った怪物が人間を支配してきたのだ」かたずをのんで熱心にきき入る若者たち，一心にメモをとる者もある．フーコーの講義が若い世代の心を強くとらえるのは，こうした反体制，反権力の姿勢なのであろう，と私は私なりにそう納得するのだった．しかしフーコーは用心深いのか，研究をそこまで進めていないのか，批判の対象は，読んだり聞いたりしたかぎりでは19世紀までであって，直接現体制を批判することはない．それに歴史的経過を述べたあと，結論として怪物退治の具体策を示すことはなく，「だからこうせよ」とも，「行動に移れ」とも呼びかけることはしない．かつてコレージュ・ド・フランス就任後の開講講義の際には (1970)，付近一帯に機動隊が出動して警戒にあたったそうだが，75年にはそうした緊迫した気配はまったくなく，むしろきわめて和やかな雰囲気であった．

　またあるときフーコーはマステュルバスィョンについて，そして特に教会と両親によるその禁止について，正味1時間熱弁をふるった．フランスの最高学府でこうした問題が真正面から大まじめで採りあげられるであろうとは，私のまったく予想しなかったことだったので，ほんとうに驚いたが，これは私がかなりオクレているからなのであろう．「昔はマステュルバスィョンの害を予防するために，親や監督者は寝るときに子供の手をベッドの柱に結びつけたり，自分の手に結びつけたりしたのだった」フーコーのセクシュアリテ談義には，当然のことながら陰湿なところはまったくない．きいている若者たちも昔の人間の偏見の他愛なさが披露されるたびに哄笑をもって応ずるのだった．

　もう一つの見聞を話しておきたい．聴衆の若者たちは多くはGパンにセーターといったごくあたりまえのスタイルだったが，一度だけ整った顔そして明らかに男性とわかる顔に化粧をほどこした粋な身なりの若者が，ことさら人目をひくように空席を探しまわる姿を目撃して妙な印象を受けたことがある．その日フーコーはアノルマリテ・セクシュエルの一例として hermaphrodite について語ったが，私のほうもルーヴル美術館で有名なヴィーナス像のうしろにひっそりと横たわる Hermaphrodite Borghèse を見てその異様ななまめかしさにいたく感じ入ったばかりで

あったので，私の記憶のなかではフーコーの怪物じみた風貌に，それとは本来無関係なはずのルーヴルの Hermaphrodite と 8 番教室の hermaphrodite の容姿が二重に焼きついてしまっていまだに消えないのである．フランスにはほんとにヘンなものがあるし，またほんとにすばらしいものがある．そしてそこがまた私にはたまらなくおもしろくも感じられるのである．

早い話がコレージュ・ド・フランスにしても，その名の示すとおりこれは大学であるが，そしてかつてはヴァレリ，ベルクソン，メルロ=ポンティなどを擁し，現在はレモン・アロン，レヴィ=ストロース，ジョルジュ・ブランなどを擁するフランスの最高学府であるが，この大学には学生と名のつく者はひとりもいない．そのかわり完全に「開かれた」大学なのでだれでも自由に聴講できるし，おまけに聴講料はまったくのタダである．ソルボヌの hautes études のコースもタダなので感心したものだが，少なくとも inscription は必要だった．しかしコレージュ・ド・フランスのほうはそれさえも不要だった．そのかわり卒業証書はもとより何の資格もくれない．就職のめんどうなんかみてくれるはずもない．無責任といえばまったく無責任な，ぜいたくといえばまったくぜいたくな大学だが，このヘンな大学はフランソワ 1 世の創設以来 450 年の歴史と伝統を誇るすばらしい大学でもあるわけで，現在は文部省の直轄である．こういうヘンな，そしてすばらしい大学を，数世紀にわたって維持し続けてきたフランスという国，フランス人という人種を私はほんとうにおもしろいと思うのである．

1975 年の半ばごろ，フーコーは *Surveiller et punir* という著書を出したが，おそらくこのなかに私のきいた講義の内容が盛られているのであろうと思いながら，忙しさにかまけてのぞいてみることさえ怠っていたところ，今年の 9 月下旬に早くも田村俶氏による邦訳が刊行された．（邦訳では副題の「監獄の誕生」が題名）これ幸いと急いで目を通したところ，これまでの著書と比べるとかなり読みやすい．過去数世紀の有名無名の犯罪者の処罰や処刑の方法にあらわれた人間の考え方の変遷が明らかにされているが，そこには事実のみの持つ重味と迫力があって興味の尽きることがない．

しかし私の予想は必ずしも当たらなかった．私のきいた講義の内容は，この著書に盛られている点もあるが，むしろフーコーが現在準備中の *Histoire de la sexualité* 全 5 巻の一部であるように思われる．この著書の序文に相当する部分はすでに雑誌に発表され，渡辺守章氏によるその邦訳も「海」（今年 3 月号）に掲載されていて，カトリック教会の編み出した告解という「怪物」に対するフーコーの鋭い分析を読むことができる．フーコーの écriture と取り組むたびに，Ce qui n'est pas clair n'est pas français. とは空文かと思いたくなる私だが，この序文から察するかぎりでは，*Histoire de la sexualité* には *Surveiller et punir* と同じような，事実にもとづく迫力と興味を期待してもよさそうである．

私がこの話を書きはじめたころ，新聞は 10 月初旬のフーコーの久しぶりの来日予定を報じて私を喜ばせた．ところが残念なことに翌日の新聞は病気によるその延期を報じた．詳しい事情は今のところ私にはわからない．同じく新聞によれば来年の 1, 2 月ごろの来日が検討されているとのことだが，思えば私がかつて講義をきいたのもちょうどそのころの寒い時期だった．フーコーが健康を回復し，来日が予定どおり実現されることを切に願ってやまない．

1977 年 12 月号

一冊の本

ギ・ド・モーパッサン『ベラミ』

津島佑子

　本との出会いということひとつを考えてみても，兄弟姉妹の影響は，やはりどうしても侮ることはできない．

　私はごく普通の，特別に文学の世界に興味を覚えたこともない中学生だった，と自分では思うのだが，5歳年上の姉が読んでいるものだけは気になって仕方がなかった．小学生の時にも，姉が『嵐が丘』のヒースクリフに夢中になっているのを見て，私も猿真似でヒースクリフの大ファンになってしまった．

　その姉が，今度は『ベラミ』という小説を熱心に読みはじめた．家にもともとあった本だったのだろうが，紙の質が悪いために，びっくりするような厚さの本で，色のついた口絵もあった．縮れた赤い口髭の，女性的な青年が描かれていた．あまり，私の趣味には合わない青年だと思ったが，それまで私が知らなかった，ある種の陽気な雰囲気が，そこにはあった．なるほど，こういう青年に，姉は今，気持を奪われているのか，と思い，以前のヒースクリフとはあまりにもイメージが違うので，かえって好奇心が猛然と湧いてしまった．

　そう，私にとって，『ベラミ』の第一印象は実に，奇妙なものだった．いかにもフランス風の軽いタッチの，美しい絵．そして，意味不明の題名．なんだか，その本には妙に心をそそるものがあった．

　『ベラミ』を読んでいる最中の姉に，題名の意味を聞いたことがあった．美しい友，きれいな恋人，とか，そんな意味よ，と姉は教えてくれた．そして，冷ややかに笑いだして，でも，これはあなたにはまだ早いわよ，あなたは『赤毛のアン』でも読んでいればいいの，と付け足した．そんなことを言われれば，誰だって読みたくなる．私は姉が読み終えるのを待ち続け，とうとうその日が来ると，姉には見つからないように，せっせと読みはじめた．

　というわけで，自分ではなにも意識していなかったのだが，この『ベラミ』が，私のはじめて読んだ，子ども向けのものではない，本格的なフランス文学となった，という次第である．長さの点でも，私にとっては，前代未聞の長編小説だったのではないだろうか．（『嵐が丘』は，まだ自分では読むことができずにいた．）

　それまで私は，学校教育のおかげで，芥川龍之介や，志賀直哉などの小説，あるいは『赤毛のアン』や岩波少年文庫ぐらいしか知らず，従って，小説というものの面白さもよく分からずにいたのだが，『ベラミ』をはじめて読み，決して，学校の先生や親からは喜ばれそうにない分野にこそ，小説の面白さが

秘められている事実に気づいた．それほど，『ベラミ』に夢中になってしまったのである．

それから，『女の一生』や『赤と黒』『ナナ』，『マノン・レスコー』と読みはじめたのだから，『ベラミ』と中学一年で出会ったことは，私にとって，忘れることのできない貴重な体験だった，と思う．つまり，大仰に言えば，『ベラミ』を境に，平凡な一中学生が，"快楽の喜び"を知ってしまったのである．

なにしろ，白紙の状態で『ベラミ』を読み，女たらしの主人公の生き方から考えても，大人には，この本のことは言わない方がよさそうだと考え，学校でも家でも口をつぐんでいて，そのまま，後を振り向くこともなく，高校生になり，大学生になってしまったので，ごく最近まで，『ベラミ』がモーパッサンの代表的な作品であることも，小説を読む人間なら誰でも知っているような，有名な小説であることも，知らずに過ごしていた．最近，岩波文庫に『ベラミ』が"公然"と入っているのを見つけて，すっかり驚いてしまったのである．

思いこみも恐ろしいもので，あの大昔に読んだことのある『ベラミ』は，人に言えば恥になるような，いかがわしい種類の本なのだ，とばかり思いこんでいたのだ．

さて，内容に関しては，口絵の優男の絵と，その主人公の青年が実にあくどい女たらしだった，ということぐらいしか覚えていなかった．

岩波文庫に思いがけなくも発見したので，早速，買い求め，なつかしさにわくわくしながら読みはじめてみると，冒頭の場面に，かつて自分が，どんなに気持を弾ませて，同じ場面に見入っていたか，思い出さずにはいられなかった．なんという小説らしいはじまり方だろう，と感動したし，ジョルジュ・デュロワという，主人公の，ややこしいフランスの名前に感動していた．その主人公が，そり身になり，口髭をひねり，レストランの客を素早く見渡す．「例の美貌に自信のある独身者の視線を」と書いてある．ここで，私は再び，背筋が寒くなるような感動を味わっていた．

もう少し読み進んでいくと，今度は，「この男は確かに通俗小説に出て来る色魔にそっくりだった」という文章が出て来る．色魔という言葉に，またどきどきする．

一体，どこまで当時の私に，この小説に書いてあることを理解できていたのか，今の私には見当もつかない．デュロワを愛し，その娘をデュロワによって奪われ，自分は捨てられた，信心深い社長夫人の苦しみなど，きれいさっぱり忘れていた．いちばん重要な女の人物であるはずなのに．たぶん，デュロワがこの夫人を心の底から嫌っているので，私も単純に，変な中年女だなあ，ということぐらいしか，考えなかったのかもしれない．

デュロワの取柄は，美貌だけである．あるいは，その美貌を武器にすることを知っていることだけである．そして，反省するということは一切せずに，女を利用することで成り上がっていく．善悪の区別もない．この男にとっての真実は，快楽だけである．金があり，美しい女がいて，名誉もあること．

この美貌の友が，誰からも罰せられることなく，調子良く，好運を摑み続けていく強さ．中学一年の私が熱中したのも，たぶん，この善悪のない，無邪気な，単純な生き方だったのかもしれない．物事の善悪ばかり云々する大人たちに，うんざりしきっていたのである．今でも，それはさほど変わりない．

1979年2月号

■一冊の本

啓示としての Proust

辻　邦生

　私が "A la recherche du temps perdu" の Pléiade 版三冊を買って本格的に Proust の世界に没頭したのは，1959年の終わり，夏の Grèce 旅行の感銘がなお心に深くこだましている頃であった．

　私の学生時代にはまだ部分訳しかなかったし，膨大な長編を原語で読み通す力もなかったので，Proust の小説は評論などによって辛うじて推測するまぼろしの世界であった．それに種々の理由から Proust も Rilke もさして私の関心を惹かなかった．この二人がいなかったなら，果たして自分の世界を創りえたろうかと，のちになって思うほど，強い影響を受けているだけに，当初のこの無関心な態度は異様である．いまにして思えば，当時流行した日本の Proust 理解，Rilke 理解には私を反発させるものがあったのであろう．France に出かけるまで私はそうしたものにさえぎられて十分二人の世界に近づくことができなかったのである．

　ともあれ私は Grèce で美が何であるかを啓示された．滅びの上に立ちはだかるように見えた Parthénon 神殿の永遠の思念に似た姿は，その後の私の歩みの方向を指し示すように思われた．事実，秋に Paris に戻ってから，私の読書傾向に幾分の変化が生じた．

　それまで私の関心は何よりもまず「美とは何か」に向けられていた．Hegel も Nietzche も Lévy-Bruhl もそうした関心のなかで読まれた．私はまず美の意味を明らかにし，そ れに基礎づけられた小説論を書くのを当面の目的にしていた．小説を読む場合にも，心のどこかではこうした意識が目覚めていた．旧制高校の頃，ロシア文学に熱中したようには小説を読むことができなくなっていた．

　Parthénon の神殿はこうした私を一挙に覆したのだった．気がついてみると，私は「美」の光のなかに包まれていた．もはや「美」について理屈をこねる必要もなかった．「美」の意味を問う気にもならなかった．それはまさしくそこに存在し，私はそのなかに疑いようのない形で生きていたのであった．

　たしかにそれはあまりに多くのことを一挙に啓示してくれたので，私はそれを一々言葉で説明することはできなかった．説明はできなかったけれど，それが確実に私の身体のなかに入りこんでいることは，実感としてよくわかった．森有正氏の言うように私はそれをゆっくり解読してゆけばよかった．あとはただひたすらな忍耐だけだ――パリに戻った当時，私はそんなふうに考えていた．

　それまで物に憑かれたようにあえぎあえぎ暮らしていた私は，急に時間がゆっくり流れ出したように感じた．セーヌの流れで魚を釣る人をいつまでも眺めている自分に気づくようになった．私はつねに「美」に満たされていた．Parhénon の神殿からは遙かに遠ざかったけれども，私は，それが保つ「美」の sphère のなかに生きていた．それは一種の晴れやかな心の高揚感であって，そのなかにいると「死がたとえその瞬間私を襲おうとも，私はそんなことに無関心であり，そんなことはむしろありえないように思われた」La mort eût dû me frapper en ce moment que cela m'eût paru indifférent ou plutôt impossible. といった気持になるのであった．私はただひたすら自分の「好み」のなかに没頭していて，他のことに気が散ることがなか

った．私は「美」による浄福感が死を越えるほど強いということを，その頃はじめて実感することができた．

私がまがりなりにも Proust の大作に没入でき，くる日もくる日も，ある種の歓喜の思いに貫かれて読みつづけることができたのは，パリという落着いた都市の雰囲気のほかに，私のなかにこうした心の姿勢が生まれていたからではなかったかと思う．

Proust の文章のつくりだす透明甘美な影の揺らぎを何にたとえたらよいかわからない．私は Stermaria とか Saint-Loup とか Swann などの名前には透明な青を感じるし，Bergot や La Berma や Balbec などには暖かい緑，Norpois には黄，Rachel には深紅，Villeparisis には菫，Gilberte, Guermantes には紫羊皮紙の上に書かれた黄金の字体を感じ，そうした固有名詞に触れるだけで，身体が慄えてくるような喜びを味わった．

Stermaria と Bois de Boulogne を歩く主人公のまわりには，何か明るい桃の花盛りの下を歩いてゆくような幸福感が漂っていて，それがただ文章の波から生まれているのを改めて知って，私は思わず息を呑むのであった．

もちろん madeleine の味の記憶から喚び起される Combray の浄福に満ちた夏の生活をはじめ，感覚のなかに封じ込まれた永遠の〈美の瞬間〉の精緻な描写と考察も私の心を捉えつづけたが，それ以上に私を感動させたのは，主人公が小説を書くことができず，ついに文学的試みを放棄しようとする瞬間，突然，閃光のように「美」を啓示されるという一種の文学的再生物語としての側面だった．それはながいことこの小説の主人公と同じように小説を書くことの不可能のなかに閉じ込められていた私には，到底他人ごととして読むことはできなかった．Proust が迷い，不可能を感じ，それを切りひらいていったプロセスこそ，切実に自分の問いかけと重なっているのだという兄弟的な共感が，やがてこの作家の文学探究の道を深く知りたいという激しい気持へと私を駆りたてた．

Proust が "Jean Santeuil" を放棄してから，Ruskin の翻訳と研究を経て "Contre Sainte-Beuve" にいたるプロセスはそのまま "A la recherche du temps perdu" のなかに本質化して示されている．それは一口で言えば「個物」によって観念を表す方法——芸術家はこういう表現手段をとるのだが——を〈限定された観念〉と見る制約的な見方を乗り越えて，かかる表現方法の象徴性を深く理解してゆく道程，と言っていいであろう．「個物」を制約と見る次元から，象徴と感じる次元への乗り越えは，Parthénon 神殿を見た瞬間，私のなかで，閃光のような体験として摑まれていたが，そのことを，Proust の理解が深まるにつれて，遡行的に読みだしてゆくという形で自分のものにしていったのだった．

1960 年 4 月 5 日の夕方，Pont des arts の上で「私の世界」という啓示的な世界理解に達し，二日後，Bibliothèque nationale で "le côté de Guermantes" を読んでいる最中，Hannibal という言葉にぶつかり，それが前々年 Nice で過した夏の日を突然喚び起し，初期の短編『城』を衝動的に書かせるようになったプロセスについては『パリの手記』その他に詳しく書いたが，その根底には，直接的には，この "A la recherche du temps perdu" が横たわっているのである．

それは私にとって再生の書であり，覚醒の書であった．私が恩師渡辺一夫先生を慕って仏文科に学んだのは，思えばこうした文学的ドラマを仕組んだ運命に従うためであったのかと当時しばしば感慨に打たれたものであった．

1979年4月号

■一冊の本

サン=テグジュペリ『人間の土地』

加賀乙彦

飛行士でありながら小説を書き，飛行士であり続け，飛行士として死んでいった人．作品にはいつも飛行の感覚があり，地上にへばりついて空を見上げることしか知らぬ私など"地を這う者"の思いもよらぬ視点からサン=テグジュペリの世界がひろがっている．

かつて私が精神医学者として，『死刑囚と無期囚の犯罪学的および精神病理学的論文』という長々しい題のこれまた長々しい内容の学術論文をフランス語で書いたとき，そのエピグラフに用いたのが，『人間の土地』の一節であった．遭難して砂漠に降り立った飛行士が，自分を死刑囚になぞらえての想いが，私が当時実際の死刑囚から見出した事実と見事に響き合っていた．

渇ききった遭難者は一個のオレンジを発見した．焚火の火明りでオレンジを見ながら彼は想う．

　いま初めて死刑囚の，あの一杯のラム酒と，一本の煙草の意味が了解された．僕には，死刑囚が，どうしてあんな些細なものを受取るのか，解らなかったのだ．ところが，彼は，実際それから多くの快楽を享けるのだ．彼がもし，微笑でもすると，人はこの死刑囚に勇気があると思い込む．ところが彼は，ラム酒がうまいので，微笑するのだ．他人には解らないのだ，彼が遠近法を変えて，その最後の時間を人間の生活となした事が．（堀口大學訳）

サン=テグジュペリの小説を次々に読んだのは，私が東京拘置所の医官をしている頃だった．そのことは，当時読んだ本の末尾に日付を入れる習慣があったので古い本を取り出してみて確かめられた．

小菅の拘置所は，夜，水銀燈で白く輝きわたる．フランスでシャトオやカテドラルを照らし出し，夜空にくっきりと建物を見せる演出に似た，この白い光は，しかし囚人の逃走を監視するための措置であった．

宿直の日，私は，サン=テグジュペリの諸作を持ちこみ，囚人たちの寝息がコンクリートの厚壁に吸収されたあとの，いつわりの静寂の中で読みすすんだものだった．ときたま，急患や雑務で読書が中断されたけれども，昼間の多忙な医師の働きとは違い，読書にははかがいった．

何がそんなに私をひきつけたのか．文章，思索，飛行士の生活，地上の俯瞰，いや何よりも一つの職業に専心する人の姿が私を魅惑したのだ．小説とは男女の交流，ごくありふれた日常生活，誰でも親しめる街，そういった材料や背景によって書かれると思っていた私の思い込みを，サン=テグジュペリは引っ繰り返した．機械の操縦という特殊な技術を

持つ人の，特殊な心情のなかに現代人の孤独な思惟があることを，彼は勇敢に，堂々と示してくれた．

職業人であることは現代人の宿命である．生産と商売の時代に働く人々は，さまざまな専門の技術を身につけている．ちょっと畑が違えば，おたがいに相手の関心事に入っていけない．自分が最も大事にしている事柄が，他人には何の価値もなく，ましてそれを語っても何の関心をも呼び覚まさない．現代人の孤独はそこにある．

サン゠テグジュペリは，それを逆手にとった．最も特殊で，他人にはうかがい知りえない職業人の心事が，それが特殊であるためにこそ普遍となりうることを，積極的に書いて示した．

この表現法は，当時，まだ小説家になろうと定かには意識していなかった私を，何がしかの力で動かした．私は精神医という**特殊な職業**をえらび，しかも監獄という世人の日常生活の埒外で働いていた．自分のやっていることが，もしかすると，その特殊性の故に普遍性を持ちうるのではないか，とどこかで私は考えたようだ．むろん，その頃の私には予感の程度にすぎなかったけれども．

しかし，それから十年経って，最初の長編『フランドルの冬』を書いたとき，私は職業人を描くという明白な意図を抱き，事実，筆を進めながらサン゠テグジュペリをしばしば思い出していた．飛行士が地球より飛翔するとすれば，精神医は地中の闇を掘る，彼が空間を拡大するとすれば，我は時間を遡る，そんな対比が私を励ました．

職業人の世界を日本の近代小説はほとんど描いていなかった．作中に登場する男たちは，各種の職業につきながら，まるで職業などもたないかのように書かれている．小説家は人物の家庭の内幕やら恋愛関係には熱心に筆を用いるくせに，彼が職場でどんな仕事をし，どんなことに悩んでいるかには筆を抑えていた．抑えていたというより，知らないから書けなかったというのが実情であった．

小説にあらわれる職業人は，こうして一種の決りきった型を繰り返すことになった．冷ややかで理知的な医者，数値に明るく計算ずくめの技術家，愚直で一本気の軍人，世故にたけ腹黒い政治家，そんな類型的人物ばかりが小説に，あきれるほど繰り返し現れた．たまに職業人を描いて，おやと思わせるのは，小説家が小説家を描いた私小説であって，日本の私小説が，批評家の悪罵を浴びながらも生き残っているのは，それが逆説的に現代の職業人を表現しているからだ．

サン゠テグジュペリのいくつかの小説のなかで私が好きなのは『夜間飛行』や『南方郵便機』だが，完成度において際立っているのは『人間の土地』だと思う．たまたま拘置所で死刑囚たちに会い，死に対する人間のいろいろな姿勢に感銘を受けながら思索へとむかっていた私は，この小説で自分のもやもやと霞んでいた思いが晴れわたったような気がした．

大切なことは死に対するヘロイズムであって，これなくして人生には緊張も行動もおこらない．そこには作者のモラルが一本ぴんと通っている．人間はいかに生くべきかという問に対して，小説家が全力を振って立ち向っている．小説家はモラリストであらねばならぬことを，またモラルによって強く貫かれた小説でなければ，文学は無意味であることを，サン゠テグジュペリは教えてくれたのである．

1979年9月号

映画シナリオ

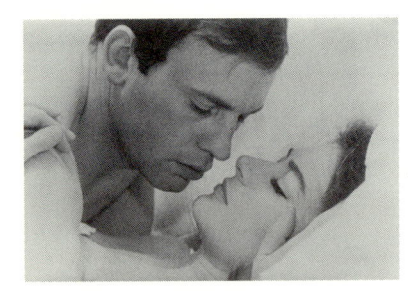

『男と女』 1966年

原題：Un homme et une femme
監督：クロード・ルルーシュ
出演：ジャン=ルイ・トランティニャン，アヌーク・エメ

Jean-Louis : Dimanche prochain, je retourne à Deauville...
ジャン=ルイ：今度の日曜にまたドーヴィルへ行くんですが...

(1966年11月号)

『昼顔』 1967年

原題：Belle de jour
監督：ルイス・ブニュエル
出演：カトリーヌ・ドヌーヴ，ミシェル・ピコリ

Séverine : Ça ne te suffit pas que je vienne ici tous les jours ?
セヴリーヌ：私が毎日ここへ来るだけじゃ足りないっていうの？

(1967年10月号)

『個人教授』 1968年

原題：La leçon particulière
監督：ミシェル・ボワロン
出演：ナタリー・ドロン，ルノー・ベルレー

Frédérique : A votre âge, tout le monde fait des bêtises.
フレデリック：あんたぐらいの年じゃ，みんなへまをするものよ．

(1969年4月号)

『リスボン特急』 1972年

原題：Un Flic
監督：ジャン=ピエール・メルヴィル
出演：アラン・ドロン，カトリーヌ・ドヌーヴ

Coleman : Oui, où ça ? On y va et j'vous rappelle...
コルマン：うん，どこだ？　現場へ行ってあとで電話する...

(1973年1月号)

『白い恋人たち』 1968 年
原題：13 jours en France
監督：クロード・ルルーシュ
音楽：フランシス・レイ

Je sais bien ce que tu ressens
Et ce sentiment de victoire

ぼくは知っている，きみが何を感じているか
そしてあの，勝利の感情も

Chanson de Killy / キリーの歌

(1969 年 1 月号)

『暗黒街のふたり』 1973 年
原題：Deux hommes dans la ville
監督：ジョゼ・ジョヴァンニ
出演：アラン・ドロン，ジャン・ギャバン

Gino : J'ai décidé de faire une croix sur mon passé.

ジノ：俺は昔のこととはきっぱり手を切る決心をしたんだ．

(1974 年 5 月号)

『ルシアンの青春』 1974 年
原題：Lacombe Lucien
監督：ルイ・マル
出演：ピエール・ブレーズ，オーロール・クレマン

France : Lucien, J'en ai marre, J'en ai marre d'être juive...

フランス：ルシアン，私もうユダヤ人でいるのはたくさんよ...

(1975 年 2 月号)

『夕なぎ』 1972 年
原題：César et Rosalie
監督：クロード・ソーテ
出演：イヴ・モンタン，ロミー・シュナイダー

César : On va être trois malheureux...

セザール：このままでは 3 人とも不幸になってしまう...

(1976 年 2 月号)

後 記

　2005年は『ふらんす』創刊80周年にあたります．本書は，その足跡を1925年から1970年代末までの記事を通してたどり，フランス語・フランス文化とともに歩んできた雑誌の歴史を記録すべく編んだものです．初めての読者にも親しみやすいよう，読み切りエッセイ・論考中心の編集を方針としたため，大きな柱である連載語学記事は収録を見送ったことをお断りいたします．記事のほとんどは，当時の紙面をそのまま写真画像として走査し，活字のつぶれなど読みにくい箇所をコンピュータ上で修正しながら復刻いたしました．一部不鮮明なページがありますが，これは元本の状態が非常に悪く，画像上での修正が及ばなかったものです．ご寛恕のほどをお願いいたします．

　戦災のため，社に残されたバックナンバーには少なからぬ欠号がありましたが，幸い松原秀一氏のお計らいで慶應義塾図書館所蔵の合本を複写する機会を得ることにより，若干の未見号を除いてほぼ全体を通覧することができました．松原氏，及び慶應義塾図書館，その他の方々のご協力に深謝申し上げます．そして，記事再録を快諾してくださった執筆者の皆様，物故された方々においてはご遺族のご理解に対し，心より御礼申し上げます．

　読者を回想と思いがけない発見へと誘う目論見から，今回の収録は四半世紀前までとしましたが，その後の空白を埋める機会が再び訪れることを願っています．

2005年9月　ふらんす編集部

「ふらんす」80年の回想

2005年10月25日　第1刷発行
2005年12月20日　第3刷発行

Ⓒふらんす編集部 編
発行者　川村雅之
印刷所　株式会社 三秀舎
発行所　101-0052 東京都千代田区神田小川町3の24　株式会社 白水社
　　　　電話 03-3291-7811（営業部），7821（編集部）
　　　　http://www.hakusuisha.co.jp
　　　　振替 00190-5-33228
　　　　乱丁・落丁本は，送料小社負担にてお取り替えいたします．
加瀬製本

Ⓡ〈日本複写権センター委託出版物〉
本書の全部または一部を無断で複写複製（コピー）することは，著作権法上での例外を除き，禁じられています．本書からの複写を希望される場合は，日本複写権センター（03-3401-2382）にご連絡ください．

ISBN4-560-02736-6　　　　Printed in Japan